KB234538

사장을 위한 실전 경영 28

사장을 위한 실전 경영 28

초판 1쇄 인쇄 | 2017년 2월 10일
초판 1쇄 발행 | 2017년 2월 17일

지은이 이정훈
기획 파트너 딴지일보 편집부
책임편집 조성우
편집 손성실
마케팅 이동준
디자인 권월화
용지 월드페이퍼
제작 성광인쇄㈜
펴낸곳 생각비행
등록일 2010년 3월 29일 | 등록번호 제2010-000092호
주소 서울시 마포구 월드컵북로 132, 402호
전화 02) 3141-0485
팩스 02) 3141-0486
이메일 ideas0419@hanmail.net
블로그 www.ideas0419.com

ⓒ 생각비행, 2017, Printed in Korea.
ISBN 979-11-87708-17-9 13320

CONSULTING

사장을 위한
실전 경영 28

이정훈 지음

생각비행

저는 컨설턴트입니다.

방송이나 강연에서는 스스로를 '사랑과 정의의 컨설턴트'라고 소개하며 친숙하게 다가가려고 노력하지만, 어찌 보면 딱히 정해진 답이란 게 없는 기업의 일에 싫은 소리, 바른 소리, 잔소리만 늘어놓기에 별로 인기가 없습니다.

나름 바닥의 삶을 살아본 사람이기에 100만 원이 있으면 100만 원으로 살고 50만 원이 있으면 50만 원으로도 살아가니 어지간해서는 돈 걱정 안 하는 성격입니다. 타고난 외모가 준수하기에 아무거나 걸쳐도 결혼식장 다녀온 읍내 신사 같고, 먹는 양이 적어 식탐이 없고, 비싼 것들 보기를 돌같이 하기에 생활하는 데 돈이 많건 적건 아무 지장이 없습니다. 덕분에 돈돈돈 하면서 컨설팅을 하지 않는지라 때에 따라서는 밥 한 끼, 커피 한 잔으로 조언을 받을 수 있는,

이 업계에서는 몇 안 되는 사람이랍니다.

허나 성격은 모날 대로 모나서 사람을 가려 만나기에 이 사람에게 더 이상 뭘 가르쳐봐야 변할 기미가 없다 싶으면 즉시 컨설팅을 중단하곤 합니다. '도덕성? 그게 중국 산둥성 옆 어느 지방에 있는 성인가?'라는 식의 인간, 경영 현실을 회피하고 이상에 빠져 허우적대는 인간, 어디서 주워들은 짧은 지식으로 장학퀴즈 배틀을 벌이려는 인간, '얼마면 돼?'라는 식의 싸가지 없는 대사를 뱉어내는 인간 등은 성격상 오래 만나지 못해서 그런 것 같습니다.

그런데 신기하게도 긴급한 상황이라며 저를 찾는 컨설팅 요청이 꾸준히 이어집니다. 많은 사장님이 주변의 여느 사람들과 대화할 수 있는 미량의 상식으로 사회의 관행 속에서 쉽고 편하게 살아갑니다. 미래에 어떤 일이 닥칠지 또 지금 내가 있는 이곳이 숲인지 정글인지 주변을 더 넓고 심도 있게 관찰하고 공부하는 일을 귀찮아하고 불편해하는 것이 어찌 보면 당연할지 모릅니다. 하지만 긴박한 경영 상황은 언제든 반드시 찾아옵니다. 누군가에게는 1년 만에, 또 누군가에게는 10년 만에 찾아오기도 하죠. 그래서 저는 컨설턴트를 찾는 것도 중요하지만 평상시에 꾸준히 공부하시라고 권합니다.

문제에 맞닥뜨렸을 때 단번에 해법을 알려주는 컨설턴트를 찾아갈 수 있다면 얼마나 좋겠느냐마는 단언컨대 그런 컨설턴트는 없습니다. 예컨대 제게 지금 당장 자신의 회사를 컨설팅해달라는 사장님이 찾아온다면, 아마도 저는 약속해놓은 일이 많아서 올해 안에는 당신 회사를 방문하기 어려우니 간단히 이메일 상담 정도만 하자고 말할 거예요. 그리고 도움을 줄 수 있는 정부 기관의 연락처를 주거나 회계사·변리사 등의 전문가를 추천하는 정도에서 상담을 마무리하겠죠. 저로서는 최선을 다한 친절이지만 도움을 요청하는 입장에서는 썩 시원한 컨설팅은 아닐 겁니다.

당신이 창업을 준비하는 사람이든 기업의 경영자 혹은 기업의 핵심 위치에 있는 사람이든 반드시 이 점을 기억해야 합니다. 기업의 애로점과 문제를 진단하고 단번에 대안을 제시하는 컨설턴트는 세상 어디에도 없다는 사실! 왜냐고요?

첫째, 컨설팅을 받아야 할 시기를 놓쳐서 이제는 되돌릴 수 없는 상황에서 컨설턴트를 찾아봐야 소용없는 경우가 많기 때문입니다.

둘째, 컨설팅 업계의 거품도 무시할 수 없음을 고백해야겠네요. 기업 경영 컨설팅을 하는 컨설턴트나 컨설팅 펌은 대부분 자신의 전문 분야(세무, 법률, 기술, 디자인)를 확장하여 컨설팅업에 뛰어든 전문가들로, 기업 전반을 아우르기보다는 자기 분야에 한정되어 있습니다. 그렇다 보니 자신의 전문 분야가 아닌 분야에서는 의뢰 기업에 다니는 사원만큼의 통찰력에도 못 미치는 한계를 드러내곤 합니다.

셋째, 경영 컨설팅 중 특히 운영 컨설팅operation consulting은 성과를 측정해 대금을 받기가 쉽지 않습니다. 컨설팅을 통해 기업의 체질 개선, 문제 해결, 혁신 등을 이끈다는 것이 정량적으로 측정할 수 없는 요소이기도 하고, 돈을 지불하는 기업 입장에서 조금이라도 맘이 상해서 '너네 컨설팅은 돈 줄 가치가 없다'고 하면 컨설팅 펌은 그간 쏟은 시간이나 자원을 길바닥에 버린 형국이 되죠. 화장실 들어

갈 때와 나올 때가 다르다는 것은 삼척동자도 아는 사실. 결국 컨설팅 업계는 눈에 보이는 결과물, 단기간에 돈으로 환원되는 서비스를 수익 모델로 삼게 됩니다. 신사업 타당성 검토, 각종 ERP, CRM 컨설팅(이라 쓰고 판매라 읽습니다), PM~patent map~(특허 분석 지도인데 어떨 때는 무좀약보다 못하기도 합니다) 같은 서비스 이상의 위험한 컨설팅으로 확장하지 않는 겁니다. 야심 차게 경영 컨설팅을 하겠다던 사람들도 결국에는 교육으로 서비스를 바꾸는 경우가 부지기수입니다.

뭐, 이유를 더 꼽아보면 끝이 없겠지요. 결국 돈을 준대도 기업 경영을 나 대신 더 잘해줄 수 있는 사람은 없습니다. 아무리 코딱지만 한 1인 기업이라 하더라도 어떤 경영전문가가 와서 대리경영을 해도 한계에 봉착할 수 있다는 사실을 직시하고, 스스로가 전문가가 되고 내공을 키우는 것이 우선입니다.

사장님들이 경영을 제대로 배우고 싶어도 외국 어느 대기업의 사례, 알아듣기 힘든 어려운 용어만 가득한 책들 속에서 많이 실망만 한다는 사실을 알기에 벼르고 벼르다 결국 용기를 내어 제가 직접 수행했던 컨설팅 경험을 공개합니다. 저는 철저히 사례 위주로 접근할 예정입니다. 물론 어떤 사례에서 어떤 주제가 튀어나오든 기업과 기업가의 이야기인 만큼 꼬리에 꼬리를 물고 다른 주제로 이어질 수 있습니다. 꽤 광범위한 기업 경영과 경제에 대한 이야기가 될 것 같다는 얘기입니다. 그럼 시작하겠습니다.

워크홀릭 이정훈

차 례

CONSULTANT DIARY

비상장 주식

'주식? 그거 먹는 건가?'

주식株式은 기업의 주식主食이니 먹는 거라고 할 수 있습니다. 이런, 그만 아재 개그로 주식 이야기를 시작해버렸네요. 비상장 주식에 대해 꼭 이야기해야겠다고 생각하게 된 계기는 느닷없이 걸려온 전화 한 통이었습니다.

전화하신 분은 아는 형님의 친구분이셨습니다. 가끔 제게 상담 전화를 하시거든요. 그간 수차례 상담하면서 딱히 답례도 못 해 연락하기 미안했지만 워낙 궁금한 게 많아서 참다못해 전화하셨다고 합니다. 말 한마디로 천 냥 빚도 갚는다는데, 이 정도 인사치레라도 있으면 상담은 더 친절해질 수밖에요.

"제가 기업의 대표이사로 있다가 그만두면서 갖고 있던 비상장 주식 1000주를 액면가대로 다음 대표이사에게 넘기고 나왔습니다. 액면가는 5000원인데 세무사 말로는 8만 원 정도의 가치라고 하더군요. 뭔가 꺼림칙한데 이게 잘한 일인가요?"

이 상황을 제대로 이해하기 위해 위 문장에서 몇몇 중요한 단어부터 공부해봅시다.

- 비상장 주식: 상장되지 않은 주식을 말합니다. 코스피나 코스닥 등의 주식 시장에서 거래되지 않는 주식이란 뜻이죠. 대한민국의 수많은 주식회사가 발행한 주식은 거의 비상장 주식입니다.
- 액면가: 주식을 처음 발행할 때 정했던 금액입니다. 회사에 따라 만 원이든 500원이든 정할 수 있지만 보통 5000원으로 정합니다.
- 세무사: 기업의 세무를 대리할 수 있는 전문가로 '사'자가 붙은 만큼 시험 봐서 면허를 취득해야 하는 자격이죠. 일반적으로 세무사무소에서는 기업의 기장 대리, 세금 신고, 세금 불복 심판 등의 일을 하며 자주는 아니지만 기업 경영 진단(자산 평가 등)을 하기도 합니다.

전화하신 분의 경우 주식 거래를 했으므로 양도소득세를 냈어야 했는데 내지 않았고, 또한 주식의 제대로 된 가치인 8만 원을 받지 않고 5000원의 헐값으로 팔았기 때문에 이는 증여로 간주돼 엄청난 세금이 추징될 수도 있다고 알려드렸더니 "억울하고 이해가 되지 않습니다"라는 답이 곧바로 돌아왔습니다. 삼성그룹이 에버랜드 비상장 주식을 통해 이재용에게 자산을 불법 증여한 데 대한 세간의 반응이 얼마나 차가웠는지 생각해봅시다.

포털 사이트에서 '비상장 주식 거래'라는 검색어를 한 번만 입력해봤어도 됐을 일인데 자기 일이 아닐 때는 이렇게 무관심합니다. 무관심의 대가가 이렇게 크다 보니 제가 국가를 대신해서 욕을 먹고 악인이 되어버릴 때가 많습니다. 이럴 때 저로서는 이제라도 제대로 아셨으니 다시는 같은 실수를 범하지 마시라고 말씀드릴 수밖에 없을 따름입니다. 주변 사람들에게도 자신의 경험을 잘 알려줘 또 다른 이들의 실수가 예방되길 바라면서요.

그런데 위 사례의 경우 작은 중소기업이 비상장 상태이면서도 세무사가 자산과 손익을 통해 평가한 주식 가치가 왜 저렇게 높은지 궁금해할 분들이 있을 겁니다. 그것은 우리나라 중소기업들이 자산 관리를 하지 않기 때문입니다. 더 정확하게 표현하자면 회계상 자산 관리가 부실하다는 말이죠. 예컨대 150만 원 주고 산 복합기를 감가상각 처리하지 않아서 몇 해가 지나도 계속 장부상에 150만 원으로 올려놓고 있는 경우가 많습니다. 제조업의 경우 이제는 만들지 않는 제품의 부속품 등을 불용 처리하여 재고자산에서 삭감하지도 않고요. 쓸 수도 없는 부품이 버젓이 '재고자산 1억 원' 이렇게 장부에 남아 있는 것입니다.

이런 느슨한 관리 외에도 건설업과 같은 면허업의 경우 기업의

실질자본금이 건설업 면허를 유지하는 기준이 되므로 의도적으로 자산을 부풀리기도 합니다. 공사 원자재 재고량을 부풀려 잡거나 채권 및 주식 보유량을 늘려 회사의 자산을 크게 만들어놓는 식입니다. 이렇게 해놔야 실질자본금이 면허 유지 조건을 충족하기 때문에 건설업 면허가 박탈되지 않기 때문이죠.

이렇듯 외부 회계 감사를 받지 않는 작은 중소기업의 자산은 실제 회사의 재산과 달리 장부상으로는 부유하게 됩니다. 게다가 조달이나 관납 등을 위한 신용정보회사의 평가에 대비해서, 또 융자나 출연 자금 등의 정부 지원을 받기 위해서 언제나 흑자 상태인 것처럼 분식회계를 합니다. 현실과 다른 빵빵한 자산에다 외부 평가의 눈을 속이기 위한 손익 조작, 결국 이것이 회사의 주식 가치를 높게 한 것이죠.

그렇다면 이렇게 기업의 주식과 회계 관리를 엉망으로 했을 때 일어날 수 있는 문제는 더 없을까요?

물론 문제는 더 발생합니다. 대표적인 경우가 '명의신탁'입니다.

주식에 대한 명의신탁은 차명주식이라고도 하는데, 주식회사 설립 시 창업자가 상법에 무지하여 스스로 문제를 만들기도 하고 실소유주가 조세 회피 목적으로 자신의 주식을 타인의 명의로 등록해놓기도 합니다. 중소기업에서 주식 문제가 뭐 그리 복잡하겠나 싶겠지만 실제로 이런 사례는 아주 흔합니다.

가끔 보면 아직도 이사가 다섯 명 있어야 하네, 법인 자본금은 최소 5000만 원이어야 하네 등 출처를 알 수 없는 상식으로 법인을 설립하려는 사람들이 있는데, 이렇게 무지한 사람들이 발기인이 한 명만 있어도 법인을 설립할 수 있게 된 상법 개정 사항을 모르고 발기인 머릿수 채우느라 명의신탁을 하는 경우가 있습니다.

그 밖에 명의신탁을 하는 제일 흔한 사례는 기업의 주식을 오너가 많이 보유하게 되면 주식회사일지라도 개인의 회사로 보기에 법인뿐 아니라 오너에게 세금이 많이 부과되는 것을 알고 이를 회피하기 위해 자신의 주식을 타인 명의로 옮겨놓는 경우입니다. 3년 전 컨설팅했던 건설업체가 이런 경우였는데, 당황스럽게도 명의신탁을 형제들로 해놓아서 본인이 의도했던 세금 회피 목적은 달성하지 못했습니다(특수 관계인의 주식은 결국 오너의 주식으로 보기 때문입니다). 도리어 형제들이 주요 주주이며 법인등기상 임원으로까지 등록되어 있어 신용보증기금 등에서 융자를 받을 때마다 보증을 서기 위해 전국에서 달려오도록 고생만 시킬 뿐이었죠.

이 기업의 사장은 결국 명의신탁 주식을 회수해야 했는데, 고의로 세금 회피를 생각했던 사람이 재무제표에 분식이 없었겠나요?

그렇다 보니 회수해야 할 주식의 금액은 위에서 살펴봤듯이 터무니없이 크고, 당장 그 주식을 가져올 돈은 없고 해서 난처한 상황에 빠졌죠.

위 사례에서 신용보증기금의 주주 연대보증에 대해 이야기했는데, 최근 연대보증 폐지에 따라 차명주식 때문에 가족이나 친척 회사에 연대보증을 섰던 사람들이 연대보증에서 빠질 수 있게 됐습니다. 그러려면 우선 주식을 소유하지 않고 있어야 하니 증여세든 양도소득세든 내고서 주식을 처분해야 합니다. 그런 다음 그 회사에서 임직원으로 일하지 않고 있음을 증명하는 타 직장의 건강보험 가입 증명서 등을 신용보증기금에 제출하면 연대보증을 해제해줍니다. 만일 법인등기에 이사나 감사로 등록되어 있다면 등기 변경을 통해 등기임원에서 사임해야 합니다.

이런 사례들을 겪다 보면 기업가에게 요구되는 도덕 따위 다 필요 없고 그저 납세의 의무 하나만 충실히 해도 그 기업가는 존경받아 마땅하지 않나 싶습니다. 컨설팅을 하면서 세금에 대한 생각이 올바른 사장을 만나기란 참 쉽지 않습니다. 가장 강력한 행정 기관인 국가를 상대로도 밑장 빼기를 시도하는 사장이 직원이나 고객에게는 도덕적으로 행동할 것이라 믿기는 어렵습니다. 그런데 그런 사람들이 내 형제, 이웃, 동문 중에 흔하고 흔하다는 현실에 컨설턴트라는 직업으로 살아가는 제 자신의 무능력이 확인되는 것 같아 부끄럽고 또 부끄럽습니다.

비상장 주식

❶ 비상장 주식을 거래할 때는 회사의 재무 상황과 영업 상황에 따라 주가를 정합니다.

❷ 비상장 주식이라도 거래 시 세금을 내야 합니다.

❸ 주식을 타인에게 '명의신탁' 하는 것은 기업에게 큰 위험과 부담을 주니 하지 말아야 합니다.

영업 비밀, 겸업과 경업

컨설팅 중 기업의 부정경쟁 방지 및 영업 비밀 보호를 얘기하다 보면 기업의 비밀을 보호한다고 노동자의 권리를 까 내리는 일이 생길 수도 있기에 오해가 없도록 취업규칙과 근로계약서 얘기도 해야 합니다. 또한 겸업과 경업을 설명하려면 법도 법이지만 상식과 직업인으로서의 도덕성도 언급하게 됩니다. 꽤 어렵고 무거운 주제일 수도 있어서 이번 장은 컨설팅 현장에서 있었던 사례 위주로 설명해 보도록 하겠습니다.

부정경쟁 방지 및 영업 비밀 보호

제목만 보고 책장을 덮지 않을까 걱정스러울 정도로 말이 어렵습니다. 그래서 이럴 때는 사례를 보고 개념을 잡는 편이 좋습니다.

사례 1. 꽃술花酒을 만드는 마을 사람들이 있었습니다. 이들은 십시일반 모은 돈으로 주식회사를 만들어 열심히 술을 담갔고, 그 맛이 훌륭해 소비자에게 많은 사랑을 받았습니다. 그런데 이 회사에서 일하던 갑돌이가 회사를 그만둔 후 조금 떨어진 지역으로 가서 기업을 설립합니다. "천하에 몹쓸 놈, 저럴 순 없는 거지!"라고 분개하지만 꽃술에 대한 가양주(집에서 담근 술) 기술은 이미 오래전부터 알려져 있어 특별하다 할 수 없고, 갑돌이는 새로 만든 기업의 상호나 제품명도 기존 기업과는 전혀 다르게 만들었습니다. 그러니 상표권(서비스표, 상표 등) 위반에도 걸려들지 않습니다. 참 속 타는 노릇입니다.

사례 2. 임꺽정 씨는 서울에서 다니던 직장을 정리하고 아버지가 평생을 바친 옹기 가마를 이어받았습니다. 수차례의 실패 끝에 나름 기술을 터득하고 정성을 다해 만든 제품을 내놓으니 주변의 반응도 참 좋습니다. 그래서 특허를 내려고 했는데, 특허를 낼 만한 건더기가 없답니다. 이미 전통적인 기법으로 수많은 기사, 논문 등에 공지된 기술이라 안 된답니다. 다른 명장들과 비교해봐도 우리 건 다른데, 소비자가 봐도 좋다는데 특허는 어렵다더군요.

위 두 사례는 충청도 어느 지역에서 실제로 있었던 일들입니다. 특허권이나 다른 지식재산권과 관련된 법적 보호 제도를 통해 보호받기 어려운 사안들을 부정경쟁 방지 및 영업 비밀 보호에 관한 법령으로 보호받을 수 있습니다. 위 사례 속 기업들은 영업 비밀 보호를 철저히 해서 자신들의 소중한 노하우를 지켜야 하는 기업들이죠. 기업뿐 아니라 흔히 말하는 맛집의 조리법도 영업 비밀 보호를 통해 지킬 수 있습니다.

삼척동자도 아는 영업 비밀의 대표적 케이스는 코카콜라죠. 맛의 비밀을 아는 임원들은 혹시 몰라 같은 비행기도 타지 않는다는 코카콜라의 야사는 꽤나 유명하죠. 그런데 영업 비밀의 정확한 개념을 알아야 합니다. 법적으로 영업 비밀을 보호받으려면 다음의 세 가지 기준을 충족해야 합니다.

첫째, 타인에게 절대 알려준 적 없는 비밀이어야 합니다.

〈6시 내 고향〉 같은 프로그램에 출연해서 "우리 식당 맛의 비밀은 이거여" 하고 말했다면 그건 영업 비밀이 아니겠죠. 맛집들은 방송국에서 취재 나왔다고 해서 '이제 대박 가게가 되는구나' 하는 생각에 들떠 이것저것 떠벌리지 않는 게 좋습니다. 완제품을 제조하는 벤처기업인데, 아직 회사가 작아서 조립 공정은 외주를 주는 경

영업 비밀, 겸업과 경업

우 기술을 알려주지 않으면 조립을 못 할 테니 알려줘야겠죠? 그런데 이때 비밀 보장 각서를 썼다면 이 경우에는 공지하지 않은 비밀로 인정해줍니다.

둘째, 그 비밀이 경제적 가치가 있어야 합니다.

'사장이랑 청담동 술집 마담이 친하다'라는 식의 비밀은 영업 비밀이라고 볼 수 없겠죠. 반면 거래처 목록이나 일반적으로 알기 힘든 정보를 일목요연하게 정리해놓은 스프레드시트가 있다면 그것은 경제적 가치가 있다고 판단합니다. 경제적 가치의 인정 범위는 꽤 너그럽습니다. 이는 기업을 보호하는 데 도움이 되지만, 퇴직할 때 빼간 회사 자료를 밑천 삼아 영업하려는 사람들에게는 큰 위험 요인이 될 수 있습니다.

셋째, 충분한 노력을 기울여서 비밀을 관리한 것이 확인되어야 합니다.

"우리 회사는 입사 시에 비밀 유지 서약을 근로계약과 함께 체결하고 있으며, 언제나 직원들이 볼 수 있는 사규를 비치해두고 있는데, 거기에는 비밀 보호에 대한 회사의 지침이 수록되어 있다. 중요한 인쇄 자료는 금고에 넣어 따로 관리했고, 컴퓨터는 비밀 번호가 걸려 있으며, 로그인해서 볼 수 있는 사람도 사장과 개발팀장 두 명으로 제한했다." 최소한 이 정도는 주장할 수 있어야 하는 겁니다.

이상의 기준에 맞게 영업 비밀을 보호하고 있다면 특허(지식재산권) 등록이 되어 있지 않더라도 부정경쟁 방지 및 영업 비밀에 관한 법령으로 소중한 회사의 노하우를 지킬 수 있습니다. 중소기업이나 벤처기업의 경우 자신의 회사에 적용해야 할 것은 무엇인지 한번 생각해보시길 바랍니다.

'어우~ 이걸 어떻게 우리 회사가 해요? 대기업도 아닌데'라고 반문하시는 분이 계실까 봐 걱정되어 말씀드리는데, 영업 비밀 보호는 기업의 규모에 따라 상대적으로 그 노력을 평가하니 할 수 있는 한 회사 내에서 비밀 보호를 위한 노력을 해보시길 권합니다.

겸업과 경업, ㅁ과 ㅇ의 차이

이번엔 겸업兼業(하나 이상의 직장에서 일을 하고 여러 곳에서 급여를 받는 것)에 대해 이야기해볼게요. 한번은 이런 질문을 받았습니다.

저는 A라는 직장에 있는 임원입니다. 그리고 B라는 직장에서도 일을 하는데, 초기 단계에 있는 이 회사가 빨리 자리 잡을 수 있게 일을 돕고 있어요. 물론 B에서도 급여를 받고 있습니다. 나중에 이게 문제가 될 수 있을까요?

명백한 겸업이군요. 겸업에 대한 대중의 시각은 찬반이 분분합니다. 근로 시간에는 충분히 자기 일을 하고 퇴근 후 사생활에서 공을 차든 집에서 설거지를 하든 투잡을 뛰든 그것까지 회사가 간섭할 수 있느냐는 찬성파가 있는 반면, 회사에서 월급을 받으려면 기본적으로 성실히 노동력을 제공해야 하는데 겸업을 통해 노동력 제공에 문제가 발생한다면 엄연한 근로계약 위반이니 반대한다는 의견도 많습니다. 일단 위의 질문을 하신 분께 제가 드린 답은 다음과 같습니다.

위험할 수 있습니다. 첫째, A라는 회사가 어느 정도 규모를 갖춘 기업이라면 근로계약 시 겸업 금지 조항을 넣어뒀을 수 있으며, 월급쟁이들이 보라고 보라고 해도 잘 챙겨보지 않는 회의실 책장에 비치된 취업규칙에도 근로계약의 불성실한 이행을 초래하고 회사의 경영 질서를 해치는 겸업에 대한 금지 조항이 있을 것입니다. 이를 근거로 충분히 징계를 받을 수 있으며, 이는 부당하지 않습니다.

둘째, 겸업에 대해 A라는 회사에서 묵인 또는 인정하였다 하더라도 만약 귀하가 A 기업의 중요한 직책에 있거나 또는 영업 비밀을 다수 취급하는 노동자라면 부정경쟁 방지 및 영업 비밀 보호에 관한 법령에 의해서 그 책임을 묻는 상황이 나올 수 있습니다. 이런 경우는 단순한 겸업이 아니라 경업으로 볼 수 있기 때문입니다.

겸업과 경업은 단순히 받침만 다른 것이 아니라 그 뜻이 다릅니다. 경업競業은 경쟁 업종에서 일하는 것을 말하는 것으로, 경업을 금지하는 회사들은 대부분 규모가 크거나 회사의 영업 비밀을 잘 관리하는 회사들입니다. 주로 기업들은 '퇴사 후 얼마간의 기간 동안 경쟁 업체에 입사하지 않는다'라고 합의하는 방식으로 경업 금지를 관리합니다. 이 합의를 원활히 하기 위해 경업 금지 보상금 등을 주고 6개월이든 2년이든 경쟁 기업에 취직하지 못하게 하죠. 간혹 벤처 기업 사장님들이 보상금도 안 주고 '3년간 경업 금지다' 이러는 경우가 있는데, 이건 법적으로나 상식적으로나 인정할 수 없는 '지랄'일 뿐이니 생각 좀 해보시기 바랍니다.

다시 겸업으로 돌아가봅시다. 근로계약이나 취업규칙 등을 통해 겸업 금지를 명시하지 않고 있는 상태에서는 노동자가 사생활의 범주 내에서 알바나 투잡을 뛰었다고 해서 징계할 수는 없습니다. 반면 경영 질서를 무너뜨리는 겸업, 근로계약을 불성실하게 이행하게 만드는 겸업, 회사의 브랜드 가치를 저해하는 겸업, 기업에 금전적·직접적 손실을 끼치는 겸업 등을 회사가 근로계약과 취업규칙을 통해 금지하는 것은 문제가 되지 않습니다.

겸업 문제에 관한 제 이야기의 요지는 이렇습니다.

첫째, 회사의 영업 비밀을 건드리는 경업성 겸업은 절대로 안 됩니다.

둘째, 겸업 금지가 회사의 취업규칙에 명문화되어 있다면 겸

영업 비밀, 겸업과 경업

업을 하지 마세요.

저는 가끔 답을 쉽게 낼 수 없는 문제인데 그에 대한 대중의 찬반이 거의 동수여서 판단하기 어려울 때에는 해답을 찾기 위해 국민배심원으로 법원에 가는 상상을 해봅니다. 만일 기업과 노동자가 겸업을 이유로 다툴 때 제가 배심원이라면 어떻게 판결할까 상상해보죠.

만약 그 사람이 사회 통념상 높은 급여를 받고 있음에도 겸업을 통해 회사에 금전적이고 직접적인 손실을 끼친 경우 또는 회사의 노하우 등 영업 비밀을 유출한 경우라면 저는 유죄로 판결할 겁니다. 반면 그 사람의 월급이 매우 낮은 수준이며, 그가 했던 투잡이란 것이 다니고 있는 회사의 영업과는 전혀 상관없는 분야인 데다 투잡을 하면서도 근태가 바르고 업무에 지장을 끼치지 않았다면 저는 무죄로 판결할 것입니다.

여러분은 어떠신가요? 인사청문회를 보면 군 복무 기간 중에도 대학에 강의를 나간 정신 나간 인사가 장관이 되겠다, 총리가 되겠다 합니다. 많은 사람이 인선된 그들을 비판합니다. 우리 사회에는 어찌 이리 쓸 만한 사람이 없느냐고 한탄합니다. 저는 우스갯소리로 이런 말을 합니다. "국회의사당에 포탄이 떨어져서 의원들이 다 죽어버리고 그 자리를 일반 시민들로 다시 채운다 하더라도 새로운 국회의원들은 그 전 국회의원들이 하던 태업과 만행을 똑같이 반복할 것이다." 겸업과 경업에 대한 주제에서 여러분은 얼마나 자유로우신지요?

❶ 특허로 등록하기 어려운 노하우는 영업 비밀로 철저히 보호합니다.

❷ 기업은 취업규칙과 근로계약 등을 통해 성실한 노동 제공을 위한 겸업 금지를 규정해야 합니다.

❸ 경쟁 업체로 취직하는 등의 경업을 방지하려고 회사가 노동자의 재취업을 일정 기간 막고자 한다면 그에 대해 적절한 보상을 지급해야 하며, 막무가내로 긴 취업 금지 기간을 정해서는 안 됩니다.

누구나 거짓말을 한다

Everybody lies!

– 《닥터 하우스》

누구나 거짓말을 한다. 상대방의 말이 거짓말일 것이라고 전제하고 상대를 가늠하는 것이 현명한 처세로 여겨지는 세상이다. 적어도 끝없는 부의 유지를 위해 영혼을 팔아버린 자본가들, 그리고 그들과 결탁한 정치인들의 말은 거짓일 가능성이 더더욱 높다고 생각해야 한다.

2013년 12월 철도 민영화를 통해 더는 국민의 소중한 세금을 헛되이 쓰지 않겠다고 공언하는 대통령과 코레일 사장은 국민의 신뢰를 어떻게든 더 얻어보겠다고 자신들이 '어머니의 마음'으로 하는 일임을 자처한다. 공공 서비스는 국가가 존재하는 이유인데, 정부가 마땅히 해야 할 일을 민간에게 떠맡기는 것은 어떠한 이유를 들어도 납득하기 어렵다.

이 사태를 보고 있자니 온갖 감언이설로 기존 직원들을 신규 법인에 재입사시키고 결국 그 신규 법인을 해산해버린 기업인이 떠오른다. 그는 언제나 직원들 앞에서 온화한 얼굴로 '아버지'를 자처하며 가족 같은 관계를 강조하곤 했다. 기업인 워크숍에서 만취한 그 사장은 나 자신과 내 가족이 가져가야 할 돈을 직원 놈들이 훔쳐가는 것이라며, 단 한 푼도 아깝다고 술주정을 했다. 작은 자본가들, 깃털 정도의 힘을 쥔 권력자들. 그들도 거짓말을 한다. 그들의 거짓말이 두렵다.

누구나 거짓말을 한다. 나 역시도.

사장의 월급

책을 출간하기 전 인터넷 연재를 통해 많은 분의 의견과 궁금증을 청취하고 글을 가다듬었습니다. 그중 한 독자분이 보내주신 질문에 답변을 드리고 이 장의 주제를 이어나가겠습니다. '사장의 월급'이 라는 주제와 관련성이 큰 내용이라서요. 독자분의 질문을 요약해보 면 이렇습니다.

질문 1. 우리 회사는 개인기업인데 오너가 주식회사로 전향할 의사가 있습니다. 직원들에게도 주주의 기회를 줄까요? 아니라 면 이거 직원으로서 요구할 수도 있는 건가요?

질문 2. 개인기업, 주식회사의 장단점에 대해 간략히 설명해주 세요.

질문 3. 회계 담당이 아니라 잘 모르긴 하지만 이번에 세금이 40퍼센트대에 육박해서 사장이 법인 전환을 고려 중인 것 같은데요, 세무사가 저희 회사 평균 임금이 낮은 편이라고 말하던데, 그럼 직원들 월급 좀 올려주든가… 올해 진짜 쥐꼬리만큼 그것도 10년 만에 올려준 거라는데, 왜 기업가들은 직원 월급 올려주기도 싫어하고, 그렇다고 세금 많이 내는 것도 싫어하는 걸까요? 저 같으면 세금 많이 낼 바에야 직원들 월급 좀 올려줘서 사기 진작하고 애사심도 심어주고 할 텐데요.

답변 1. 직원의 주주 참여

개인기업이 주식회사 법인으로 전환하는 일반적인 절차는 '신규 법인 설립 → 포괄적 양도 양수 → 개인기업의 폐업'입니다. 이 중 신규 법인 설립을 위해 자본금을 납입하는 시기에 개인기업의 사장이 직원들에게 주주 참여의 기회를 주지 않는다면(예컨대 자기 혼자 자본금을 전액 납부하거나 개인기업의 순자산 가치 평가를 통해 현물 출자로 현금이 자본금으로 들어가지 않는 법인을 설립한다면) 기회는 없겠죠. 그런데 세 번째 질문으로 유추하건대 사장님은 병인양요 때 한국에 정착한 스크루지 후손의 후손으로 보입니다. 주주 참여는 어렵겠네요.

이해하기 쉽게 예를 들자면, 이스라엘이 팔레스타인 사람들을 자신의 국민으로 받아들이지 않잖아요? 여러 이유가 있겠지만 선거 등으로 자신들의 지배적 위치가 흔들리는 것이 싫다는 이유가 큽니다. 마찬가지로 직원이 갑자기 주주가 되면 사장(대표이사)의 해임을 건의할 수 있고, 회사의 모든 문서에 대해 조회를 요구할 수도 있으며, 나아가 사장의 월급까지 정할 테니까요.

답변 2. 직원 입장에서 개인기업과 주식회사의 장단점

질문하신 분이 사장이 아니라 직원이니 그 입장에서 생각해보죠. 개인기업과 주식회사의 차이는 많습니다. 인터넷 검색만 해봐도 여러 자료가 나오죠. 그러나 주식회사라도 법인의 주식을 다량 소유한 오너가 사장으로 떡하니 앉아 있다면 개인기업과 전혀 다르지 않습니다. 직원들 입장에서는 법인기업 관리·운영에 대한 업무만 늘어나겠죠. 즉, 이거 해라 저거 해라 하는 사장의 잔소리만 늘어날 공산이 더 크다는 얘기입니다. 법인기업의 경우 등기 사항에 대한 관리가 부실하면 법원에서 과태료도 부과하거든요. 예를 들어 사장이 이사하고 법인등기상 주소를 변경하지 않으면 과태료가 부과됩니다.

특히 본 사례처럼 법인 전환 목적이 미래 성장을 위한 자금 유치, 기업 개방을 통한 인재 영입이 아니라 오로지 절세일 뿐이라면 직원들은 개인회사에서 법인이 되었다고 좋아질 일은 없을 것이라 사료됩니다.

답변 3. 사장들은 왜 직원 월급은 조금 주면서 세금은 안 내려 할까?

"세금 많이 낼 바에야 직원들 월급 좀 올려줘서 사기 진작하고 애사심도 심어주고 할 텐데"라는 독자분의 말씀은 매우 합리적입니다. 그런데 사장들은 합리적이지 않다는 게 함정입니다. 직원 월급을 올려줘봐야 언젠가는 월급을 더 많이 주는 회사로 가버릴 거라는 불신, 겉으로는 애사심과 충성을 외치지만 안 보이는 곳에서는 영업하러 간답시고 나가서 남산 어귀 주차장에서 낮잠이나 자고 틈나면 사장 뒷담화나 하는 것들이라는 자기 경험적 편견이 사장의 머릿속을 가득 채우고 있기 때문이죠.

헉! 써놓고 보니 사장님 생각이 맞는 것 같기도 하네요. 누구라도 우리 회사에 들어오면 훈련을 통해 프로페셔널로 키워낼 수 있다는 자신감이 있지 않는 한 평범한 사장님들이라면 누구나 갖고 있는 이 불신과 편견은 사라지지 않습니다. 그래서 세금 내는 것은 싫지만 세금을 줄이기 위해 직원 급여를 인상하지도 못하는 딜레마에 빠지게 됩니다.

세금 내는 게 아깝다면 탈세를 하지 말고 절세 방법을 배우고 고민해야 합니다. 그러나 머리 아프게 그런 것까지는 하기 싫고 그저 세금을 내고 싶지 않다는 생각만 한다면 결국 탈세를 하게 됩니다. 절세에 대해서는 국세청에서도 친절한 안내서를 내놓고 있지만, 탈세에 대해서는 국세청은 물론이고 검찰과 경찰이 친절하게 은팔찌를 준비하고 있죠.

세금을 적게 내는 방법은 많습니다.

- 직원들 월급을 올려준다.
- 업무 환경 개선을 위해 노력한다(새 컴퓨터 구입, 업무용 차량 리스 등).
- 기업의 혁신을 꾀하는 투자를 한다(경영분석 시스템 도입, 특허 출원 등).

이렇게 말씀드리면 '아, 그렇군요. 당장 해야겠네요'라고 하는 사장님은 열에 한 명 있을까 말까입니다. 그런데 아래 내용처럼 해보라고 하면 대부분 고맙다면서 바로 하십니다.

정부 지원 정책을 통해 회사의 자기 자금만으로는 할 수 없었던 일을 해보세요. 그 많은 비용을 대부분 정부가 내주고 부가세는 사장님이 환급받습니다.

예를 들어볼까요? 특허를 출원하는 경우 정부에서 보조금 100만 원을 주는 지원 사업이 있습니다. 회사는 121만 원(110만 원의 공급가액, 11만 원의 부가세)의 세금계산서를 특허사무소로부터 받았습니다. 결국 기업은 단돈 10만 원만 들여 특허를 출원했고(정부가 지원금을 100만 원 줬으니까요) 무려 11만 원의 부가세를 환급받게 됩니다.

대단하죠? 이런 식으로 합법적인 범위 안에서 그동안 돈이 아까워 못 했으나 언젠가는 해야 할 일들을 찾아내고 자금 운용의 묘를 찾아내는 사람이 사장인 것입니다. 아무것도 하지 않고 세금은 내기 싫다는 사장과 이렇게 머리를 쓸 줄 아는 사장을 굳이 비교할 필요는 없을 것 같습니다.

마침 이 장의 주제와 연관이 깊은 질문이라 몸도 풀 겸 말씀드려 보았습니다. 그럼 사장의 월급이라는 주제로 더 깊숙이 들어가 보겠습니다.

사장의 월급

사장의 월급은 사실 지급 범위가 법에 명시돼 있지도 않고, 세상 사람들이 오랜 기간 지켜온 관행도 따로 없고, 주위를 둘러봐도 기업마다 제각각입니다. 경영이라는 것의 어려움을 단적으로 보여주는 사례랄까요. 과연 사장의 월급은 얼마여야 할까요? 그리고 금액이 정해졌다면 그 이유는 무엇일까요?

최소한 오너이며 대표이사인 사람은 최저임금 대상자가 아닙니다. 기업의 주식을 상당량 보유하고 있고 법인등기에 올라 있는 임원(이사, 대표이사 등)은 노동자로 보지 않습니다. 현실적으로도 임원들은 주주들로부터 회사 경영을 위임받아 이사회를 통해 중요한 사안을 자기들끼리 의결하고, 직원들을 갈구고 짜내는 일을 하기에 당연히 노동자로 볼 수 없죠.

그럼 개인기업 사장의 월급은 얼마여야 할까요? 개인기업은 그 저 사장 개인과 같습니다. 자기 맘대로 하면 됩니다. 그러나 사장의 월급이 갖는 상징성과 실용성을 감안해 월급을 책정해야 한다는 사실은 법인기업 대표이사와 다르지 않습니다.

법인의 경우 임원의 보수는 주주총회에서 결정하게 되어 있습니다. 더 정확히는 주주총회를 통해 임원의 보수 총액을 결정하고 이사회를 통해 의결합니다. 하지만 임원 보수를 회사 자체적으로 주주총회나 이사회를 통해 결정할 뿐 얼마로 하라고 법에 명시되어 있지는 않습니다.

그러나 현실에서는 법인기업이라 해도 정석대로 주주총회를 하는 회사는 사장이 정말 대단한 경영 마인드를 갖고 있지 않는 한 찾아보기 힘듭니다. 코스닥 진입 전 단계의 기업 수준이거나 자산이 많아 외부 회계 감사를 받는 기업 정도면 모를까 대부분 중소 법인의 사장님들은 주주총회에 참석해본 경험보다는 아파트 동대표 회의에 참석한 경험이 더 많을 겁니다.

결국 사장의 급여는 사장 자신이 결정합니다. 이 셀프 책정은 사장의 경영 철학과 경영 전략을 시험하는 어마무시한 상황입니다만 대부분 아무 생각 없이 책정합니다. 왜 그런지 사례를 살펴보겠습니다.

사례 1. 닥치고 사장이니까
많은 급여가 필요해!

과거 지식경제부의 출연 자금 현장 실사에 동행한 적이 있었습니다. 소프트웨어를 개발하는 회사였는데 연 매출액은 4억 원 수준이었고, 정부에 연구개발 계획서를 제출하며 요청했던 출연 자금은 2억원 수준이었습니다. 영세한 소프트웨어 기업에서 2억 원 수준의 연구개발비를 정부에서 지원받게 된다면 돈 걱정 없이 마음껏 연구개발을 할 수 있는 좋은 기회였죠. 사업계획서 심사와 발표 평가를 통해 10대 1의 경쟁률을 뚫고 올라왔기에 형식상의 심사 단계인 기업 실사에서 큰 문제만 없다면 자금 지원이 결정될 상황이었습니다.

회사를 방문해 이것저것 보다 보니 급여대장에 사장님의 월급은 월 650만 원, 직원들의 월급은 월 100만 원 수준이었습니다. "사장님, 경영하시려면 때로는 접대도 하셔야 하고 사람 상대하기 참 힘드시죠?"라고 묻자 "아닙니다. 저는 낯을 가리는 편이라서요. 그냥 퇴근하면 제 개인 생활을 즐기며 휴식하고 뭐 그럽니다"라는 답이 돌아옵니다.

사실 의도가 깔려 있는 질문이었습니다. 회사의 매출액이나 재무 상태를 볼 때 사장이 급여를 너무 많이 가져가고 있기에 혹시 세법상 인정받기 어려운 접대나 불가피한 현금성 지출을 자신의 월급으로 처리하고 있는지 확인하고 싶었던 겁니다. 소프트웨어 개발은 다들 아시다시피 인건비 빼고 딱히 원재료비가 많이 들어가지 않습

니다. 게다가 업계 특성상 사장과 직원들의 유대가 대단히 끈끈한
데, 대부분 그 유대감은 '우리 다 같이 합심해 죽도록 일해서 언젠가
는 성공의 과실을 함께하자'로 정리되죠. 그런데 사장과 직원 간의
급여 차이로 봤을 때 이런 무형의 저력이 숨어 있다고 보기도 힘들
었습니다.

결국 이 소프트웨어 기업은 이례적으로 현장 실사 단계에서 탈락
했습니다. 사장의 월급 책정과 기업의 자금 관리 수준을 볼 때 국가
가 지원하는 출연 자금을 제대로 관리하지 못할 것이라고 판단했기
때문이죠.

사례 2. 공금 횡령이라니!

제가 수차례 보아온 B 사장님은 딱히 나무랄 데가 없어서 정말
성실하고 견실한 경영인의 본보기라고 사람들에게 소개하는 분입
니다. 얼마 전 B 사장님을 만났는데 활기 넘치던 얼굴이 초췌해진
모습으로 변해 안쓰러웠습니다. '요즘 신제품 여러 개를 동시에 출
시하려다 보니 몸이 견뎌내지 못했나 보군'이라고 생각했는데 본인
의 얘기는 영 달랐습니다.

최근 원산지 관리 일제 단속을 하는데 경찰 수사가 워낙 꼼꼼하
고 무슨 이유에서인지 물고 늘어지는 게 끝이 없어서 거기에 대응하
느라 많은 시간과 정력을 쏟고 있다고 합니다. 그런데 그 과정에서

사장이 회삿돈을 유용했다며 엄연한 공금 횡령이자 배임이라고 윽박지르는데 본인은 너무나 억울하답니다.

억울한 사연인즉 식품업체를 하고 있는 B 사장님은 원재료로 쓸 수산물을 살 때 지역 주민들에게 현금을 주고 사는데 이 사람들이 무슨 세금계산서를 끊어주느냐는 거죠. 또한 지역 인심을 잃고서는 질 좋은 국산 수산물을 얻을 수 없기에 갖가지 경조사를 챙기는 것은 물론이고 심지어 선주船主들 노름 돈까지 대주는 형편이랍니다. "여어, B 사장 여기 어디어디인데 돈 1000만 원만 갖고 와. 내가 내일모레 꽂게 들어오면 줄 텡게." 뭐, 이러기까지 한다네요. 믿거나 말거나 중요한 건 어느 회사든 사정 없는 회사 없고, 어떤 사장님이든 억울한 일이 가슴속에 백만 개쯤은 있는 거 아니겠습니까?

어떤 사장님들은 회사가 아직 초기 단계이고 적자 상태이다 보니 내가 무슨 월급을 많이 가져가겠느냐며 끽해야 100만 원 정도를 월급으로 받아갑니다. 좋은 자세입니다. 그러나 월급 이외의 경비로 경영대학원 등록금 낸다고 500만 원, 골프 접대 하러 간다고 100만 원, 초상집 가서 분위기상 밤새 놀아줘야 한다고 100만 원… 이런 식으로 야금야금 회삿돈 가져가는 건 대단히 문제가 큰 겁니다. 네, 공금 횡령이죠.

사업하다 보면 사람과의 관계가 얼마나 중요한지 누가 모르나요. 법인카드로 결제할 수 없어서 현금을 써야 하는 피치 못할 사정이 있다면 차라리 월급을 더 많이 받으세요. 그리고 월급에서 그 비용을 처리하는 것이 가장 좋은 방법입니다.

경영대학원 등록금 얘기가 나왔으니 말인데, '사장이 경영 공부한다는데 그것마저 하지 말라는 거냐!' 하실 분이 계실까 싶어 한 말씀 드리려고 합니다.

요즘 사장님들 보면 경영대학원에 많이들 가시던데, 그 등록금이 만만치 않을 겁니다. 제일 깔끔한 건 본인 돈으로 가시는 건데, 사장이라 해봐야 직원들과 별 차이 나지 않는 박봉이라 정 회사에서 교육비를 지원받고 싶으시다면, 회사에 취업규칙 있죠? '취업규칙'은 국가가 정한 말이고, 대부분 취업규칙에 여러 가지 회사의 내규를 추가하여 정해두기 때문에 많이들 '사규'라고 하죠. (참고로 회사에 사규가 없어 새로 만들어야 할 때는 노동부에서 나온 표준 취업규칙 최신판을 토대로 노동법이 권장하는 노사관계를 정립해놓고 여기에 영업 비밀 보호나 직무보상제 그리고 복지제도를 추가하면 좋은 사규를 만들 수 있습니다. 사규에 대해서는 뒤에서 자세히 다루겠습니다.) 그 사규에 직원의 자기 계발 및 교육비에 대한 지원 방침을 정해두세요. 당연히 사장뿐 아니라 직원들도 동등하게 교육비를 지원받을 수 있게 해놓으셔야 합니다. 임원 이상만 교육비 전액 지원, 팀장은 반액 지원, 사원은 25퍼센트 지원 이런 식으로 정해두면 곤란합니다. 심지어 국세청에서는 이런 불평등한 지원금은 사장의 수입으로 간주해 세금을 부과합니다.

저는 직업 특성상 많은 사장님을 만나고 그분들을 변화시키기 위해 노력합니다. 하지만 성공한 적은 그리 많지 않았던 것 같아요. 제 능력의 부족일 수도 있겠지만, 이미 인격(아니 사장격)이 형성된 상태에서 단단하게 굳어진 생각을 바꾸는 것은 매우 어려운 일입니다.

'사장은 이렇게 일해야 하는구나!'라며 이 책을 읽는 분들 중에는 현직 사장님뿐 아니라 미래의 사장님도 계시리라 생각합니다. 폭력적인 부모 밑에서 자란 아이가 폭력을 증오하면서도 어른이 되어 같은 성향을 보이기도 하는 것처럼 나쁜 사장 아래서 일했던 사람이 자신이 겪었던 고통에 치를 떨면서도 사장이 되어서는 그 만행을 되풀이하곤 합니다. 좋은 사장님들이 많이 나오길 바라는 제 욕심이 이 책 곳곳에서 나타날 겁니다. 어쩌면 제 욕심의 원천은 그러한 악순환의 고리를 끊어보자는 의지일지 모릅니다.

세 줄 요약 

❶ 사장의 급여액에 대한 구체적인 기준은 법에 없습니다. 여기에서 경영 철학이 작동해야 합니다.

❷ 사장의 월급을 정할 때는 정상적인 회계 처리가 어려운 기업의 현금성 지출을 추가하여 책정해야 합니다.

❸ 사장이 월급 외 복지 차원의 지원금을 받을 때는 사규에 명시하고, 직원들도 공평하게 그 복지 정책을 누릴 수 있게 해야 합니다.

혁신적 기술과 신제품을 위한 연구개발

R&D와 R&B를 설명해보라고 하면 아마도 R&B를 설명할 수 있는 분들이 더 많을 것 같습니다. R&D보다는 R&B를 더 잘 설명하는, 문화와 예술을 사랑하는 이 아름다운 민족에게 R&D라는 딱딱한 주제를 어떻게 풀어내야 하나 하는 근심 속에서 며칠을 지냈습니다. 사전적 의미부터 짚어보자면 R&D는 Research and Development의 약자로, 보통 '연구개발'이라고 번역합니다.

유체이탈 화법이라는 말 많이 들어보셨을 겁니다. 당사자가 제 자신이 아닌 듯 헛소리를 할 때 사람들은 '저 사람 유체이탈 화법을 하는구나'라며 비웃습니다. 사장님들은 획기적인 신상품을 내놓으라고 기획자와 직원을 닦달하고 우리는 왜 애플처럼 혁신적인 제품을 내놓지 못하느냐고 일갈하면서도 본인은 스티브 잡스가 가졌던 철학을 손톱만큼도 배우려 하지 않습니다. 이런 유체이탈 화법 사장님이라 해도 대부분의 직원이 그 앞에서 고개를 조아리지만 속으로는 당장이라도 사표를 내던지고 싶을 겁니다.

벤처기업 사장님들을 만나보면, 아무리 좋은 제품을 내놓고 연구원들까지 동원해 고객 응대를 해도 뒤늦게 나온 대기업 제품에 고객을 뺏기기 때문에 신제품을 개발할 때마다 과연 이 제품은 수명이 얼마나 될까 걱정부터 한다고 합니다. 히트 앤드 런, 즉 신제품이 히트하면 바로 후속 제품을 내놓고 현재 히트 친 제품은 버리는 전략을 구사하는 사장님들도 있습니다. 어차피 대기업이 따라오거나 대기업이 거느린 상사나 TF팀이 시험 삼아 시장에 진입해도 자기들은 망하는 거니까요.

앞에서는 대기업을 욕하지만 막상 자기 지갑 열어 제품을 살 때는 일단 중소기업 제품은 제외하고 보는 유체이탈 소비자들. 이런 소비자들의 냉대를 접할 때마다 사장님들은 대기업 브랜드에 대한 소비자들의 맹목적인 충성이 한없이 야속하겠지요.

한번은 정부 기관의 과장님이 제게 이런 질문을 했습니다.

"우리 기관에서는 매해 엄청난 금액의 연구개발 자금을 출연금 형태로 지급하고 있는데, 어떻게 성공하는 기업이 하나도 안 나옵니까? 아니, 성공은 차치하고 상용화되어 팔리는 제품조차 찾아보기 힘든 겁니까?"

참으로 답답한 질문이었기에 나라의 녹을 먹는 사람이 그 자리에 앉은 지 몇 년이 지났는데 아직도 문제를 파악하지 못하고 있느냐고

혁신적 기술과 신제품을 위한 연구개발

호통을 치고 싶었으나 화를 낸다고 그이에게 도움이 될 것도 아니고, 세세히 문제점을 알려준들 이해할까 싶어 그냥 한두 가지만 얘기해줬습니다.

"중소기업들이 연구개발을 통한 상용화를 염두에 두지 않고 연구개발을 하기 때문에 그렇습니다. 출연 자금 수혜 기업 심사 시 심사위원들이 대부분 대학 교수 위주의 학계 전문가와 정부 출연 연구기관의 연구원들로 구성되어 있어 이런 부분을 지적하기 어려우니 산업계 전문가들을 포진시킬 필요가 있습니다. 또한 연구개발 이후 상용화에 드는 비용을 기업들이 융자로만 조달하려니 그 위험 부담이 너무 큰데, 국가 모태펀드를 이런 기업들에게 자연스럽게 연계할 수 있는 정책을 마련할 필요가 있습니다."

이런 조언을 드린 지 벌써 10년이 지났는데, 그때에 비해 유체이탈 화법 공무원들은 더 많이 늘어난 것 같습니다만 정부 출연 자금 지원 문제는 여전히 오리무중이라 씁쓸합니다.

우리 주변에는 혁신을 말하는 사람들이 많습니다. 해외 기업 사례를 대면서 우리는 왜 못하느냐고 분개하지만 막상 기술과 산업, 문화 혁신의 주체인 '나'는 유체이탈 화법을 즐기고 있는 건 아닌지 생각해볼 문제입니다.

연구개발은 시행착오를 즐기는 일입니다. 되돌릴 수 없는 실패로 기업이 사라지는 일을 방지할 수 있도록 작은 실패의 백신을 미리미리 맞아두는 거죠. 정부든 기업의 경영자든 연구개발의 결과물에 조급해하지 않고, 기업의 일상적이고 당연한 업무로 인식하는 날이

온다면 풀리지 않는 이 경제 문제가 조금이나마 풀려나가지 않을까 싶습니다.

소개해드릴 사례는 연구개발에 대한 기반을 마련하지 않던 회사와 아이디어만 있고 신규 사업을 위한 자금은 마련돼 있지 않던 회사의 이야기입니다.

사례 1. 너 자신을 알라!

오로지 정직과 성실이라는 신념 아래 믿을 수 있는 식품을 공급하기 위해 불철주야 고생하는 사장님이라고 소개받은 C사의 사장님은 발이 지면에서 10센티미터는 떠 있는 듯한 인상이었습니다. 나라에서 여는 경영과 마케팅 관련 교육을 여러 차례 받으셨고, 지역의 타 기업보다 앞서 나간다는 자부심이 대단했습니다. 수도권에서는 연매출 8억 원 수준의 식품기업이 구멍가게 수준이겠지만 군급의 지자체에서는 우물 안 개구리의 울음이 사자후로 들릴 수도 있지요.

신제품을 개발하는 프로세스는 사장님의 영감에 의해 좌우되었고, 기실 제대로 된 신제품이 나온 적도 없었습니다. 기계공학을 전공했다는 사장님이었기에 식품 관련 전문가가 따로 있으리라 생각했지만 연구개발을 전담하는 직원도 없었고, 제대로 된 특허 하나 갖추지 못한 상태였습니다.

현재 상태에서는 외부 컨설팅을 통해 변할 것이 없었기에 본인

혁신적 기술과 신제품을 위한 연구개발

이 이끌고 있는 기업의 현실을 볼 수 있도록 하는 일이 급선무라 판단해 사장님에게 중소기업 성공 사례 대회에 나가자고 꼬드겼습니다. 사장님은 컴퓨터 앞에 앉고, 저는 옆자리에 앉아 신청서를 작성해나갔습니다. 젊은 사장님이라 컴퓨터 사용은 능숙한 편인데 작성이 너무 더딥니다. 연구개발 능력에 대한 자체 평가 항목이 사장님의 폐부를 사정없이 찔러댔기 때문입니다. 아래는 당시 자체 평가 항목에 나온 질문들입니다.

- 귀사는 연구 전담반이나 부설 연구소를 두고 있습니까?
- 귀사의 종업원 총원 대비 연구개발 전담 인력 비중은?
- 연구개발 전담 인력의 평균 근속 연수는?
- 전년도 매출액 대비 연구개발비 비중은?
- 연구개발을 위해 종업원들에게 교육훈련을 시행한 횟수는?
- 연구개발의 결과물을 문서화·전산화 하고 있습니까?
- 경쟁사의 산업재산권(특허 등) 동향을 분석하고 있습니까?
- 귀사는 종업원의 직무 발명에 대한 보상을 시행하고 있습니까?

기업의 연구개발에는 좋은 영감을 뒷받침할 수 있는 시스템이 있어야 합니다. 그것은 노동자에 대한 대우이기도 하고, 컴퓨터와 소프트웨어의 준비이기도 합니다. 연구개발을 위한 투자비용도 마련해야 하고, 끊임없는 교육도 함께 진행해야 합니다.

연구개발에 대한 편견과 선입견 중 가장 무서운 것은 어떠한 기반도 마련되지 않은 조직에서 영감에 기대어 혁신을 꿈꾸는 일입니다. 그 영감은 기업 또는 경영자가 마땅히 해야 할 일을 하지 않은 데 대한 죄책감이 만들어낸 변명일지 모릅니다. 아니면 거짓 전문가들의 말에 현혹되어 무지개 아래 있다는 보물 상자를 찾아나서는 어리석음이기도 합니다.

위의 질문들은 기업이 혁신을 위해 갖춰야 하는, 기업 상황에 따라 늦어지더라도 언젠가는 갖추고 있어야 하는 시스템에 대한 질문들입니다. 잘 갖춰진 연구개발 시스템에서는 누가 앞장서서 이끌어도 좋은 결과를 낼 수 있습니다. 연구소장이, 최고경영자만이 기업의 혁신적 기술과 제품을 만들어내는 것은 아닙니다.

한 분야에서 일가를 이룬 최고경영자가 기업의 모든 자원을 마음껏 쓸 수 있는 상황에서 연구개발을 진두지휘하는 일은 나쁜 일이 아니지요. 하지만 합리적으로 시장을 예측할 수 있는 마케팅 담당자가 신기술과 제품 개발을 요구한다면 안전한 신제품을 출시할 수 있다는 장점이 있습니다. 타 기업과 경쟁 기업의 구매 동향을 꿰고 있는 구매 담당자가 특정 부품의 추세를 분석해서 기술의 변화를 감지하는 것 또한 대단히 신뢰도 높은 미래 예측입니다.

사례 2. 대박 아이디어가 있어요!

인터넷 콘텐츠를 서비스하는 작은 회사가 있었습니다. 이 회사에

혁신적 기술과 신제품을 위한 연구개발

서 어느 날 불현듯 좋은 아이디어가 나왔습니다. SNS, 인터넷 서비스와 관련된 온라인 플랫폼이라고 합니다. 내부에서 직원들과 검토 회의를 했는데 시장성이 대단히 좋을 것 같다고 합니다. 게다가 아는 변리사님께도 의견을 여쭤봤는데 그분도 좋은 사업 아이템이라고 극찬을 했다네요. 그런데 그 아이디어를 구체화할 기술자가 회사에 없어서 개발력이 있는 다른 회사에 개발을 의뢰하고 싶다며 저를 찾아와 그 방식을 묻더군요.

자, 여기서 A사는 아이디어를 갖고 있는 회사, B사는 개발력이 있는 회사입니다. 개발비를 지급하고 외주 개발 형태로 하면 간단할 일이나 A사에는 그만한 자금이 없다고 합니다. B사에 개발비를 줄 수 있는 방법으로는 일단 개발을 다 한 뒤 A사가 서비스를 출시하고 그 수익금을 B사에 나눠주는 방식이 있습니다만 B사는 이 제안을 탐탁지 않아 하는 모양이었습니다. B사에서는 신규 법인 설립과 그 회사의 지분을 요구했으며, 해당 지분에 대한 일정 기간 지분율 보호·유지를 요구했습니다. 어떤 방법이 있을까요? B사에서 특허를 출원하고 가치 평가를 해서 자본금으로 전입시켜 신규 법인에 참여시킬까요? 아니면 A사가 유명하니 주식 스와핑stock swapping을 할까요?

이는 드라마나 영화라면 몰라도 현업에서는 결코 이뤄지기 힘든 꿈같은 얘기입니다. 그리고 기존의 법률과 사례에 없는 매우 선진적 기법을 써서 억지로라도 일을 성사시키려 해도 두 회사는 그런 모험을 겪어낼 준비가 전혀 되어 있지 않은 상태였습니다. 우선 B

사의 플랫폼 개발 비용이 구체적으로 제시되지 않았고, 더구나 A사
는 개발 비용을 순순히 인정하지 않을 분위기였습니다. 뭘 알아야
프로젝트 원가를 검토하는 것이죠. A사에는 직접 콘텐츠 개발을 할
수 있는 개발자 출신의 PM_{Project Manager} 또한 없습니다.

B사의 일정 기간 지분율 보호·유지 요구에서는 자신의 주식 가
치가 최고 금액이 되도록 신규 투자 유치(유상증자 및 채권 발행)를 막
아내겠다는 욕심이 엿보였습니다. 그러나 막연하기만 한 욕심일 뿐
콘텐츠 사업에서 성공적으로 데뷔하는 데 필수적인 마케팅 비용의
대량 투입을 위한 자금 확충, 그것도 미래의 가능성에 투자해주는
위험자본의 진입 기회를 자신들이 스스로 막아버리는 요구를 하고
있다는 것도 인지하지 못하고 있는 상황이었습니다. 좋은 개발자를
갖고 있는지는 모르겠으나 실력 있는 경영진은 없는 기업이란 확신
이 들더군요. 더군다나 대화 내내 A사와 B사가 서로 신뢰하지 못하
고 있는 상태라는 것이 느껴졌습니다.

결국 제 컨설팅 보고서는 이렇게 작성됐습니다.

Executive Summary

현재 신규 사업 진행에 있어 온라인 플랫폼은 외주 개발을
통한 아웃소싱이 불가피한 상황으로 외주 개발사와의 파트너
십을 어떠한 형태로 맺을지에 대한 방안과 개발 결과물에 대
한 보상책을 합의해야 함.

혁신적 기술과 신제품을 위한 연구개발

외주 개발사는 새로운 서비스를 주사업으로 할 법인의 지분을 요구하고 있으며, 관련 지분에 대한 일정 기간 동안의 지분율 보호 및 유지를 요구하고 있음.

이는 이후 있을 경영 간섭, 추가적인 기관투자가 유치 시 신구 주주 간의 반목, 주금의 납입 절차 등을 복잡하게 할 소지가 있어 지양해야 할 것으로 사료됨.

따라서 외주 개발사에 지분 참여 이외의 개발비 지급 방법들을 제안하도록 요청할 필요가 있음. (예를 들어 개발 완료 이후 높은 요율의 유지보수 비용을 지급하는 경우 개발비에 대한 보상이 가능함.)

개발사의 제안을 받은 이후 여러 가지 방안의 장단점을 검토하여 구체적이고 합리적인 개발비 지급 방안을 합의하고 이를 통해 파트너십을 가져갈 필요가 있음.

일반적으로 외주 개발사와의 지식재산권 분쟁, 향후 원가 논란 등을 감안할 때 개발비를 지분 양도 형태로 지급하는 것보다는 정확한 원가 산정을 통해 현금 지급하는 것이 분쟁의 위험을 회피하는 방안임.

개발 완료 후에도 추가 개발, 유지보수, 서버 임대, 인건비 등 지속적인 비용이 발생할 것이므로 최소한의 설립 자본금 확충의 사업 준비 과정을 충실히 하는 것이 사업 진행의 원칙적인 수순이라 판단됨.

특허 출원을 통해 벤처캐피털, 엔젤, 정부 등에 신사업의 성공 가능성에 대한 확신을 줄 수 있으므로 자금 확충을 위해서도 특허 출원의 필요성이 있음.

특허 출원과 자금 유치 과정 동안은 외주 개발사와의 정확한 이해관계 정립, 구체적인 사업 계약 조건 기술 등의 준비를 강화하는 긴 안목이 필요하다고 사료됨.

이마저도 한 줄로 요약하자면 '돈 없으면 그 사업 하지 마세요'가 되겠군요. '거참 야박하다. 내 경우와 비슷한 사례라 어떻게 잘 성사되었나 궁금했는데…'라고 생각하시는 분들도 계실 텐데요, 물론 그 해답도 이 책 안에 있습니다.

세 줄 요약 

❶ 혁신적 기술은 연구개발 환경을 먼저 만들어야 합니다. 그것은 하드웨어, 소프트웨어, 인력, 자금 집행의 통합적 시스템입니다.

❷ 신기술과 신제품을 사장의 번뜩이는 아이디어로만 만들어서는 위험하고, 전사적 공감대 속에 직무 발명 보상 제도 등을 통해 적극적으로 직원들의 의욕을 고취해야 합니다.

❸ 외주 연구개발은 적절한 대가를 산정해야 하고, 구체적인 지급 방안을 합의해야 합니다.

혁신적 기술과 신제품을 위한 연구개발

네가 컨설팅할 자격이 있느냐?

소리에 놀라지 않는 사자와 같이
그물에 걸리지 않는 바람과 같이
흙탕물에 더럽히지 않는 연꽃과 같이
무소의 뿔처럼 혼자서 가라.

– 《숫타니파타》

　　정부는 전자 세금계산서를 의무화했고, 간이영수증의 인정 폭을 줄여나가고 있다. 사장들은 불편하다. 그러나 그 불편을 해결하기 위한 노력은 하지 않는다. 전자 세금계산서가 도대체 뭔지 이해되지 않으면 전자 세금계산서를 처리할 수 있는 직원을 뽑으면 된다. 건설 면허 갱신을 위한 순자산 가치 평가에서 문제가 생길까 두려워 사채를 빌리고 채권을 사고 주식을 살 일이 아니다. 평상시에 자금 관리를 잘하고, 사장이 못 하겠으면 유능한 관리직원을 뽑으면 될 일이다. 기장 대행을 하는 세무사무소에 단돈 몇 푼이라도 더 쥐여주고 각별한 도움을 요청해도 일은 쉽게 풀린다. 윈도우 XP 지원이 종료되어 세상이 뒤집어질 것 같은데, 도대체 무슨 소리인지 모르겠다는 사장님들이 많다. 그러다가 갑자기 대한민국은 기업 친화적이지 않으며, 생고생해서 직원들 먹여 살리는 자신의 노고를 몰라준다고 한다.

이들과의 만남은 불편하다. 직원을 뽑아라, 사장의 역할을 다하기 위해 공부를 해라, 늘 잔소리를 하지만 듣는 이의 입장에선 무식한 자신을 깔보는 것 같고, 나 먹고살기도 힘든데 제 맘대로 내 소중한 돈을 남에게 나눠주라 하는 소리로 들리나 보다. 어떨 때는 그저 허허 웃으며 얼마나 힘드시냐, 세상이 내일 아침에 무너지겠느냐, 어찌어찌 될 테니 걱정하지 마시라는 달콤한 위로나 하고, 반색하는 그와 어깨동무하고 룸살롱에 가고, 골프채 들고 필드로 나가고 싶다는 생각도 든다. 내 능력을 다해 도와도 서운해 하는 것이 컨설팅이다. 차라리 충분한 욕망의 동질감을 보여주고 나도 그리 잘나지 않고 당신과 같다고 몸으로 말하는 것이 일해먹기는 편할지도 모른다. 이런 유혹에 빠질 때마다 지역 농업기술센터에서 만났던 썩어빠진 컨설턴트의 변명을 계속 생각한다.

"컨설턴트는 고객이 원하는 것을 가장 우선시해야 한다."

고객이 원하는 것이 위험한 일이고 그저 나태함 속에서 쉽게 찾은 길이라면, 그것을 보고만 있어서는 안 되는 사람이 바로 컨설턴트다. 컨설턴트가 기업의 모든 현안에 묘책을 제시할 수는 없다. '네가 컨설팅할 자격이 있느냐?'는 질문은 누구의 입에서도 들은 적 없으나 항상 내 머릿속에서 맴도는 말이다. 새로운 분야를 처음부터 다시 공부해야 할 때도 있고, 도움을 요청할 제대로 된 전문가를 찾아내기 힘들 때도 잦다. 그때마다 이렇듯 마구니가 찾아온다. 내 안의 근심과 한계를 두려워 말고 무소의 뿔처럼 혼자서 가자.

기술 개발 자금

'그 기술이 좋은 기술인가?'라는 질문은 곰곰이 생각해보면 참 애매한 말입니다. 말하는 사람마다 그 의도가 다르기 때문입니다.

1. 그 기술이 돈을 많이 벌 수 있는 시장성을 갖고 있는가?
2. 그 기술이 진보적이어서 다른 기술보다 뛰어난가?

크게 나눠보면 이렇게 두 가지로 명확히 할 수 있는 질문을 두루뭉술하게 '좋은 기술이냐?'고 묻죠. 그럼 사업가에게는 둘 중 어느 기술이 좋을까요? 당연히 기업의 역량과 성격에 따라 다르겠죠.

1번을 선택하는 분들이 유념해야 할 점은 이와 같은 기술의 상품들은 대부분 '히트 앤드 런'을 해야 하는 고달픔을 안고 있다는 것입니다(시장 형성 초기에 얼른 팔고 빠져야 한다는 의미에서 저는 '히트 앤드 런'이란 표현을 자주 씁니다). 기술 난이도는 높지 않고 시장성이 좋은 제품이라면 너도 나도 뛰어들 테니까요. 대표적인 예로 사오정 전화기, 공기청정기, 도어락 같은 제품을 들 수 있겠군요. 이런 상품들은 블루오션이 삽시간에 레드오션이 되어버리는 특성이 있습니다.

기업가가 선호하는 상품이 시장성이 좋은 제품인 경우에는 연구개발 기반의 제조업보다는 상품 구성을 빨리 바꾸며 시장의 변화에 유연하게 대응할 수 있는 '유통업'을 선택하는 편이 좋습니다. 그런데 창업을 고민하는 분들께 유통업을 권유하면 우리 사회의 편견과 선입견이 튀어나옵니다. '기업가＝연구개발 기반의 제조업'이고 '유통 사업자＝(폰·용)팔이'라는 편견을 가진 분들이 있는데, 소비자의 니즈를 파악해 개발 기업에게 신제품 개발 방향을 제시하고, 작은 벤처기업이 할 수 없는 소비자 대응 창구 역할을 해주는 유통업자라면 산업에서 정말 중요한 축을 담당하는, 존경받아 마땅한 기업인입니다.

이공계 출신, 연구개발·기술직 출신, 또는 무언가를 만드는 게 너무 좋은 천성을 타고난 분들은 당연히 2번을 선호합니다. 그러나 간과하면 안 되는 것이 바로 시장성입니다. 기술적 진보성이 뛰어나다는 사실은 아직 시장이 형성되지 않다는 반증이기도 하며, 시장 형성을 위해 기업이 직접 시장을 만들어내고 선도해나가야 한다는 뜻입니다. 기술력은 물론이고 시장을 선도할 수 있는 마케팅 능력 또한 필수적으로 따라줘야 한다는 말이죠. 연구개발만 하면 소비자

기술 개발 자금

들이 내가 만든 제품을 사기 위해 서울부터 인천까지 줄을 설 것이라는 상상은 의당 신기술과 신제품에 도전하는 사람이라면 가져야 할 패기이나 혁신적 기술은 시장에서 참패할 확률이 높습니다.

그런데 아이러니하게도 사회는 이런 실패자들이 많아야 발전합니다. 전 세계 많은 국가가 이 사실을 잘 알고 있습니다. 미국이나 유럽만 그런 것이 아니라 우리 정부도 혁신적인 기술 개발에 대한 지원책을 준비해두고 있습니다. 자본 또한 마찬가지입니다. 제대로 된 산업자본이라면 'high risk, high return(고위험 고수익)' 원칙에 따라 블루오션으로 항해하겠다는 중소·벤처기업을 찾아 투자하기 위해 항상 전전긍긍합니다. 하지만 기업가들이 이런 자본의 이해관계를 읽어내지 못한다면 자금을 유치할 수 없겠죠?

지난 장에서는 기업의 틀을 갖춘 일반 기업의 R&D에 대해 이야기했습니다. 이번 장에서는 창업 준비 또는 창업 초기에 있는 기업의 R&D에서 가장 중요한 요소인 자금에 대해 이야기해보겠습니다.

좋은 기술이라고 설명만 하면 여기저기서 사람들이 찾아와 제발 투자 좀 받아달라고 할까요? 드라마에서는 가능할는지 모르지만 현실 세계에서는 전혀 그렇지 않습니다. 당연히 기업가가 돈줄을 쥐고 있는 사람을 찾아가서 제게 돈 좀 대달라고 사정을 해야 합니다. 하지만 누울 자리를 보고 다리를 뻗으라고 했듯이 어떤 자금이 내게 가장 좋은 자금인지 고민해보고 자금 유치의 우선순위에 따라 전략적으로 움직여야 합니다.

정부 보증 융자금

우리가 잘 알고 있는 신용보증기금과 기술보증기금이 국민의 세금으로 운영되고 있는 대표적인 보증 기관입니다. 이 기관들은 기업의 신용과 기술을 평가해 은행에 보증을 서주는 역할을 합니다. '은행께서 대출을 해주고 싶어도 중소기업이라 돈을 못 갚을까 봐 걱정이 많으실 텐데 기업에게 빌려주는 돈 85퍼센트는 국가가 보증을 서줄 테니 부담 없이 중소기업에 대출을 해주시구려' 이런 식으로 이들 기관이 약속해주는 것이죠.

은행에서도 신용만으로 돈을 빌려주겠다고 하고 가진 재산이 있어서 귀찮게 여기저기 발품 팔고 싶지 않다는 분들도 간혹 있는데, 기술적 진보성이 높은 상품, 혁신적 기술을 기반으로 창업하는 경우 실패 확률이 높잖아요? 이런 높은 실패 가능성에 대비해서라도 국가 보증기금의 보증서를 가지고 융자를 받을 필요가 있습니다. 일반 금융권의 직접 대출보다는 정부 기관의 융자 지원금이 향후 실패 시 상환 압박도 덜하고, 회생 지원에도 더 적극적이기 때문이죠.

빚 없이 사는 게 만사 편하다고 생각할 수 있지만 사업을 하다 보면 전략적으로 돈을 빌릴 필요도 있습니다. 기술보증기금에서 보증을 받으면서 벤처기업 인증을 받기도 하니까요.

기보(기술보증기금), 신보(신용보증기금)는 많이 들어보셨을 텐데 이와 유사한 기관으로 지역 신용보증재단이 있습니다. 경기신용보증재단, 충남신용보증재단과 같은 곳들인데 신용보증기금과 기술보

중기금이 중앙정부가 재원을 만든다면 이 재단들은 명칭 그대로 지방정부가 기업을 지원하기 위해 설립한 것입니다. 기본적인 지원 시스템은 기술보증기금이나 신용보증기금과 유사합니다.

이렇게 보증서를 기반으로 은행의 높은 문턱을 낮게 해주는 역할을 하는 것이 정부보증기금과 재단들입니다. 특히 창업 초기의 기술혁신형 기업이라면 기술보증기금이 가장 적합한 지원 기관이라고 생각하시면 됩니다.

출연 자금

연구개발에는 많은 시간과 인력, 자금이 들어갑니다. 자금이 넉넉지 못한 창업 초기 기업이 감당할 수 있는 수준은 아니죠. 게다가 계획과 달리 기술 개발에 실패하기도 하고, 어찌어찌 기술 개발을 하더라도 그 결과물을 상품으로 만들어내지 못하는 경우도 허다합니다. 이는 잘못된 게 아니고 어쩌면 당연한 일이기에 정부에서는 다양한 출연 자금을 지원하고 있습니다. 중소기업청, 지식경제부 등 많은 부처에서 자금을 운영하고 있으니 기술 분야에 따라 적합한 출연 자금을 찾아야 합니다.

출연 자금은 정부와 기업이 함께 재원을 만들고 기업이 그 재원으로 연구개발을 진행하는 '매칭 펀드' 형태로 구성됩니다. 출연 자금에 따라 다소 차이는 있으나 보통 연구개발을 위해 필요한 자금이 100이라면 정부가 70, 기업이 30 정도로 배분해 자금을 지원하는 거죠. 그나마도 기업이 부담해야 하는 매칭 펀드는 현금뿐 아니라 일정 수준의 현물(연구개발 장비, 연구개발 인력 인건비 등)도 인정해줍니다. 연구개발에 필요한 자금이 100이었다면 10~20 수준의 자금으로도 기업이 충분히 연구개발을 할 수 있게 해주는 제도인 거죠. 물론 출연 자금도 갚아야 할 돈이긴 하지만, 대부분 정부에서 출연한 자금의 50퍼센트 수준을 몇 년에 걸쳐 나눠 갚게 해주는 등 자금이 궁색한 중소기업을 최대한 배려하는 편입니다.

투자 유치

2000년 초반의 벤처 버블은 성장을 위한 자산으로 남지 못하고 우리 사회에 숨기고 싶은 부끄러운 기억과 잘못된 상식을 만들어낸 계기가 되지 않았나 싶습니다. 우리 사회의 모험 자본은 벤처 버블 당시의 주먹구구식 투자 방식에 잔뜩 덴 뒤 이제는 보수적인 자본 운영으로 저위험 고수익low risk, high return에 치중하고 있고, 그나마도 많은 펀드들이 스스로 만들어낸 자본이 아니라 정부의 모태펀드에 의존하고 있죠.

발명가나 예비 창업자 중 무턱대고 벤처캐피털Venture Capital, VC의 투자를 받아서 사업을 시작하려고 하는 경우가 있습니다. VC는 투자 규모가 적어도 수십억 수준이니 한 방에 자금을 확충할 수 있는 기회라 생각해서 그러실 수 있는데요, 아쉽게도 VC들은 아무리 내 기술을 열심히 설명하려 해도 들어주지 않을 뿐더러 영화처럼 덥석 투자해주지도 않습니다. 많은 벤처 창업주가 여러 VC에 전화하고 사업계획서를 보내보지만 길게 통화도 못 하고, VC의 심사역이 사업계획서를 읽었는지 확인할 길도 없습니다. 업계에선 이런 경우를 콜드 콜cold call이라고 하는데요, 말 그대로 참 차갑고 냉담한 반응에 사장님들은 마음의 상처를 입게 됩니다.

기술의 가치와 사업성 모두에 대한 평가와 예측을 토대로 투자하는 VC는 매우 보수적입니다. 더군다나 2000년 초반 벤처 버블을 겪으면서 이제는 벤처기업에 대한 과감한 투자를 찾아보기 어렵습니다. VC들의 처지에서는 고위험 고수익이라는 벤처 투자의 특성상 단 1원도 회수하지 못하는 상황에 처할 수 있고, 국내 자본계는 영화에서 본 실리콘 밸리의 상황과는 다르기에 무턱대고 VC에 사업계획서나 기술 소개서를 보내는 것은 그리 좋은 판단이 아닙니다.

꼭 VC를 만나고 싶다면 모태펀드의 전주인 정부가 주최하는 투자자 설명회에 참석하여 VC를 만나거나, 우리 기술과 기업에 대한 정보를 듣고 달려오는 VC를 만나주는 것이 기업인으로서 가장 현명한 태도입니다. 투자자가 좋아할 만한 사업계획서를 만들기 위해 밤을 새우고 불필요한 콜드 콜을 일주일 내내 하고 있을 바에는 기술 개발에 좀 더 신경을 쓰는 편이 낫습니다.

기타 지원 제도

정부의 R&D 지원 자금 수준이 OECD에서도 다섯 손가락 안에 드는 대한민국이다 보니 위에서 열거한 것 이외에도 워낙 많은 지원 제도가 있습니다. 중소기업진흥공단, 지자체가 운영하고 있는 산업진흥재단 등에서 여러 지원을 하고 있습니다만, 앞에서 설명한 세 가지가 대표적인 자금 유치 경로입니다.

이외에 정부의 간접 지원 자금도 그 종류가 어마어마하게 많습니다. 예를 들어 PCT 해외 특허 출원을 한 후 개별국 진입을 위해 자금이 필요한 경우에는 특허청이 운영하는 지식재산센터에서 개별국 진입 시 필요한 자금을 지원하고 있으니 기술 개발과 밀접한 지식재산권 출원 시 활용하시기 바랍니다.

마지막으로 식품 관련 창업을 원한다면 지방에서의 창업도 검토해볼 만합니다. 각 지자체에서 지원하는 여러 사업 중 특히 지역의 농수특산물과 연계된 식품 관련 사업은 운영 자금은 물론이고 공장 건축과 현물 지원(마케팅 비용, 포장재 제작, 운송 비용 등)을 받을 수 있는데, 수도권보다 더 밀착된 정부 지원을 받을 수 있고 경쟁자가 적다 보니 선정 확률이 더 높습니다. 타 사업 분야에 비해 반드시 수도권에 본사를 두지 않아도 되기에 예비 창업자라면 검토해보시길 권합니다.

이쯤에서 중간 정리를 해보겠습니다. 혁신적인 기술이나 기술 진보성이 높은 상품을 연구개발하기 위해 자금이 필요하다면 다음 세

가지를 명심하세요.

1. 정부 출연 자금을 통해 연구개발 자금을 확보한다.
2. 기술보증기금의 융자금 등을 통해 기술을 상용화한다.
3. 투자 유치는 자본이 적극적으로 내게 손을 내밀기 전에는
   자제한다.

정부 출연 자금을 받기 위한 노하우

스타트업은 정부 출연 자금을 통해 연구개발 자금을 확보하는 일이 1순위인데, 그 이유와 더불어 남들보다 앞설 수 있는 노하우를 몇 가지 설명해드리겠습니다.

저는 출연 자금을 받기 위해 덜덜 떨리는 다리로 심사장을 들락날락거리던 기업인이기도 했고, 출연 자금 심사의 전반을 운영하는 간사이기도 했습니다. 또한 날카로운 질문으로 기업인을 당혹하게 하는 까칠한 심사위원이기도 했죠. 아마 여러분이 출연 자금 오디션 장에 들어서서 해야 할 행동과 하지 말아야 할 행동을 제일 잘 알려줄 몇 안 되는 사람 중 하나일 겁니다. 다음 세 가지 노하우는 꼭 염두에 두셨으면 합니다.

1. 중소기업은 사장의 평가가 기업 평가의 절반이다

기업을 평가하는 방법은 크게 두 가지입니다. 수많은 기업이 있고 기업마다 특성이 다른데 어떻게 천편일률적으로 획일화된 평가를 하느냐고 화를 내시는 분들도 있겠지만, 기업의 가치 평가에 대한 우리 사회의 수준이 아직은 그리 세심하지 못합니다.

기업의 평가는 6:4 기준이 일반적인데, 6은 정량적·재무적 평가이고 4는 정성적·신용적 평가입니다. 이 중 4에 대한 평가 기준은 딱히 정해진 게 없습니다. 기관마다 이것을 구체화하려고 갖은 방법을 동원해보지만 결국 '사장의 태도'로 귀결됩니다. 다시 말해 100점 만점에서 40점을 사장의 능력과 자세로 평가한다는 겁니다. 아마 평가 기준 중에 이렇게 큰 배점 항목은 또 없을 겁니다. 그런데 정부 자금 지원 심사장에 사장이 나타나지 않는다면 어떻게 될까요? 어떤 사장님들은 자신보다 기술적인 설명을 더 잘할 수 있는 개발팀장이 나서는 편이 낫다며 비겁하게 뒤로 빠지시는데요, 절대 그렇지 않습니다.

몇 년 전 제가 참여했던 정부 출연 기금 심사는 여섯 개 기업 중 두 기업을 통과시키고 나머지는 떨어뜨리는 식이었는데, 세 기업이 최종 후보에 올랐습니다. 그런데 이 세 기업은 정말 큰 차이가 없어서 심사위원들이 고민을 거듭했습니다. 그때 심사위원장은 이렇게 상황을 정리했습니다.

"A사는 오늘 심사에 기업 대표가 참여하지 않았습니다. 그만큼

기술 개발 자금

절박하지 않다는 거겠지요. A사를 떨어뜨리기로 합시다.”

여러 이유로 심사장에 들어가길 꺼리는 사장님들께 저는 이렇게 말씀드립니다.

“사장님, 췌장암에 걸린 스티브 잡스도 신제품 발표는 본인이 직접 했습니다.”

2. 당신이 하고픈 말보다 타인이 듣고 싶은 말을 하라

남들과 구별되는 자기 기업만의 장점을 발표하는 것은 즐거운 일입니다. 그러나 그 장점이란 것이 나뿐만 아니라 듣는 사람들도 모두 동의할 만한 장점인지는 꼭 한번 생각해볼 일입니다.

정부 자금 지원 심사 중에는 기술 개발 계획을 발표하는 것도 중요하지만 정부 자금 지원의 필요성을 역설하는 것도 중요합니다. 예를 들어 ‘외국과의 기술 격차가 줄어들어 산업 전반의 기술경쟁력이 향상되고 수입 대체 효과가 발생한다’와 같은 표현은 참 좋은 설득 방식입니다. 그런데 실제 자금 지원 심사장에서는 안타까운 일도 많이 일어납니다.

한 회사는 발표 내내 자기 기업이 ‘외투 기업(외국인 투자 기업)’이라고 강조했는데, 외투 기업이라는 점이 정부 지원 자금 심사에서는 좋게 작용할 리 없다는 걸 몰랐나 봅니다. 한정적 국가 재원을 되도록이면 국내 기업에 투자해야지 외국인이 지분을 갖고 있는 기업에 주고 싶지는 않겠지요. 외국인 투자 기업이 시중에서 좋은 평가를 받고 기업도 자긍심을 갖는 건 좋지만 국비가 지원되는 사업에서는 신중하지 못한 행동이었습니다.

3. 말 한마디로 신뢰를 얻어라

평가자와 피평가자, 심사위원과 기업은 둘 다 존중받아 마땅합니다. 기업과 기술을 단 몇 시간 만에 평가한다는 건 평가자의 입장에서 책임의 부담이 너무 크기에 심사위원 위촉 전화를 피하는 분들도 많습니다. 산업의 허리가 되는 중소기업의 사장님들 또한 마땅히 존경받아야 할 분들입니다.

자금 지원 심사가 시작되기 전 간사들이 심사위원들을 대상으로 오리엔테이션을 하는데, 이때 반드시 안내하는 것이 고압적인 행동이나 언사를 자제하라는 겁니다. 그러나 막상 심사가 진행되면 심사위원들은 기업이 행여 나랏돈을 눈먼 돈으로 보고 달려든 건 아닌지 돋보기를 끼고 보게 되고, 기업인들은 나름의 자존심이 있는지라 팽팽한 공방을 펼칩니다.

심사 과정 중 발표보다 더 중요한 점은 심사위원의 질문에 명쾌하게 답변하는 일입니다. 그럼 나쁜 답변과 좋은 답변에는 어떤 차이가 있는지 살펴보겠습니다.

질문. 귀사에서 책정한 연구개발비 중 시제품 제작비가 너무

기술 개발 자금

커 보이네요. 설명 바랍니다.

[나쁜 답변] 아이고. 위원님~ 연구개발을 안 해봐서 그러시는데 목업 제작비가 얼마나 많이 들어가는데요!

[좋은 답변] 계획 단계이다 보니 약간의 여유를 뒀는데, 제작 과정에서 비용을 절감하기 위해 노력하고 남는 예산은 특허 출원 비용 등에 활용하도록 하겠습니다.

질문. 이 기술로 제품을 만들어봐야 중국 기업들이 바로 따라하지 않겠어요?

[나쁜 답변] 우리 기술은 대단히 독보적이라서 중국이 따라할 만한 기술이 아닙니다.

[좋은 답변] 혹시나 있을 역설계가 어렵도록 전자 기판은 불투명 코팅 처리할 예정입니다. 그리고 이번 자금 지원으로 개발되는 제품은 파일럿 제품이니 즉시 2세대 제품을 진행하면서 기술 격차를 더 벌리겠습니다.

질문. 딱히 핵심적인 원천기술이 없는 것 같은데요?

[나쁜 답변] 중소기업이 무슨 돈이 있어 원천기술을 만든다고 이러십니까!?

[좋은 답변] 저희 회사는 응용기술에서 시작해 원천기술로 발전시키는 것을 장기적인 기술 계획으로 삼고 있습니다. 응용기술이라도 국제 기술 표준화 활동에서는 충분히 그 가치를 인정받아

별도의 분과가 있을 정도입니다. 좀 더 안전한 시장 진입이라는 응용기술의 장점을 무시할 수 없는 스타트업의 처지도 이해해주시기 바랍니다.

막상 심사장에서 질문을 받으면 혈압이 급상승할 수 있는 질문들이겠지만, 어떤 답변을 하느냐에 따라 기업에 대한 신뢰가 높아질 수도 불신이 더 늘어날 수도 있다는 사실을 알게 되셨으리라 믿습니다.

세 줄 요약

❶ 창업 초기에는 벤처캐피털 투자 유치를 위해 좇아다니지 말고 기업의 내실과 성과를 창출하는 데 힘쓰고 투자자들이 찾아오는 유리한 상황에서 협상해야 합니다.

❷ 일반적인 은행 신용대출보다는 정부의 보증기금을 활용하는 편이 현명합니다.

❸ 신기술의 연구개발에 들어가는 자금은 정부의 출연 자금을 활용하는 편이 투자 유치나 융자보다 낫습니다.

지식재산권의 포괄적 이해

지식재산권 중 가장 많이 알려진 게 '특허'이다 보니 그냥 특허권이라고 많이들 얘기하지만, 엄밀히 말하면 특허권은 지식재산권의 여러 분류 중에서도 산업재산권의 한 가지입니다. 지식재산권의 하위 요소죠.

지식재산권은 과거 '지적재산권'이라 불리기도 했는데 intellectual property라는 국제적 표현과 부합하는 우리말이지만 워낙 '지식'이란 말을 좋아하는 국내 분위기, 정부 부처 간 소관 분야 조정, 관련 법 개정 등으로 인해 최근에는 지식재산권이라는 용어로 통일하고 있습니다. 일반적인 대화에서야 문제가 없겠지만 적합한 단어 구사는 상호 간 정확한 의사 전달의 기본이 되는 만큼 관련 분야 사람들과 대화할 때는 되도록 지적재산권보다는 지식재산권이라는 용어를

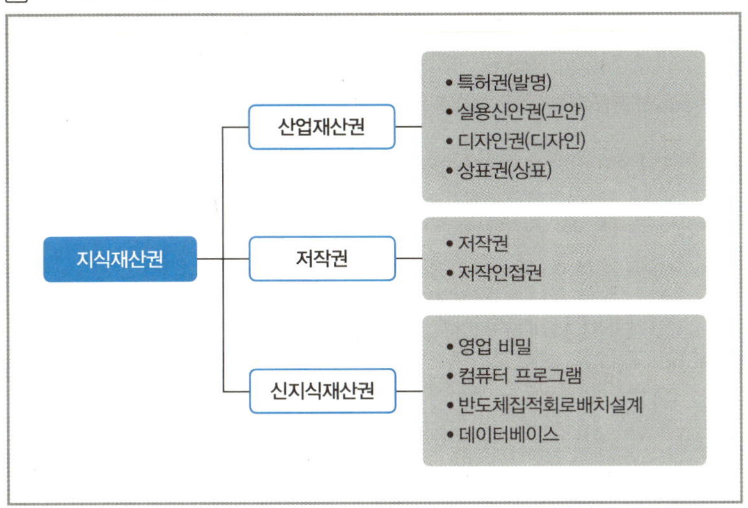

쓰시길 권합니다. 또한 '디자인 특허권'과 같은 단어는 실상 존재하지 않는 단어이기 때문에 '디자인권'으로 순화하여 쓰셔야지 '디자인' '특허권' 같은 단어들을 불필요하게 합성하지 않는 편이 좋습니다.

지식재산권은 산업재산권과 저작권, 신지식재산권이라는 여러 가지 권리를 총칭하는데, 오늘 이 시간에는 세부적인 권리나 관련 법에 대해서는 전혀 설명하지 않으려 합니다. 강의를 하러 가면 변리사님들이 제 앞 순서에서 강의하시는 경우가 있습니다. 이분들이 "특허는 자연 발명을 이용한 기술적 창작으로서 고도한 것입니다"라고 얘기하기 시작하시면 '아, 변리사님 오늘 강의 매우 힘드시겠군' 하고 속으로 생각하곤 합니다. 어렵게 배우려면 끝없이 어려운 게 지식재산권이거든요.

그래서 과감하게 특허는 뭐고 실용신안은 어떻고 이런 원론적인 부분 없이 바로 사례로 뛰어들겠습니다. 사례를 통해 경각심을 갖고 중요성을 인지하게 되면 오히려 스스로 공부해야겠다는 생각이 들 테니까요.

사례 1. '페이크'는 경영에서도 씁니다

좋은 재료와 전통 방식으로 정성껏 발효 식품을 만들어 파는 마을기업이 있었습니다. 여기서 만든 식품의 맛이 꽤 좋아서 식품 박람회나 전시회에 나가면 사람들이 찾아와 레시피를 물어보곤 하는데 그게 참 부담스럽고 껄끄럽더랍니다. 특히 대기업 측에서 그런 질문을 받으면 기술을 뺏기는 건 아닌가 지레 겁나기도 하고요.

결국 마을발전위원회 회장님, 이장님(최고경영자), 부녀회장님(공장장)이 모인 자리에서 이런 불편한 상황을 어떻게 해결할 것인지 회의에 들어갔습니다. 제게도 의견을 물으시기에 저는 특허를 출원하시라고 했습니다. 그것도 여러 개를 출원하시라고 했습니다. 그랬더니 "갑자기 특허를 어떻게 출원하냐? 우리 마을의 발효 기술이라 해봐야 옛날부터 구전으로 내려오던 방식이라 딱히 기술이라고 할 것도 없다"고 하시더군요.

맞습니다. 이 마을의 발효 식품 제조 방법이나 관련 물질은 특허를 받을 정도로 고도의 기술이 아닙니다. 솔직히 이런 제조 방식을 택하고 있는 마을기업, 중소기업이 우리나라에만 수천 개는 있을 겁니다. 다만 발효 식품과 관련된 제조 방법은 기술적인 진보성이 없더라도 작은 차이와 노하우로 맛의 차이가 납니다. 이런 비법을 은근슬쩍 수집해서 정리하고 실험해보면 좋은 기술을 만들 수 있으니 이 마을기업에도 여러 사람들이 정보를 빼기 위해 접근했을 것입니다.

결국 이 마을기업은 두 개의 특허를 출원했습니다. 어떤 특허냐고요? 별로 의미 없는 특허를 출원했습니다. 그리고 심사 청구도 하지 않았습니다. 왜 하지 않았을까요?

특허청에 특허를 출원하고 심사 청구를 하지 않으면 특허청에서 심사를 하지 않습니다. 심사 청구는 필수가 아니거든요. 특허를 출원하고 5년 이내에만 심사를 청구하면 됩니다. 끝끝내 청구하지 않아도 되고요. 이럴 때의 장점은 출원된 특허 기술은 심사를 받지 않았기 때문에 절대 거절될 일이 없다는 것입니다.

그렇습니다! 5년 동안 큰소리 치고 다니려고 특허 출원을 한 겁니다. 특허를 등록받고자 하는 목적이 아니었습니다. 정보를 빼가려는 사람을 견제하기 위한 용도였던 거죠.

'우리는 특허를 두 개나 출원할 정도로 기술 관리가 되는 마을기업이다. 촌사람이라고 우습게 보지 마라. 그리고 함부로 우리 레시피 베낄 생각 마라. 우리 특허가 등록되면 너네 가만히 안 둘 거다.'

어떻게든 작은 정보라도 빼내고 싶어 접근하는 이들에게 이런 무언의 압력을 보여주는 거죠. 그러면 결국 날파리들은 이 마을기업

지식재산권의 포괄적 이해

이 아니라 좀 더 허술한 먹잇감을 찾아 떠나게 됩니다.

그간 선비 정신으로 살아오신 마을발전위원회 회장님이 이렇게 특허 내는 건 정직하지 못한 일이 아니냐고 반문하셨지만 즉시 부녀회장님이 "하이고~ 우리가 지금 앉은 자리에 풀도 안 날 놈들하고 싸우는 판에 무슨 부처님 가운데 토막 같은 소리여"라며 반박해주셔서 잘 정리되었습니다. 일종의 페이크 모션인 셈인데 이런 것도 반칙인가요?

사례 2. 사업자 등록증에 있는 우리 회사 이름인데 왜 못 쓰냐고요?

이번 사례는 제가 1년에 한 번꼴로 겪는 일입니다. 우리 회사 이름을 왜 우리 제품의 상품명으로 못 쓰냐는 항의 말이죠. 최근 접했던 식품 기업의 사례를 말씀드리겠습니다(물론 기업명은 가칭입니다).

홍길동 씨는 2009년에 (주)큰세상이라는 식품회사를 차렸습니다. 단무지와 피클, 오이지 등을 제조해 판매하는 회사였죠. 당연히 상품 포장에 큼지막하게 '큰세상 짠지'라고 써 붙였습니다. 2010년에는 상표 출원도 했습니다. 포털 사이트에 키워드 광고도 꾸준히 했습니다.

그러던 어느 날 도청의 지원으로 기업 경영 진단을 받게 되었습니다. 그런데 이 경영 진단에서 생각지도 못했던 지적이 나온 겁니다.

"홍길동 대표님이 사용하는 '큰세상'이라는 브랜드는 타인의 선등록 상표를 침해하고 있습니다."

홍길동 사장님은 그게 무슨 소리냐고 노발대발하셨죠. 홍길동 사장님은 크게 두 가지를 잘못 알고 있었습니다.

첫째, 세무서에서 사업자등록중의 상호로 쓰게 했다고 해서 그 명칭이 상표의 권리를 인정한 것은 아닙니다. 세무서에서는 지역 내에서 유사한 상호를 사용하는 것에 대해서만 거절할 뿐이기에 사업자등록 신청 시 내가 제시한 상호가 받아들여졌다고 해서 그것이 바로 상표(서비스표)의 권리를 갖는 뜻은 아니라는 겁니다.

둘째, 상표는 출원 후 바로 등록되는 것이 아닙니다. 이 또한 출원 후 심사를 거쳐 등록됩니다. 특허청에 상표를 출원하면 상표는 소정의 심사를 거치고, 심사관 판단으로 문제가 없을 때 일반 대중에게 공고해서 이 상표를 특정인이 독점적·배타적으로 사용해도 되는가 하는 소정의 사회적 합의를 거친 뒤 등록해줍니다. 당연히 출원에서 등록까지는 어느 정도의 시간이 걸리지요.

홍길동 사장님이 과거에 출원했던 상표가 어떻게 되었는지 확인해보니 역시나 거절되어 있었습니다. 홍길동 사장님은 상표의 출원 및 등록 절차를 잘 몰랐기 때문에 상표 출원 이후 신경을 쓰지 않았고 거절된 줄도 모르고 있었던 겁니다. 다행히 '큰세상'이라는 상표를 등록하고 있는 권리자는 자신의 상표가 홍길동 사장님에 의해 침해되고 있음을 알지 못하고 있었습니다.

그간은 무지해서 타인의 상표를 침해했지만 이제라도 침해 행위

지식재산권의 포괄적 이해

를 그만두고 '큰세상'이라는 명칭은 기업명으로만 사용하고 회사의 브랜드는 '큰세상'이 아닌 새로운 브랜드를 사용하기로 했습니다. 네이미스트들이 제안한 브랜드 명칭 후보안들을 변리사의 선행 상표 조사를 거쳐 특허청에 출원하였고, 홈페이지 도메인도 변경하고, 포털 사이트의 검색광고도 다시 걸었습니다. 물론 브랜드 명칭 개편에 따른 이벤트와 홍보도 병행했고요.

이 회사는 4년여 동안 회사의 브랜드를 홍보하기 위해 많은 돈

📅 키프리스 검색

을 들였는데, 상표에 대한 이해가 부족해 그간 들였던 비용 이상의 돈과 시간을 다시 신규 브랜드를 홍보하기 위해 쏟아붓게 되었습니다. 그러므로 회사의 상호를 정할 때는 특허청의 무료 검색 서비스인 키프리스(http://www.kipris.or.kr)를 이용해 꼭 상표 검색을 해보시길 권합니다.

사례 3. 저작권 위반이라고 내용 증명을 받았습니다

이 같은 사례는 거의 한 달에 한 번꼴로 접할 만큼 빈번히 발생합니다. 폰트에 대한 저작권 침해를 이유로 내용 증명이나 공문을 받고 걱정하시는 분들이 참 많더군요.

우선 저작권이란 인간의 사상이나 감정을 표현한 창작물에 대한 권리를 말합니다. 따라서 시, 그림, 사진, 조각, 공예 등 다양한 부문에서 창작자의 권리를 지켜줄 수 있죠. 예를 들어 서예가가 쓴 글씨는 미술저작물입니다. 그렇기에 이 작품을 사진 찍어서 달력을 만들었다면 바로 저작권 침해가 되죠. (참고로 저작권 보호 기간은 저작자 사후 70년까지입니다.)

그런데 폰트는 미술저작물이 아니라 프로그램 보호법에 의해 보호받습니다. 프로그램 보호법은 컴퓨터에서 사용되는 프로그램의 보호를 위한 것이고, 폰트 또한 프로그램의 일부로 봅니다. 따라서

지식재산권의 포괄적 이해

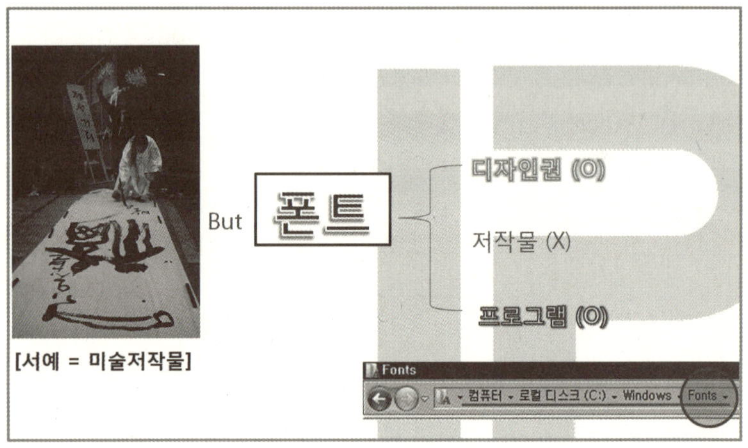

침해가 이루어졌다고 보는 경우는 컴퓨터의 Windows\Fonts 폴더에 폰트 파일을 불법 복제하여 사용하고 있는 경우입니다. 이 부분이 미술저작물과 다소 차이 나는 점이기도 합니다.

어느 날 우리 회사가 게시한 현수막을 보고 "(주)워크에서 만든 '홀릭체'라는 폰트를 정당한 대가 없이 무단으로 사용하는 사실을 확인했으니 사용을 중지하고 정당한 보상을 해주기 바랍니다"라는 공문을 보내왔다고 칩시다. 우리 회사 컴퓨터 어디에도 (주)워크에서 만든 '홀릭체'가 설치되어 있지 않다면 대응은 아주 간단합니다. "우리 회사가 게시한 현수막은 디자인 용역사인 '예쁜게시물'사에 제작 의뢰해 만든 현수막이기 때문에 폰트의 무단 사용은 나와 상관 없고, 디자인을 의뢰했던 '예쁜게시물'사에 알아보시오"라고 대응하시면 됩니다.

이와 관련하여 우리가 좀처럼 인지하지 못하고 자주 범하는 폰트 관련 실수가 있습니다. 예를 들면 이런 상황입니다.

"갑님, 저희가 PPT를 예쁘게 준비했어요. 메일에 폰트 파일 같이 보내니 꼭 깔아서 봐주세요. 데헷."

네, 갑에게 빅엿을 먹일 수 있는 동귀어진의 초식이 되겠습니다. 폰트는 프로그램 보호법에 의해 보호되기 때문에 파워포인트 자료를 주고받을 때, 일러스트레이터나 포토샵 파일 등을 주고받을 때 폰트를 함께 보내는 일은 없어야 합니다.

또한 폰트는 산업재산권인 디자인권으로 보호받을 수도 있습니다. 이때는 프로그램 보호법과 달리 컴퓨터에 폰트가 있든 없든 외관상 일치한다면 바로 침해가 성립됩니다. 특허청에 디자인 등록된 폰트를 임의로 사용했다가는 큰 고생을 할 수도 있습니다. 그러니 무분별하게 폰트를 수집해 정당한 권리 없이 사용하는 일은 자제해야 합니다.

특허권, 상표권, 저작권, 디자인권 등 다양한 무형의 재산권은 눈에 보이지 않는 무체재산권이기에 뭐가 중요하겠나 싶어 소홀히 할 수도 있습니다. 하지만 실제로는 굉장히 중요한 사업 요소들입니다.

지식재산권의 포괄적 이해

❶ 특허는 반드시 등록을 목적으로만 사용하지 않습니다. 등록 결정이 나기 전의 출원 과정에서도 기업 평가에 좋은 영향을 끼칩니다.

❷ 상표는 먼저 사용했다고 해서 무조건 권리를 갖는 것이 아니라 우선 등록하는 것이 중요합니다.

❸ 폰트의 경우 프로그램 보호법에 의해 보호되므로 폰트를 인터넷에서 다운로드하여 사용할 때는 저작권에 문제가 없는지 재차 확인해야 합니다.

욕망의 교집합

천국에 사는 사람들은 지옥을 생각할 필요가 없다. 그러나 우리 다섯 식구는 지옥에 살면서 천국을 생각했다. 우리의 생활은 전쟁과 같았다. 우리는 그 전쟁에서 날마다 지기만 했다. — 조세희, 《난장이가 쏘아올린 작은 공》

'나는 소비할 수 있다. 내 소비는 너 따위는 감히 따라올 수 없는 수준이다'라고 떠들고 다니고 싶은 사람들이 많은 세상이다. 사회를 통해 너와 나의 욕망이 모이고, 시멘트 역할을 하는 언론은 그 욕망을 높이 쌓아 올린다. 그 욕망의 탑, 아파트를 우러러보며 살아온 대한민국 국민. 그들은 행복한가? 국민들이 그리 행복해하고 원하는 아파트라면 나라에서 더 많이 지어 저렴한 가격에 분양한들 나쁠 이유가 있을까? 지인의 집 문제를 함께 고민하며 공공임대주택을 알아보다 든 생각이다.

작은 전문 건설업 사장이던 P는 아내와 사이가 좋지 않았다. 접대와 출장을 핑계로 집안을 들여다보지도 않고 다섯 시간 정도의 짧은 수면을 위해 집을 이용하는 듯한 P와 그의 아내가 금실이 좋을 리 없었다. 어느 날 만난 그 부부는 전에 없이 다정히 뭔가를 의논하고 있었다. 평상시 보기 힘든 모습이라 무슨 얘기를 하나 봤더니 부모님이 물려주신 아파트 재건축 허가가 나서 거길 다녀온 모양이었다. 재건축위원회에서 해야 할 일, 앞으로의 계획, 마진 등에 대해 얘기하며 부부는 계속 웃었다. 저 부부가 아직 깨지지 않고 잘 살았던 이유는 욕망이라는 교집합 때문이었구나, 고개를 주억거렸다.

지식재산권에 대한 오해와 실무

지식재산권은 경영에서 중요한 부분입니다. 하지만 심도 있게 학습하지 않으면 어쩌다 한 번 특허권 강의에서 들은 한정된 지식과 언론의 선정적 정보에 혹할 수 있습니다. 이번 장에서는 그간의 '카더라' 정보를 내려놓고 실무에서 지식재산권을 어떻게 관리해야 하는지 알아보겠습니다.

상표가 로또가 될 수 있을까?

인터넷 사업의 거품이 심했던 2000년경에는 도메인 네임을 선점한 뒤 판매하여 떼돈을 벌었다는 사람들이 꽤 있었습니다. 그런데 최근에도 좋은 상표를 출원해서 그 상표로 큰돈을 벌어보려는 분들이 계시더군요. 별로 좋은 생각은 아닌 것 같습니다.

상표는 모든 상품에 걸쳐 권리를 취득하는 게 아니라 지정 상품에 따른 '류類, class'별로 권리를 취득하기 때문입니다. 그런데 작심하고 많은 '류'에 걸쳐 상표를 취득하면 특허청에 내야 하는 관납료만 해도 어마어마해지기 때문에 개인이 부업 삼아 할 만한 재테크가 아닙니다.

상표에 '류'라는 것이 존재하는 이유는 단 하나의 상표가 모든 종류의 상품에서 권리를 가지면 권리의 범위가 너무 커지고 결국 공정한 경쟁을 저해하기 때문이죠. 예를 들어 '뚱딴지'라는 상표가 이미 과자류에 등록되어 있으면 과자류에는 등록하지 못하지만 전혀 다른 상품인 화장품류로는 등록할 수 있습니다.

지식재산권 중 무엇이 가장 중요하냐는 질문은 우문일 수도 있지만 그래도 하나 꼽아보자면 아무래도 상표입니다. 자금과 인적 한계가 자명한 중소기업에서 비교적 적은 자금을 들여 확보할 수 있는 것이 상표이기 때문입니다. 산업재산권인 특허나 디자인은 등록된 후 출원일로부터 20년간 독점배타적 권리를 줍니다. 저작권은 창작자의 사망 이후 70년간 권리를 주지요. 반면 상표는 10년마다 갱신하기 때문에 스스로 이를 포기하지 않는 한 거의 무한한 기간 동안 권리를 누릴 수 있습니다.

그러다 보니 상표는 특허나 디자인 등의 지식재산권과 다소 다른 방식의 법체계를 갖고 있습니다. 또한 어느 지식재산권 못지않게 사업적 이용의 중요성이 크고 권리 기간이 길기 때문에 아무에게나 상표를 주지 않는 방식으로 법이 발전해오고 있습니다. 예컨대 불사용 상표에 대한 취소가 있습니다. 상표를 등록받았다 해도 3년 이상 사용하지 않으면 이 상표에 대해 취소 심판을 할 수 있는 제도죠. 상표는 실제 사용하는 권리자에게 돌아가야 한다는 지극히 상식적인 취지입니다. 최근에는 상표를 출원한 사람이 해당 상표를 사용할 수 있는 능력이 되는지까지 심사하는 추세입니다.

결국 상표를 다수 보유하고 장사하는 상표 브로커의 설자리는 점

특허청은 상표 브로커 피해 상담 센터를 운영하고 있습니다.

점 줄어들고 있습니다. 혹시 상표 브로커에 의해 어려움을 겪는 분들은 특허청에서 상표 브로커 피해 상담을 받아보시기 바랍니다.

내가 발명한 기술인데 특허 등록이 안 된다니요?

가장 많이 궁금해 하고 선뜻 이해하지 못하는 특허 제도가 제품화된 이후에는 특허 등록이 안 된다는 점입니다. 분명히 내가 기술을 개발하고 제품까지 만들어냈는데 상을 주지는 못할망정 왜 특허 등록이 되지 않느냐고 하시는 분들이 있는데, 일단 무조건 안 되는 건 아니고 본인이 스스로 기술을 공개했음을 특허청에 출원 시 알리는 제도를 이용하면 됩니다. 이것을 공지예외주장이라고 하는데 무한정 기한을 주진 않고 1년의 기간만 줍니다.

그래도 내가 개발한 기술이면 언제든 나에게 특허를 줘야 한다고 주장하시는 분들이 있는데요, 이런 분들은 특허 제도가 단순히 발명가만을 보호하는 제도라고 생각하기 때문에 분노가 이는 것입니다. 특허 제도는 놀라운 양면성을 갖고 있는데 독점배타적인 재산권 보장의 반대편에는 좋은 기술이 널리널리 알려져 너도나도 좋은 발명을 할 수 있게 해 산업이 발전하고 사회가 풍성해지길 바라는 국가의 욕심이 숨어 있습니다. 이런 국가의 착한 욕심으로 인하여 특허의 권리 기간을 20년밖에 주지 않기도 하고, 대단히 넓은 권리를 주

지식재산권에 대한 오해와 실무

장하는 특허 출원자에게 특허를 쉽게 주지 않는 심사관을 두어 특허청을 무장하기도 합니다. 즉, 국가는 특허를 장려하면서도 되도록 특허 제도를 어렵게 만들어서 그 요건을 갖추지 못한 기술은 특허가 되지 못하고 너도나도 쓰게 되기를 원하는 겁니다. 특허 심사 중 제일 먼저 신규성을 검토하는 것도 이런 이유에서입니다.

간혹 '설마 모르겠지' 하며 특허를 출원하는 경우가 있는데 특허청의 심사 제도가 그리 허술하지도 않을뿐더러 만약 심사를 통과해 등록되더라도 향후 본인의 특허를 무효화시키려는 경쟁자에게 발각될 수 있습니다. 경쟁자가 특허를 무효화해달라고 변리사와 계약하는 순간 변리사와 그 사무소의 능숙한 사무원들은 특허 무효 심판을 위해 특허가 출원 전에 공지되었는지 샅샅이 뒤집니다. 제품을 제조해 판매하는 과정에서 외부 기관에서 시험을 하고, 시방서(승인원)를 내서 관련된 부품을 사고, 매뉴얼을 만들고, 영업을 위해 제안서를 내고, 투자설명회를 열고, 협력사 직원들을 교육시키고, 정부가 요구하는 벤치마크 테스트 등에 참석하고, 어떤 경우에는 관보에까지 올랐을 텐데 끝까지 숨길 수는 없는 겁니다.

그럼 언제 특허를 출원하는 게 좋을까요? 특허 출원의 적절한 시점은 《특허전쟁》의 저자인 정우성 변리사의 답변을 참고하시는 게 좋겠습니다.

"특허를 출원하는 가장 바람직한 시기는 제품의 콘셉트가 정해지고, 비록 여러 가지 테스트와 더 좋은 결과를 내기 위한 몇 가지 수정 작업 때문에 완제품이 나오지는 않았지만 그 콘셉트가 어느 정도 구체화됐을 때, 바로 그 시점에 특허권을 신청하는 게 좋습니다."

돈이 없는데 특허를 내고 싶다면

지식재산권과 관련해 중소기업 사장님들을 상담하다 보면 PCT 출원(국제특허 출원)에 대한 문의가 많습니다. 필요하다고 판단하셔서 해외 출원까지 하셨을 텐데 막상 출원을 해보니 예상보다 비용이 많이 들어서 고생하시는 것 같더군요.

우리 정부는 여러 종류의 기업 지원금을 세세하게 준비해두고 있는데, 그중에는 특허 출원에 대한 지원금도 있습니다. 특허청이 운영하는 지역 지식재산센터가 전국에 30여 곳 있는데, 여기에서 산업재산권 출원에 대한 지원금을 받을 수 있습니다. 국내 출원뿐 아니라 해외 출원까지도 비용 지원을 하니 정말 좋은 기술을 개발했는데 돈이 없어 출원을 망설이셨다면 용기 있게 지역 지식재산센터의 문을 두드려보시길 권합니다.

지원 규모를 보면 국내 출원의 경우 변리사 수임료와 특허청 관납료를 계산해볼 때 전체 비용의 70퍼센트 정도 지원됩니다. 해외 출원에는 국내보다 비용이 많이 드는데, PCT 출원 단계뿐 아니라 특허 출원을 원하는 국가에 개별 진입하는 단계에서도 700만 원까

지식재산권에 대한 오해와 실무

지 지원되니 팍팍한 살림살이에서도 미래를 위해 과감하게 투자해야 하는 중소기업 입장에서는 큰 도움이 됩니다.

산업재산권의 자산적 실체

무형의 자산, 무체재산권으로 표현되는 지식재산권인 특허나 상표를 자산으로 어떻게 관리하는지 알아야 적절하게 회계 처리를 할 수 있을 텐데요, 특허나 상표 같은 산업재산권은 가치는 크지만 그 가치를 평가해 자본으로 현물 출자를 하지 않는 한 그 가치를 인정하지 않습니다.

특히 산업재산권의 출원 시점에 법인기업을 권리자(출원인)로 하여 출원한 경우에는 그 가치를 계산해 현물 출자 하기 어려우므로 창업 초기 기업의 경우에는 법인기업이 아닌 발명자가 특허를 출원한 후 이를 현물 출자 형태의 자본금으로 증액해야 합니다. 또한 무형의 자산을 현물 출자 하는 방식이기에 그 절차가 까다롭고 평가 금액도 매우 보수적으로 낮게 산정되는 것이 현실입니다.

특허, 상표, 디자인 등의 산업재산권은 획득 과정의 비용(출원비, 중간사건비, 등록비 등)을 무형자산으로 계상하고 유형의 자산(자동차, 복사기 등)과 같이 '상각'을 합니다(상각이란 자산이 처음에는 아름답고 늠름하지만 시간이 지나면 그 활용도가 떨어진다는 전제하에 합리적인 기간 동안 자산의 가치를 깎는 것을 말합니다). 이때 상각의 기간은 산업재산권

고유의 권리 기간이 아닙니다. 특허와 디자인은 20년, 상표는 계속 갱신한다는 전제하에 무기한 권리가 인정된다고 말씀드린 바 있는데요, 외부 회계 감사 등에서 이러한 권리 기간은 참고가 될 뿐이고 감사인은 기술의 영업상 이용 가능성을 객관적으로 평가하여 상각 기간을 정합니다. 따라서 상각 기간은 5년이 될 수도 있고 10년이 될 수도 있습니다.

중소기업들을 방문해서 보면 산업재산권을 취득하기 위해 든 비용을 단순 비용으로 처리하는 경우가 있는데, 무형의 자산이라도 엄연한 자산이고 외부의 기업 평가에서도 이 비용 자체를 기업의 기술 혁신 역량의 하나로 평가하기도 하기 때문에 자산으로 등록하는 것이 옳습니다. 기업을 평가할 때 자산에 대한 이해가 높고 자산을 잘 관리하고 있는지를 살펴보는 것은 기업의 내부 역량을 단적으로 확인할 수 있는 방법 중 하나입니다. 특히 무형의 자산을 어떻게 만들어내고 관리하는지를 보면 그 기업의 수준을 단번에 알 수 있죠. 지식재산권에 대한 올바른 이해와 실무 처리 방법을 정리해보면 다음과 같습니다.

세 줄 요약

❶ 매매 수익을 목적으로 한 무리한 상표 출원은 유지 관리 비용의 부담이 크고 상표법상 등록이 불가능하거나 취소될 수도 있습니다.

❷ 특허의 출원 시기는 기술 개발이 완벽하게 완료되어 제품을 판매할 수 있는 때가 아니라 기술에 대한 설명이 충분히 가능한 개발 완료 단계로 앞당기는 것이 좋습니다.

❸ 지식재산권 출원에 소요되는 비용은 정부에서 지원받을 수 있으므로 비용 부담이 클 때는 정부 지원 제도를 활용하세요.

우리 회사의 자산은 얼마일까?

작은 잡화 가게를 하든 덩치 큰 제조 기업을 하든 기업의 가치는 결국 자산 평가에서 시작됩니다. 조달이나 계약을 위한 기업 신용 평가에서도 물론 자산 평가가 중요하고요. 또한 자산은 비용과도 관계있기 때문에 세금과도 연관이 있고, 기업이라면 언제나 이익의 상태로 실질 자산이 튼실해야 한다는 대한민국의 이상한 기업 평가 관행에 대비하기 위해서도 자산을 치밀하게 관리해야 합니다.

기업 경영에서 자산이라는 것은 일반적으로 말하는 재산과는 다릅니다. 회계에서는 자본과 부채를 합쳐 자산이라고 합니다. '부채가 왜 자산인가?' 하고 물어보실 수도 있는데, 어른들 말씀 중에 이런 말 있잖아요. "빚도 능력이고 그것도 재산인겨~"

예를 들어 설명해보겠습니다. 워크 씨가 자본금 2000만 원으로 사업을 시작했다고 해보죠. 사무실 보증금으로 1000만 원, 가구와 책상 등 사무 집기를 사는 데 500만 원이 들었습니다. 그리고 직원을 고용했는데, 월급 200만 원에 다음 달부터 출근하기로 했습니다. 이제 남은 돈은 500만 원인데, 이 돈으로는 당장 앞으로 출근할 직원 월급 몇 달치도 안 됩니다. 그래서 은행에서 3000만 원을 융자받았습니다. 빚이긴 하지만 돈이 생긴 김에 업무용 차량을 한 대 샀더니 1000만 원이 또 나가버렸습니다. 자, 지금의 상태를 정리해볼까요?

- 자본: 2000만 원
- 부채: 3000만 원
- 자산(자본＋부채): 5000만 원

  ＝ 보증금 1000만 원 ＋ 사무 집기 500만 원

  ＋ 차량 1000만 원 ＋ 보유 현금 2500만 원

이렇듯 자산은 자본과 부채를 통해 형성됩니다. 위에서 본 작은 기업도 창업 며칠 만에 자산 형성 과정이 이렇게 복잡한데, 기업에서 수년간 발생하는 자산의 변동 상황은 더 복잡할 테니 잘 정리해야겠죠? 그래서 기업은 재무제표의 재무상태표(구 대차대조표)를 만들어 상세한 자산 내역을 주주나 은행 등 이해 관계자에게 보여줍니다.

금융감독원에 공시된 기업의 재무상태표를 보면 재산과 자산의 차이를 설명하기 더 쉬울 것 같습니다. 다음 예에서 보듯 기업의 자

우리 회사의 자산은 얼마일까?

재 무 상 태 표

제 04 기 2013년 12월 31일 현재
제 03 기 2012년 12월 31일 현재

회사명 : 주식회사 위메프 (단위 : 원)

과 목	제 04(당) 기		제 03(전) 기	
자 산				
I. 유동자산		95,691,782,359		22,838,832,882
(1) 당좌자산		94,631,226,794		22,602,410,331
1. 현금및현금성자산	42,220,024,864		6,725,210,933	
2. 단기금융상품	6,200,000,000		6,000,000,000	
3. 매출채권	706,250,255		419,221,185	
대손충당금	(340,712,550)		(40,000,000)	
4. 미수금	32,974,792,074		7,104,014,259	
대손충당금	(1,340,090,341)		(790,871,372)	
5. 미수수익(주석5)	93,764,371		61,822,461	
6. 선급금	13,051,875,882		2,961,929,153	
대손충당금	(1,173,693,841)		(52,179,747)	
7. 선급비용	2,707,895		3,007,149	
8. 부가세대급금	21,891,055		–	
9. 당기법인세자산	37,417,130		10,256,310	
10. 단기대여금(주석5)	2,177,000,000		200,000,000	
(2) 재고자산		1,060,555,565		236,422,551
1. 상품	1,245,133,401		307,970,805	
상품평가충당금	(191,903,186)		(71,548,254)	
2. 원재료	7,325,350		–	
		10,021,124,739		3,547,173,152

산은 매출채권(판매대금을 못 받은 상태), 선급비용(미리 지급한 돈) 등 지금 당장 눈에 보이지 않는 것까지 모두 망라합니다. 개인의 재산 개념과는 차원이 다른 거죠. 따라서 기업을 경영하는 경영자는 개인 재산 관리 수준으로 기업의 자산을 관리하면 안 되고 나름의 전문성을 갖춰야 합니다.

자산인가 비용인가

기업의 살림살이를 맡고 있는 임직원이라면 비용과 자산을 구분할 줄 아는 능력이 필요합니다. 쓴 돈을 자산으로 처리하는 것과 비용으로 처리하는 것은 당기손익에 다르게 영향을 끼칩니다. 특히 소기업이나 창업 기업의 경우 초기 투자 비용을 비용으로 계상하면 이익이 발생하기 어렵기 때문에 잘 구분해 처리해야 합니다.

다시 워크 씨의 사례를 살펴보겠습니다. 워크 씨는 이제 직원도 뽑았으니 컴퓨터를 삽니다. 컴퓨터 세 대를 각각 150만 원에 샀으니 총 450만 원이 들었는데, 이 비용을 사무용품비로 생각해서 당해 연도에 비용으로 처리해버린다면 손실이 커지게 됩니다. 첫해부터 대박이 나진 않을 것이고 사업 초기에는 비용이 들어갈 일만 수두룩하니까요. 그러나 자산으로 등록하고 매년 감가상각비만큼 비용 처리하면 여러 해 동안 비용이 분산됩니다.

이것을 교과서에서는 '수익 비용 대응의 원칙'이라고 합니다. 법적으로 당연히 인정되는 비용 처리 행위입니다. 따라서 어느 정도 손익분기점을 넘어 궤도에 오른 기업의 경우에는 감가상각이 절세의 방법이기도 합니다. 감가상각비라는 비용이 있으니 수익이 줄고 세금을 덜 내니까요.

지금 당장이라도 회사에 비치되어 있는(사실은 어딘가 처박혀 있을) '세무조정계산서'를 펼쳐보세요. 도저히 못 찾겠다면 국세청 홈택스 서비스에서 표준재무제표를 인쇄해보세요. 자산에 대해 감가상각

우리 회사의 자산은 얼마일까?

비가 처리되지 않고 자산이 매년 같은 가치로 처리되고 있었다면 귀사는 재무 관리가 전혀 이루어지지 않았다고 봐야 합니다.

귀사의 자산을 인정할 수 없습니다!

기업의 살림살이, 영업 활동을 통한 수익 창출의 능력과 가능성은 회사 자산을 파악하면 알 수 있습니다. 그러다 보니 회사들은 투자자나 은행, 정부 등에 자산을 부풀려 기업의 모습을 더 예쁘게 보이려고 하는 '분식회계'의 유혹에 빠지기 쉽습니다.

따라서 상장 기업이나 정부 투자 기업 등은 반드시 외부 회계 감사를 받도록 법으로 정하고 있습니다. 회계사의 감사를 통해 기업의 현재 상태를 정확하게 파악하려는 것이죠. 한번은 제가 컨설팅하는 기업의 외부 회계 감사 현장에 참관했는데, 재고 조사를 위해 부품 창고에 방문한 회계사가 자재 담당 직원에게 질문하던 중이었습니다.

회계사: 이 부품은 어디에 사용하는 것인가요?

직원: 네, 그건 불용 자재인데요.

회계사: 그렇다면 재고 목록에서 삭제하셔야죠. 회사에서 불용이라는데 회계사가 설마 자산으로 인정해주겠습니까? 이럴 때는 거짓말로라도 재고라고 하셔야죠. 회사에 별로 애정이 없으신가?

직원: 그… 그렇군요.

회계사: 혹시 앞에서 본 것하고 저것도 불용 자재 아닙니까?

직원: 아… 아닙니다.

재고자산(완제품, 부품 등)은 영업 활동이 이루어지고 있는 동안에는 현금과 같이 취급하고 감가상각하지 않습니다. 직원은 정직하게 감사에 임하긴 했지만, 자기가 관리해야 할 자산 목록은 제대로 정리하지 않았더군요. 회계사가 거짓말이라도 했어야 한다고 농담할 정도로 재고자산은 중요한 것인데, 재고 관리 담당자가 그 중요성을 모르고 있다는 것도 좀 창피한 일이었죠. 그날 재고 조사는 꽤 오래 걸렸던 것으로 기억합니다.

굴러다니는 자산을 먼저 챙기세요!

건설업의 경우 주기적 신고를 통해 면허가 갱신됩니다. 주기적 신고에서는 기업의 3년간의 재무제표를 분석해 실질자본금을 충족하고 있는지 확인하는데, 경기가 어려운 데다 적은 자본금으로 시작한 전문건설업의 경우 사채를 끌어다가 급하게 자본금을 충족시키는 것이 공공연한 비밀이지요.

전문건설업 면허가 있던 기업을 방문했을 때 사장님은 면허를 갱신할 때마다 급전을 끌어 쓰느라 죽을 고생한다며 하소연하시더군

우리 회사의 자산은 얼마일까?

요. 제가 사업장을 둘러보고 세무조정계산서와 자산 관리 대장을 살펴보니 여러 가지 장비와 계측기 등이 있었지만 매입 자료 관리를 하지 않은 채 몇 해를 지나쳐 자산(공구)으로 등록하지 못한 상태였고, 철근·H빔·실리콘·타일 등 여러 공사 자재가 창고 곳곳에 높이 쌓여 있었지만 재고자산으로 관리되어 있지 않았습니다.

직원들에게 창고를 정리하여 쓸 수 있는 재고의 수량을 파악하게 하고, 공사 현장에서 남은 자재 중 사용할 수 있는 것들은 모두 창고로 다시 가져오게 했습니다. 이렇게 정리한 재고가 5600만 원이나 되었습니다. 아무리 공사를 해도 남는 게 없다는 사장님에게 흘리고 버리고 다닌 돈(자재)이 원인일 수도 있으니 앞으로는 골프장 나가시는 횟수를 줄이더라도 공사 현장을 챙기시라고 말씀드렸습니다.

재무 관리, 어떻게 할 것인가

여기까지 읽으신 사장님들 중에는 안타깝게도 이렇게 생각하시는 분들이 계실 것입니다.

아니, 이 어려운 걸 다 알아야 해? 내가 얼마나 바쁜데 이런 걸 언제 다 해?

우리 경리 여직원이 워낙 똑똑하니 나야 신경 쓸 필요가 있나?

나는 세무사무소에서 알아서 다 잘해주는데 뭘.

당연한 반응입니다. '이제라도 잘 공부해서 경영을 제대로 해야 겠구나'라고 생각하시는 분은 오히려 많지 않을 것입니다. 지금까지 의 글이 이해하기 어려웠다고 너무 노여워 마시고 끝까지 읽어주시 기 바랍니다.

1. 재무 관리의 어려움을 대하는 자세

재무 관리를 잘해야만 사장이 되는 건 아니죠. 하지만 사장이 해 야 하는 큰일 중 하나가 재무 관리입니다. 그 범위와 수준은 자신의 역량(소질과 지식, 타 업무에 반드시 투자해야 하는 시간 등등)을 감안하면 됩니다. 재무 관리는 모르겠다고 쉽게 포기하지 마세요. 꾸준히 배 우고 익히겠다는 마음을 항상 가지시고, 본인 역량 밖의 일을 보좌 해줄 수 있는 인력을 회사 안이든 밖이든 꼭 두셔야 합니다. 재무 관 리를 담당할 직원의 인건비가 아깝다면, 적어도 외부 기장 대리만큼 은 반드시 하셔야 합니다.

2. CFO는 무슨 일을 하는가?

CFOChief Financial Officer는 한국말로 '경리 아가씨'라는 농담이 있 습니다. 소기업 사장님들이 회계나 재무 관리에는 관심이 없다 보 니 경리 아가씨의 권한이 큽니다. 컴퓨터를 살 때는 사장님 다음으 로 좋은 컴퓨터를 사지요. 직원들이 출장 나가 비싼 갈비탕이라도

우리 회사의 자산은 얼마일까?

먹었다면 영수증을 들고 경리 아가씨 앞에 서서 눈치를 살핍니다. 경리 아가씨는 항상 계산기를 두드리며 전표라는 것을 열심히 씁니다. 똑 부러진 일처리에 사장은 항상 마음이 놓입니다.

그런데 경리 아가씨가 새로 나올 신제품을 제조하는 데 드는 경비를 계산할 수 있을까요? 부족한 연구개발 자금을 보충하기 위해 정부 지원 기관에 사업계획서를 내고 프로젝트를 담당할 수 있을까요? 내년도 조달청 나라장터 종합쇼핑몰 입점을 위한 신용 평가에 대비해 올해 재무제표를 기획해낼 수 있을까요? 경리 아가씨에게 이런 걸 하라고 하면 뭐라고 할까요?

현재의 자금 상태에서 할 수 있는 영업의 범위 설정, 이에 따른 자본 조달, 미래 위험을 대비하는 큰 시야의 설계는 사장의 몫입니다. 사장의 역량이 부족할 때는 보좌하는 사람이 있어야 합니다. 그 역할을 하는 사람이 바로 CFO입니다.

제가 세태를 그대로 보여주는 단어를 고르다 보니 '경리 아가씨'라는 표현을 썼는데요, 절대로 경리 담당자들을 비하하고자 한 말은 아닙니다. 이미 경리 아가씨라는 인적 자원을 확보했으니 사장님들께서는 그 담당자를 계속 키워서 CFO로 만들라는 얘기입니다. 이 책도 함께 읽고, 교육도 챙겨 보내시고, 단순한 영수증 처리에 시간 보내지 않도록 잡무는 외부 기장으로 과감히 돌릴 필요도 있습니다. 사장 본인이 재무 관리 능력에 한계가 있다면 그 곁에는 반드시 CFO가 필요합니다. 경리 아가씨가 아닌 CFO 말입니다.

3. 전문가의 활용

어렵고 복잡한 분야에 검증된 능력을 가진 전문가를 쓰는 경우 '대리인'이라고 하죠. 특허에서는 '변리사'가 활동하고, 세무회계에서는 '세무사'가 활동하고 있습니다.

우리나라는 종합적인 경영 컨설팅을 주업으로 하기 어려운 처지입니다. 그렇다 보니 사장님들 생각과 달리 세무사들은 전반적인 경영 컨설팅보다는 기장에 주력하고 있습니다. 세무사무소와 세무법인은 계속 늘어나는데 외부 기장을 하는 기업이 폭발적으로 늘어나지 않으니 경쟁은 치열해지고 외부 기장에 대한 서비스 비용도 올라가지 않습니다. 직설적으로 얘기하자면 세무사가 일일이 컨설팅해주고 싶을 정도로 기업이 돈을 주지 않습니다.

따라서 '인상 좋고 덕망 있어 보이는 우리 세무사님, 국세청에서 나오신 지 얼마 안 됐으니 나중에 혹시 있을 세무조사에서도 큰 힘이 되겠지'라는 생각으로 외부 기장을 맡긴 세무사무소에서는 실제로는 세무사가 아닌 직원들이 열심히 컴퓨터 프로그램을 써서 기장을 입력할 뿐입니다. 그분들의 노동 강도는 상상을 초월할 정도죠. 적은 기장료로 사무소를 운영하려면 일인당 100개 기업이든 200개 기업이든 더 많은 기업을 유치하는 것 외에는 방도가 없으니까요.

막연히 '잘해주겠지'라고 생각하고 있었다면 이 글을 보신 후에는 세무사와 연락해 저녁 약속이라도 잡으세요. 신용 평가를 받을 계획이 있는데 어떻게 하면 좋을지, 지금 우리 회사 재무제표는 세무

우리 회사의 자산은 얼마일까?

사님이 보시기에 어떤지 물어보세요. 그리고 무엇보다도 사장인 내가 회사 경영에 큰 관심을 갖고 있으며 앞으로 세무사님께 지속적으로 여쭙고 도움받고 싶다고 말하는 것이 시작입니다. 내가 모든 일을 할 수는 없지만 꼭 필요한 일이라면 환경의 열악함을 극복하고서 해나가는 게 경영이고 사장의 몫이니까요.

세 줄 요약 

❶ 자산과 비용을 구분하여 회계 처리해야 합니다. 자산을 부풀리는 것은 분식회계이므로 하면 안 되지만 자산으로 등록할 것을 비용으로 처리하면 회사는 불필요하게 손실을 보게 됩니다.

❷ 회사의 자산은 기업이 제시하는 것을 그대로 인정하지 않습니다. 특히 면허 업종에서 외부 회계 감사 대상 법인이라면 더욱 엄정한 자산 관리가 필요합니다.

❸ 세무대리인은 세무를 대리하는 것이지 회사의 자산을 관리해주지는 않습니다. 충분한 내부 관리가 이루어지더라도 세무대리인과 충분히 소통하고 그 의견이 반영되도록 해야 합니다.

지식인, 사회의 찌꺼기

지식인은 '사회의 소금'이 아니라 '사회의 찌꺼기'다.

– 롤랑 바르트

이 사회는 수학여행 떠나는 아이들의 들뜬 희망마저도 지키지 못했다. 경박하고 천한 몇몇 언론은 그 짧은 애도의 시간조차 참아내지 못하고 '세월호 여파로⋯'를 떠들기 시작했다. 세월호 사건 후 곡기를 이어가는 것도 부끄럽게 여기던 선한 사람들은 많았다. 그러나 세월호 사건 때문에 내수 불황이 오고 경기가 나빠졌다고 떠드는 놈들은 더 많았다. 세월호와 경제 불황의 연관 관계는 전혀 없다고 반박하는 사람을 본 적이 없다. 그 많은 경제계의 전문가와 학자, 연구원들이 잉여인간임을 방증했을 뿐이다.

사업 환경 분석

이 책을 읽는 분들 중에는 창업을 준비 중인 분들도 계시고, 악전고투하며 하루하루 힘겹게 이어나가는 기업의 사장님도 계실 겁니다. 올해는 작년과 다른 실적을 거두고야 말겠다고 다짐하는 분들도 계시겠죠. 일단 많이 버는 게 중요한데, 아무래도 많이 버는 것은 하늘의 뜻인 것 같고요, 감히 제가 컨설팅할 수 있는 영역이 아닌 것 같습니다. 그러나 지금의 환경과 자원 그리고 경험을 바탕으로 미래에 어느 정도 벌 수 있는지 예상은 해볼 수 있습니다.

매출액 추정을 위해 반드시 선행되어야 하는 것이 사업 환경 분석입니다. 따라서 사업 환경 분석을 간단하게나마 살펴보고 다음 장에서 매출액을 예측하는 기술을 알아보겠습니다.

사업 환경 분석이나 매출액 추정은 기업 경영을 위해 내부적으로 필요한 경우가 있고, 자금 유치 등의 목적으로 외부에 내놓아야 할 자료를 만들기 위해 필요한 경우가 있습니다. 투자자를 설득하기 위한 목적이라면 약간의 뷰티 테크닉도 알아봐야 할 것 같네요.

기업이 매출액을 예측해야 하는 경우는 크게 두 가지입니다. 첫째, 창업 초기 기업의 사업 계획 수립과 이 사업 계획을 토대로 한 외부 자금의 유입을 위해서입니다. 아무런 경험과 누적된 데이터도 없는 상황에서 하는 예측이니만큼 시장을 분석하고 합리적인 마케팅 계획을 토대로 매출을 추정해 투자자를 설득해야 합니다.

둘째, 이미 영업 중인 기업에서 재고 관리와 전반적인 사업 운영을 위해 매출을 예측해야 하는 경우입니다. 창업 초기보다는 데이터와 경험이 많이 쌓여 있지만 미래를 예측해야 하는 일이기에 이 역시 만만치 않습니다. 그러나 이렇게 예측한 자료를 토대로 자금 유입, 인력 증원, 재고 확보 등을 파악하고, 또 현업과 밀접하게 연계되기 때문에 소기업이든 대기업이든 반드시 해야 할 일 중 하나입니다. 많은 인력과 전문가를 활용하기 어려운 소기업에서는 사장이 단단히 챙겨야 할 일이기도 합니다. 통계 소프트웨어도 없고 전문 인력도 없는 소기업에서도 매출 추정이 가능한가 하고 반문하실 수 있는데, 엑셀 같은 쉬운 소프트웨어로 매출을 추정하는 방식을 알려드리겠습니다.

사장님들은 창업 초기든 몇 년 동안 사업을 해왔든 '내 사업이 성공할 수 있을까?' '지금 내 사업이 어려운 이유는 어디에 있을까?' 고민하며 골머리를 앓습니다. 주변 사람들 얘기도 제각각이고, 알 것 같은 사람이라 물어봤는데 이 사람도 개뿔 모르는 것 같고, 업계에서 돈 좀 만진다는 사람들을 간신히 만나도 선문답만 하니 답답하기 그지없는 일이죠. 그래도 걱정 마세요. 나만 그런 게 아닙니다. 모든 사람이 겪는 문제이고, 학문적으로도 꾸준히 연구하고 있는 분야죠.

'사업 환경 분석'이란 거창한 것을 꼭 해야 하느냐고 물어보실 수도 있는데요, 이렇게 생각해보면 좋을 것 같습니다. 낚시꾼들이 그냥 낚싯대를 던져서 낚시를 하던가요? 지형을 보고 수초를 보고 계절과 시간, 기상까지 골고루 살펴 낚시를 합니다. 간혹 운이 좋은 초보 낚시꾼들이 한 번은 손맛을 봐도, 여러 번 맛을 보지 못하는 것은 이런 노력을 이해하지 못하기 때문일 것입니다.

사업에는 많은 변수가 있고, 운의 작용도 무시하지 못합니다. 많은 노력에도 운이 따라주지 않아 어려움을 겪기도 합니다. 그러나 기업은 영속성을 부여받은 생물과 같습니다. 주변 환경을 명확히 이해하고 계속 진화할 수 있는 힘을 갖추지 못하면 결국 망하게 되죠. 지속적으로 사업 환경을 분석하는 것은 기업의 생존을 위한 당연한 행위라 하겠습니다.

누구나 아는 SWOT에 대해

간혹 사업 환경 분석을 SWOT 분석으로만 끝내는 경우가 있는

데, SWOT은 사업 환경을 간결하게 나타낼 수 있는 장점이 있지만 주관적이고 창업자의 의지가 과잉된 감성적 분석이 될 수 있다는 맹점 또한 있습니다.

위의 사업 분석은 우스갯소리가 아니라 실제 SWOT 분석에서 많이 보이는 잘못들을 간단히 표현해본 것입니다.

● Strength(강점)

인력이 갖고 있는 기술 수준은 어디까지나 기술일 뿐이지 상용화에 바로 성공하는 것은 아닙니다. 사장이 뛰어난 인재라면 학문적 업적 등만 기술하지 말고 그가 거둔 상용화 성공 사례 등도 함께 적어주는 것이 좋습니다.

● Weakness(약점)

창업 기업에서 흔히 볼 수 있는 '모든 것이 다 준비되어 있으니 돈만 투자해주시면 일사천리로 다 해결될 것이다'라는 뉘앙스를 경계하세요. 자금의 취약성은 모든 창업 기업에서 당연히 나타나는 것입니다. 여러 취약 부문에 대해 단기적인 대책과 중장기적인 대책을 고민한 흔적을 보이는 편이 좋습니다.

● Opportunity(기회)

언제 어느 시점에 기회가 온다는 내용으로 구체화하려면, 제도의 변경(조달, 규제 법안)과 같은 구체적인 근거를 기재하는 것이 좋습니다. 시장의 성장에 대한 단순한 데이터보다는 시장의 성장 속에서 우리 회사가 갖게 될 파이가 얼마인지를 구체적으로 적는 것도 필요하겠고요.

● Threat(위험)

막연하게 위험 요소를 분석하면 대책도 막연해지겠죠. 많은 자본을 축적하고 공격적으로 사업을 전개하는 중국 기업을 위험 요인으로 들 수 있겠지만, 정말 그런지 면밀히 조사할 필요가 있습니다. IDC나 Gartner 같은 시장 분석 기관의 자료를 구하기 힘들다면, 알리바바 등에서 중국 기업들의 제품 출시 현황을 분석해보는 것도 의미 있는 일입니다.

다섯 개의 강력한 환경과 변수
파이브 포스 모델

수십 년간 사용된 SWOT 분석 이후 그나마 이러한 사업 환경을 명쾌하게 설명하고 있다고 평가받는 것이 마이클 포터 교수의 '파이브 포스 모델5 Forces Model'입니다. 쉽게 말하면 '나의 사업을 둘러싼 다섯 개의 주요 환경을 분석하고, 여기에 대응하는 전략을 짠다'는 것인데요, 장사를 하든 전문 경영을 하든 1인 기업을 하든 이러한 주요 변수들을 잘 이해하고 있다면 실패를 피해가는 데 도움이 되리라 생각합니다.

요즘 오픈마켓(옥션, G마켓 등)의 판매자(셀러)들이 지속적으로 늘고 있지요? 이분들의 입장에서 파이브 포스 모델을 적용해 사업 환경 분석을 해보겠습니다.

1. 기업 간 경쟁 정도

'시장의 경쟁자란 누구인가?'를 이해하기 쉽게 설명해보겠습니다. WWE의 프로레슬링 매치 중에 '로열 럼블'이라는 것이 있습니다. 처음에 두 명이서 경기를 하다가 시간이 지나면서 경쟁자가 늘어나고, 세 명이서 싸우다가 여덟 명이 싸우고 있기도 합니다. 좌우간 처음에 올라왔든, 중간에 왔든, 어부지리로 얼떨결에 이겼든, 연합해서 하나를 공격했든 마지막에 남는 자가 승자가 됩니다. 이 로

사업 환경 분석

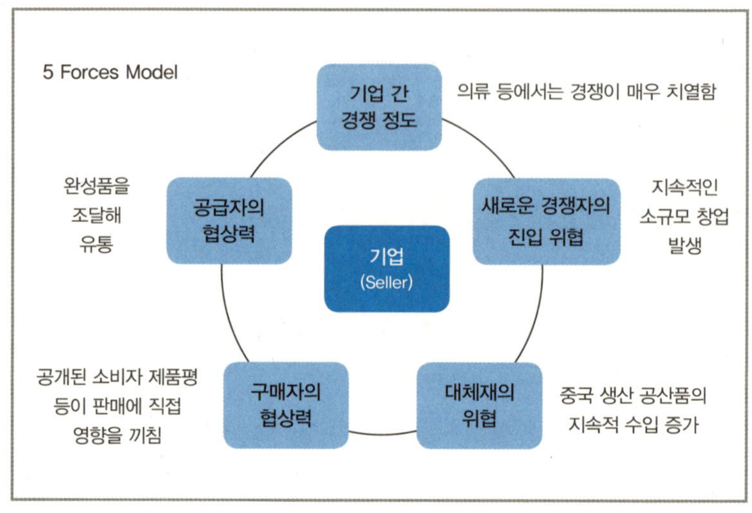

열 럼블이 '시장의 경쟁자란 누구인가'를 잘 보여주고 있다고 생각합니다. 내가 지금 싸우고 있는 상대보다 더 센 놈이 링 주위를 돌고 있는데, 링 위에 있는 경쟁자가 전부일 거라 생각하고 그놈에게만 시선을 고정한 채 싸우는 것이 다가 아니란 거죠. 나무를 보고 숲은 못 본다고 해야 할까요. 더군다나 각본이 있는 레슬링보다 더 잔혹한 점은 시장이라는 링은 더 넓고 게임 종료 시간이 정해져 있지 않다는 것입니다. 시장의 경쟁자에 대한 분석은 그래서 더더욱 다원적이어야 합니다.

좋은 아이템을 갖고 있거나 구매자가 마니아층으로 구성된 제품을 주력으로 판매하고 있다면 경쟁자가 많지 않습니다. 이런 경우 인터넷 마켓상에 노출된 상품이나 스토어만 조사하지 마시고, 조금만 더 정보를 찾다 보면 경쟁 기업의 면면을 알 수 있습니다. 특히 국내에 있는 경쟁자라면 여러 가지 방법을 이용해 비교적 쉽게 기업 상태를 파악할 수 있습니다. 조사하고자 하는 경쟁자가 큰 규모의 기업인 경우에는 금융감독원 전자 공시 시스템을 통해 조사할 수 있고, 벤처기업인 경우에는 기술보증기금의 기업 공시 시스템을 이용할 수 있습니다. 신용 평가 기관의 신용 평가 보고서를 통해서도 기업의 면면을 알 수 있고요. 단순히 인터넷에 노출된 기업 소개나 제품을 보는 정도에서 그치지 마시고, 심도 있게 경쟁자를 살펴보시기 바랍니다. 적을 알고 나를 알면 백전백승입니다. 그만큼 타 기업 조사는 꽤 중요한 정보활동입니다.

2. 소비자의 힘

'구매자의 협상력'이라고 하면 너무 딱딱하니 알기 쉽게 '물건을 사가는 분의 힘'이라고 이해해봅시다. 흔히 구매력buying power이라고 하죠.

오픈마켓 판매자라면 누구나 알겠지만 오픈마켓에서 소비자는 '상품평'이라는 어마어마한 영향력을 갖고 있습니다. 오픈마켓에 첫발을 들인 신규 판매자들에게 선배들이 '오픈마켓을 잘 이해하려면 꼭 직접 제품을 구입해보라'라고 조언하는 것은 소비자의 힘을 제대로 이해하라는 뜻이기도 합니다.

사업에서는 '이 구매자가 꼭 살 것인가? 반드시 살 수밖에 없게 만들고 있는가? 이 구매자들을 대체하는 다른 시장, 즉 내가 모르는 다른 구매자들이 또 있는가?' 하는 고민이 선행되어야 합니다. 특히 블랙컨슈머, 체리피커에 대응할 수 있도록 원가 구조를 이해하고 관리해야 합니다. 아래 두 가지 정도의 대응책은 준비하는 것이 좋습니다.

1) '소비자'라는 위험을 분산하기

인터넷 마켓은 소비자의 영향력이 너무 크기 때문에 그 자체가 위험이 될 수도 있습니다. 악플 하나 때문에 제품을 내려야 하기도 하고, 억울한 점도 있지만 빠른 수습을 위해 어렵사리 피해 보상을 해주고 나면 그간 벌어놓은 돈이 다 날아가기도 합니다. 한마디로 소비자는 갑이요 판매자는 을입니다.

위험에 대응하는 데 여러 방법이 있지만, 그중 하나는 위험 요인 자체를 나누어서 피해까지도 나누어버리는 것입니다. 이런 의미에서 국내 오픈마켓에서 입지를 구축한 분들은 이베이_{ebay} 같은 해외 오픈마켓에 진출하는 것도 생각해봐야 합니다. 영어가 어려운데 어떻게 이베이에서 물건을 팔 수 있느냐고 물어보실 분도 있겠지만 현재 활동 중인 이베이 판매자 중에는 환갑을 넘긴 분들도 있고 전업주부도 있습니다. 영어로 소설을 집필하는 것도 아니고, 학창 시절 배운 영어만으로도 충분히 도전할 수 있습니다. 물론 영어 실력이 좋을수록 일하기는 수월하겠지만, 영어가 모든 게 아닌지라 지레짐작으로 포기할 필요는 없습니다.

2) 고객 대응 비용을 고정 비용으로 인식

외부 회계 감사를 받는 기업들은 '대손상각'과 같은 세분화된 위험 관리를 회계에 반영합니다. 큰 기업들이 한 방에 훅 가지 않는 것은 내부 관리를 철저히 하도록 강요되기 때문이죠.

오픈마켓 판매자 입장에서 한번 생각해보죠. 악성 고객에게 환불 한 번 해주니 10개의 제품을 판 돈이 한 방에 날아가 버렸습니다. 기운이 쏙 빠지죠. 이런 일이 반복되고 연말이 와서 결산을 해봤습니다. 대출 이자랑 세금 내고 나니 적자가 났네요. 그런데도 내년에도 이렇게 사업해야 할까요?

쥐꼬리만 한 마진을 빼앗아가버린 소비자가 야속하겠지만 이 또한 사업 환경이니 원가로 인식해두고 갑자기 발생한 손해로 생각하지 말아야 합니다. 따라서 상품의 원가를 산정할 때는 환불 비용, 보험 비용 등도 정리해두고 원가에 반영해야 합니다. 적어도 다수의 소비자들과 개별적으로 거래하는 기업은 '고객 대응 비용을 반드시 원가로 인식해야 한다'는 점을 명심하세요.

오픈마켓 판매자 생활을 하다 보면 최저가로 치고 들어오던 징그러운 경쟁자들이 몇 해 지나지 않아 소리 소문 없이 사라지는 것을 볼 수 있습니다. 이들의 실패에는 바로 고객 대응 비용을 생각하지 못하고 원재료 구입만을 원가로 생각했던 안일함과 조급함이 숨어 있습니다.

사업 환경 분석

3. 공급자의 힘

　공급자의 영향력이 큰 산업은 공산품보다는 원자재나 설비 같은 분야죠. 그렇다 보니 검색해보면 '교섭력'이니 '협상력'이니 하는 단어가 등장하는데요, 제조업에서는 원재료를 공급하는 공급자의 힘이 강하기도 하기 때문에 이를 중요한 사업 환경 분석 요소로 봅니다.

　오픈마켓 판매자는 내가 직접 제조하지 않고 유통을 하는 입장이다 보니 다행히도 공급자의 영향력이 크지는 않습니다. 여기서 오해하면 안 될 것이 다른 사업 환경 요소에 비해 상대적으로 영향력이 적다는 뜻이지 절대 중요하지 않다는 얘기가 아닙니다. '내가 안 살 건데 지가 어쩌려고?'라고 생각하는 순간 상품 공급이 막히거나 누군가 내 거래처를 가로채가고 나는 껍데기만 남을 수 있습니다. '갑'이라는 알량한 자의식이 자신의 사업을 망칠 수도 있음을 명심해야 합니다. 거꾸로 생각해보면 공급자 입장에서 오픈마켓 판매자는 별로 구매력 없는 귀찮은 소매상으로 보일 수도 있거든요. 더럽고 아니꼬워서 내가 직접 제조까지 하겠다고 뛰어드는 유통업자들이 왜 생기겠습니까? 유통업자가 좋은 제품을 싼 가격에, 그것도 적시에 공급받을 수 있다는 것은 대단한 능력입니다.

　미래의 판매량을 예측하고 현재 보유하고 있는 현금이 재고에 묶이지 않게 공급자에게 신뢰를 얻으면서 지속적으로 거래를 이어나가는 운영의 묘를 갖추려면 시간과 노력이 필요합니다. 이런 구매의 기술은 뒤에서 알아보겠습니다.

4. 새로운 경쟁자의 진입 위협

조달청 나라장터 온라인 쇼핑몰은 신용 평가를 받아야 하고, 계약 담당 공무원과 수의시담이라는 괴상한 가격 협상도 해야 하고 참 복잡합니다. 막상 이 과정을 직접 해보면 아무나 조달하는 게 아니라는 생각이 듭니다. 우선 이러한 시장은 진입 장벽이 높습니다. 그 안에 들어가기는 힘들지만 일단 그 안에 속하면 그 진입 장벽이 내 경쟁자들을 막아주기도 하지만요.

하지만 오픈마켓은 진입 장벽이 전혀 없습니다. 마켓을 제공하는 서비스 업체는 입주하는 업체의 자본금이 얼마인지 보지도 않고 재고가 몇 개인지 얼마나 공급할 능력이 있는지 확인하지도 않습니다. 이렇다 보니 어린 대학생도 전업주부도 퇴직한 아저씨들도 몰려듭니다. 이 정도의 창업 초보들은 무섭지 않을 수도 있습니다. 그러나 이익을 낼 수 있는 곳에 돈이 몰리게 되어 있고, 똑똑한 놈이 돈 싸들고 시장에 뛰어들 때는 내가 그놈보다 영리하지 않고서는 이길 재간이 없지요.

그러므로 오픈마켓 판매자에게 유리한 진입 장벽은 없습니다. 내가 이미 등록해놓은 제품 정보는 새로운 판매자가 어렵게 만들 제품 소개의 교과서가 되어줄 뿐이고, 그간 내가 어렵게 개척한 길 덕분에 신규 진입자는 좀 더 편하게 내가 있는 곳까지 올라올 수 있습니다.

오랜 불경기로 오프라인 유통망이 무너지고, 중견 제조 기업들마

사업 환경 분석

저 직접 오픈마켓에 진입하기 시작했습니다. 그들은 줄어든 유통마진만큼 이벤트를 하고 최저가 공세를 펼칩니다. 이런 측면에서 신규 판매자는 사업 개시를 신중히 검토해야 하고 준비 기간을 충분히 가져야 합니다. 입지를 다졌다고 생각하는 베스트 판매자라도 잠깐 자만했다간 낭패를 볼 수 있으니 언제든지 도전을 받아줄 실력을 갖추고 있어야 합니다.

5. 대체재의 위협

내가 팔고 있는 제품이 신상품 또는 대체 상품에 의해 어느 순간 악성 재고가 될 수 있다고 생각해야 합니다. '대체재'는 판매자의 생각과 다를 수 있습니다. 소비자가 선택했다면 그것이 바로 '대체재'니까요. 카테고리와 제품의 성격이 아무리 다르더라도 말이죠. 사장이 대체재에 대해 감을 못 잡고 있으면 그 사업은 시한부 선고를 받은 셈입니다.

아이템에 대한 고민은 언제나 있는 것이고 언제나 해야 할 고민입니다. 내 아이템이 다른 판매자보다 뛰어나다면 당연히 가격 경쟁에 대한 부담은 없겠지요. 그러나 차별적인 아이템을 지속적으로 만들어나가기란 대단히 피곤한 일입니다. 그래도 얼른 잡생각을 떨치고 정신을 똑바로 다잡고 다시 노력해야 합니다.

'이 카테고리에서 어떻게 더 창의적인 아이템을 만들어낼까? 더 이상 나올 게 없는데…'라는 생각이 들 수도 있습니다. 그럴 때는 과거 사오정 전화기가 보여줬던 폭발력을 되새겨보시기 바랍니다. 사오정 전화기가 나오기 전 전화기를 파는 사람들도 이제는 전화기 시장에서 더 이상 나올 것이 없다고 생각했거든요. 우리가 모자라서 창의적이지 못한 건 아닙니다. 인류 역사상 가장 큰 말실수를 한 사람이 있습니다. 1899년 미국의 특허청장은 "인류는 발명할 수 있는 것을 모두 발명했다"라고 말했다더군요. 그러나 모두 알고 있듯이 인류의 눈부신 발명은 끝나지 않았지요.

오늘 주문 들어온 물건을 재빨리 포장해서 배송하고, 재고 정리하고 한숨을 돌리는 순간 하루 일과가 끝나는 게 아니라 새로운 아이템의 수배로 이어지는 것이 오픈마켓 판매자의 일상입니다.

오픈마켓 판매자 입장에서 사업 환경을 분석해봤습니다. 오픈마켓은 기업 간의 경쟁 강도도 크고, 신규 기업의 진입 위협도 늘 존재하는 시장입니다. 그래도 소자본으로 할 수 있고, 남이 만든 물건을 떼다가 하는 장사이니 제조업을 하는 것보다는 낫습니다만, 소비자들은 깐깐하고 언제 새로운 제품들이 내가 파는 물건을 대체할지 조마조마한 시장이지요.

그런데 오픈마켓 창업을 준비하는 분들이 이러한 다양한 사업 환경을 분석했을지 모르겠습니다. 사장님이 불경기에 판매량 확대를 지시했을 때 인터넷 마켓에서 판매해보자고 제안했던 담당자는 알고 있었을까요? 아마 어느 정도 감안했어도 구체적으로 표현하기는 어려우셨을 거예요. 이 장의 내용이 복잡한 생각을 정리하고 전략

사업 환경 분석

을 가다듬는 데 도움이 되었기를 바랍니다.

❶ SWOT 분석을 할 때는 주관적이고 의지적인 내용으로 객관성이 떨어지는 자기 분석을 하지 않도록 주의하세요.

❷ 파이브 포스 모델(5 Forces Model)을 이용하여 사업 환경 분석을 해보세요.

❸ 사업 환경 분석을 통해 고객 대응 비용, 경쟁 기술 및 대체재의 출현에 따른 대응 전략을 구체적으로 수립하세요.

CONSULTING TWENTYEIGHT

매출의 예측과 적용

지난 장에서 알아본 사업 환경 분석은 제대로 된 사업 계획을 세우고 경영의 방향을 주도면밀하게 잡아가기 위한 것입니다. 사업 환경을 분석한 뒤에 비로소 매출액을 추정하는데, 매출액 추정은 다시 마케팅 계획, 원재료 조달 및 생산 계획의 근거가 됩니다. 이러한 각각의 계획과 전망을 포함하여 추정손익계산서까지 만들어내면 기업의 미래 예측은 정리됩니다.

2015년 애플사의 애플워치가 공개되었을 때를 한번 볼까요? 애플은 내부적으로 사업 환경을 분석해 매출 규모를 연간 2400만 대 수준으로 예상했고, 투자 자문사나 자산 운용사들은 1000만 대에서 6000만 대까지 제각기 다른 예측을 내놨습니다. 왜 그랬을까요? 세계 제일의 두뇌를 보유하고 있는 기라성 같은 시장 분석 기관들의 예측이 왜 다 달랐을까요?

그렇습니다. 누가 미래를 알았겠습니까? 잘나가는 사람들도 이럴진대 굳이 우리 회사처럼 작은 기업이 미래 예측을 해야 할까요? 해봐야 그게 의미가 있을까 싶어 포기하고 싶은 마음도 생길 텐데요, 미래 예측에 쏟는 노력이 헛수고가 되지는 않습니다. 그 이유는 결과보다는 과정 덕분인데요, 미래의 상황을 추정하는 과정은 시장을 좀 더 깊이 있게 이해하고 우리 회사의 약점과 미흡한 점을 확인하는 기회가 되기 때문입니다.

창업 초기 기업의 매출액 추정

사업을 계속해온 분들 중에 무차입경영을 하는 자본가라면 매출액 추정 따위는 그냥 감으로 하고 딱히 문서 같은 것 남길 필요도 없겠지만, 창업 초기 기업은 부족한 자본금을 확충하기 위해 외부 자금을 유치해야 합니다. (이것은 투자 유치가 될 수도 있고 융자가 될 수도 있겠지요. 그런데 투자나 융자나 결국 기업 평가의 기준은 유사하니 여기서는 투자라고 하고 설명을 이어가겠습니다.)

이때 투자자는 근거를 요구합니다. '얼마의 자금이 필요한가? 자금이 어떻게 투입돼 어느 정도 이익을 낼 것이기에 내가 투자한 돈을 떼이지 않을 것인가?'를 판단할 사업계획서를 달라고 하지요. 투자자에게 줄 사업계획서에는 매출액을 추정한 자료를 넣어야 하는데요, 아직 시작하지도 않은 사업의 매출액을 어떻게 추정해야 할까요? 그리고 과연 내가 추정한 매출액이 딱 들어맞을까요?

물론 서두에 말씀드렸듯이 맞지 않을 확률이 훨씬 높습니다. 하지만 투자자의 요구에 의해 필요하기도 하고, 창업 초기에 만든 자료는 사업 연차가 쌓이며 다듬어지면 경영에 좋은 참고 자료가 되기에 절대로 시간 낭비는 아닙니다. 또한 은행, 중앙정부 부처, 지자체, 중소기업 지원 기관들은 언제나 이런 유의 자료를 요구하니 한 번 만들어놓고 업데이트해가며 사용하면, 기관들이 작성하라고 내준 신청서 양식에서 매출액 예상액 칸을 보며 번번이 한숨지을 필요도 없을 것입니다.

벤처캐피털과 같은 공격적 투자자들을 상대하기 위해서는 엄청난 시간을 이 작업에 할애해야 하기 때문에 투자자를 위해 사업계획서만 6개월째 쓰고 있다 싶으면 과감히 접어버리고 연구개발과 같은 현업에 충실하는 편이 낫습니다. 특히 인력의 시간 투자가 즉시 상품 완성도로 이어지는 정보통신기술 분야의 창업 초기 기업들은 이런 상황에서 현명하게 판단하시기 바랍니다.

그럼 매출 예측 과정에서 사용하는 추정 방법들을 살펴보겠습니다.

1. STP 분석

시장을 분할해서 Segmentation 목표 시장을 선택하고 Target 사업자의 수익 창출점을 찾아내는 Position 전통적인 시장 규모 예측 방법입니다. 시장을 나누는 기준은 일반 상품에서는 인구통계학적 분류로 접근하고, 혁신 기술의 경우 최근에는 기술 수용 주기 모델을 사용하기도 합니다. '구매력이 있는 30~40대 남성 고객층을 목표로 고품격 남성 콘텐츠를 제공하는 인터넷 방송사가 되겠다'라는 경우는 전통적인 인구통계학적 분류에 따른 STP라고 할 수 있습니다.

반면 혁신적인 신기술을 기반으로 하는 신제품의 매출을 추정할 때에는 기술 수용 주기 모델을 이용하는 편이 낫습니다. 기술 수용 주기 모델이란 '소비자는 다 똑같지 않다. 새로운 기술(상품)이 나올 때마다 살펴보니 시간의 흐름에 따라 유사한 패턴과 분포로 소비자들의 성향이 나타나더라'는 것입니다. 만일 어느 벤처기업이 USB 3.1 기술을 채용한 외장하드 디스크를 제조해 판매하겠다면 기술 수용 주기 모델을 기반으로 매출액을 추정해볼 필요가 있습니다.

📅 **기술 수용 주기 모델을 통한 소비자 분류**

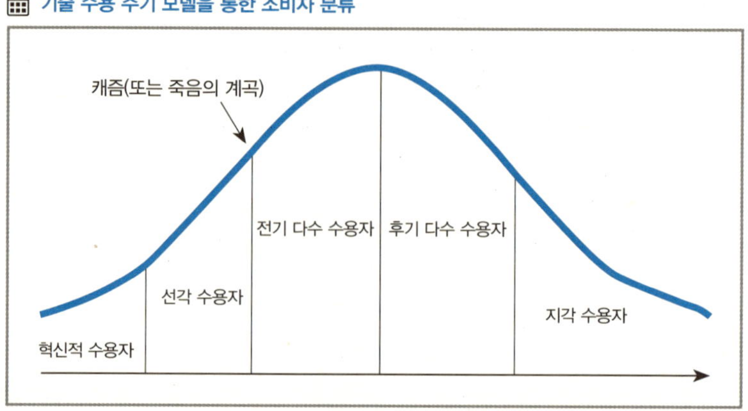

이 기술 수용 주기 모델에서는 캐즘chasm 또는 죽음의 계곡Death valley
이라 불리는 신기술 상용화의 벽을 넘는 전략도 함께 생각할 수 있
기 때문이죠.

2. 확산 모형

간혹 매출 추정에 대한 수학적 분석 데이터를 요구하는 투자자도
있습니다. 중소기업이나 창업 초기 기업은 대응하기 참 어려운 경
우인데요, 벤처캐피털 등의 투자 기관에서 근무하는 심사역들 중에
는 의외로 공대 출신도 많습니다. 경영이나 마케팅도 학문적 연구
에서는 공학적인 접근을 많이 하고 있고요.

그러한 경우 조금 전 다룬 기술 수용 주기 모델도 확산 모형의 한
가지이니 제시해보시고, 그 이상을 원한다면 바스Bass 모형을 통한
매출 추정을 제시하길 권합니다. 바스 모형은 프랭크 바스Frank Bass
라는 경제학자가 정의한 모델인데, 한때 SK텔레콤의 가입자 수를
정확히 예측했다거나 영화 《터미네이터 3》의 관람객 수를 정확히
예측했다는 등의 칭송이 자자해 전문가들이 확산 모형 중에서 꽤나
신뢰하는 모델입니다.

$$N(t) = \mathrm{m} \cdot \left(\frac{1 - e^{-(p+q) \cdot (t-t_0)}}{1 + \frac{q}{p} e^{-(p+q) \cdot (t-t_0)}} \right)$$

이 수식은 많이들 사용하는 엑셀 같은 스프레드시트로 어렵지 않게 구현할 수 있는 수준이지만, 일부 전문가들은 이 모형을 중소기업에 적용하기 힘든 모델로 보고 있고 저 또한 그렇게 생각합니다. 모델의 주요 요소인 모방계수(q)가 광고 및 홍보에 의해 결정되는 값이기 때문입니다. 그래서 광고홍보비를 크게 쓰지 못하는 중소기업 입장에서는 적용하기 힘들다는 거죠.

그럼에도 확산 모형을 소개한 이유는 경영은 학문적으로도 연구가 많이 진행되고 있고, 이러한 노력으로 경영학은 미약하나마 조금씩 발전하고 있음을 알려드리기 위해서였습니다. 경영을 고민하고 공부하고자 하는 사장님께는 반드시 도움이 될 만한 정보와 지식이 기다리고 있습니다. 그러니 복잡하고 어렵다는 이유로 미리 배움의 의지를 스스로 내려놓지는 마시기 바랍니다.

3. 동종 기업 벤치마킹

이 방법은 의외로 투자자들이 선호하는 방법입니다. 시장의 규모나 현황을 객관적으로 볼 수 있고, 이미 형성되었거나 형성될 시장에 진출하는 것이니만큼 위험이 적다고 볼 수 있는 거죠.

동종 기업의 자료를 기준으로 기술 수준과 자본력을 비교하고 우리 회사 인력의 능력과 사업 계획을 근거로 어느 정도의 매출을 올릴 수 있다고 작성하는 것인데, 이를 통한 투자 성공 사례는 옥션 Auction을 들 수 있습니다. 미국에서 이미 검증된 비즈니스 모델이었기 때문에 한국에서 기대하는 수준의 성과를 낼 수 있을 것이라는 투자자들의 신뢰가 있었지요.

다만 동종 기업의 자료를 어느 정도 수준까지 입수할 수 있느냐가 관건일 텐데요, 기업의 조사는 매출액 추정뿐 아니라 사업 전반에서 중요한 기술이니만큼 바로 다음 장에서 보강해드리도록 하겠습니다.

4. 매출액 추정의 보정

위에 언급한 세 가지 대표적 방식 또는 여러 방법을 결합한 방식으로 매출액을 추정한 후에는 보정을 해야 합니다. 보정의 기준은 바로 우리 회사의 능력capability이 되겠습니다. 예를 들어 제조업이라면 원재료 구입에 동원할 수 있는 자금력과 생산 기간으로 보정하면될 것이고, 서비스업이라면 서비스업에 투입될 인원과 인당 노동 시간을 가늠해봐야겠죠.

보정은 매출액 추정 과정에서 가장 중요한 마무리 단계입니다. 투자자를 설득하려는 목적으로 미래를 예측하다 보면 매출액 추정을 장밋빛 미래로 도배해버리는 우를 범하게 되는데요, 나 자신도 믿을 수 없는 데이터를 타인에게 제시해서야 어디 설득력이 있겠습니까? 그리고 단순히 보여주기 위한 거짓 자료를 만드느라 시간을 허비할 바에야 다른 일을 충실히 하는 편이 낫겠죠.

매출액 추정의 보정 단계에서 사업 계획은 잘 가다듬어집니다.

원재료 구매를 위한 MOQminimum order quantity(최소 구입 수량)를 조사해서 원자재 구입 비용을 정리하고, 연간 소요되는 자금과 차입 및 매출채권 회수 등을 감안해 현금 흐름도 예상할 수 있게 되죠. 제품의 수율(전체 제조 물량 중 양질의 품질을 갖춘 물건의 비율)도 따져보게 되고, 원자재 발주에서부터 실제 생산된 제품이 컨테이너에 실려 납품된 뒤 대금이 우리 회사 통장에 입금되는 데까지 걸리는 시간turnaround time도 알게 되겠죠.

이렇게 매출액을 추정하면서 회사의 시스템은 더 견고해지고 사장은 자기 기업의 약점과 미래에 일어날 위험 요인을 제대로 파악하게 됩니다.

계속 경영을 위한 매출액 추정

지금까지는 창업 초기 기업의 미래 예측 방법을 알아봤습니다. 투자자를 설득하기 위한 자료이다 보니 다소 겉멋을 내는 부분도 많았는데요, 지금부터는 실전에서 사용하는 매출 추정 방법을 살펴보겠습니다. 이번에도 인터넷 오픈마켓 판매자를 대상으로 매출액을 분석한 후 미래 판매량을 추정하고 여기에 맞게 재고를 관리하는 방안을 알아보겠습니다.

내가 경쟁 업자보다 우위에 있을 수 있는 요소가 없다면 사업은 성공하지 못합니다. 나의 약점은 경쟁자의 약점이기도 합니다. 따라서 나는 약점을 보강했는데, 상대는 아직 그 약점을 보강하지 못하고 있다면 나는 경쟁 우위에 설 수 있습니다.

기업을 경영해가면서 반드시 해야 할 일 중의 하나가 불확실성의 제거입니다. 불확실한 환경 속에서 시장의 요구와 그 속에 감춰진 일정한 패턴을 인식할 수 있다면, 비용을 줄일 수 있고 닥쳐올 위기를 피할 수 있습니다. 또한 경쟁자보다 먼저 기회를 찾아낼 수 있습니다. 나와 경쟁하는 기업들보다 내가 더 시장을 잘 알고 있고 거기에 유연하게 대응할 수 있다면 돈 버는 기업은 바로 우리 회사가 될 겁니다.

엑셀이나 특화된 소프트웨어로 매출을 분석하는 행위 자체는 어렵지 않습니다. 더 중요한 점은 판매자가 자기 아이템의 특성, 시장(바이어들)의 성향을 제대로 알고 있는 것입니다. 아무리 정교하고 훌륭한 툴이더라도 시장과 아이템의 특성과 관련한 변수를 제대로 입력하지 못하면 그 예측은 전혀 들어맞지 않거든요. 자신이 판매하는 제품과 시장의 특성은 판매자 자신만이 아는 것이지요. 이건 아무리 유능한 컨설턴트라도 알려줄 수 없는 점이라는 사실을 유념하시기 바랍니다.

그럼 지금부터 '2015년 2월까지의 판매 실적을 분석해 2015년 3~5월의 매출을 예상하고 그에 맞는 재고 확보 방안을 마련한다'는 상황을 가정하고 분석을 진행해볼까요?

매출의 예측과 적용

1. 분석을 위해 반드시 준비해둬야 할 것들

1) 판매 데이터의 누적

월별 판매 현황 등을 잘 정산해서 모아두어야 합니다. 컴퓨터 소프트웨어를 이용해 정리하든 장부에 기재한 재고의 입·출고 차이로 정리하든 방법은 제각각일 수 있겠지만, 시간이 한참 지난 후에 기억을 더듬어 대강대강 처리하지 마시고 매월 재고 잔량과 판매량 등은 정리해두시는 편이 좋습니다.

아울러 잘못된 재고 관리 때문에 잘못 파악한 재고량이 재무제표에 반영되면 그 재무제표는 쓰레기가 됩니다. 분식회계에서 이런 식으로 많이 악용하는데요, 이 책을 보시는 분 중에 의도적인 분식을 하시는 분은 없으시겠지요? 철두철미하지 못했던 재고 관리는 현실과 다른 재무제표를 낳는데, 이 재무제표를 가지고 사업을 분석하거나 손익을 따지는 것은 고장 난 체중계를 가지고 몸매 관리를 하겠다는 것과 다를 바 없습니다.

2) 라이프사이클에 대한 이해

식품이나 생필품은 유행을 덜 타고 많은 사람이 소비하기 때문에 대기업이나 대형 유통업자들이 취급하고 오픈마켓 판매자들은 이런 물품보다는 컴퓨터 주변기기, 유행에 민감한 신상품 의류, 휴대폰 액세서리 같은 제품들을 취급하는 경향이 있습니다.

그렇다 보니 오픈마켓에서 중소 규모 판매자들이 취급하는 제품들은 고유의 라이프사이클life cycle이 있습니다. 판매자들은 내가 판매하는 단일 품목의 라이프사이클이 얼마나 되는지 판매 경험과 관련 정보 등을 취합해 알고 있어야 합니다. 이것을 알고 있어야 현재 판매 수준이 어느 단계까지 와 있는지, 예측 결과를 신뢰할 수 있는지를 검증할 수 있습니다.

2. 매출 누적 자료를 그래프로 표현

월별로 편차가 큰 데이터로 그래프를 그리면 들쭉날쭉 이해하기 힘든 그래프가 됩니다. 아마 해보신 분들은 '그래프를 그려봐야 무의미하구나'라고 생각하실 수도 있는데요, 아래 그림처럼 좀처럼 해석이 쉽지 않은 괴상한 모양이 나올 겁니다.

📅 패턴을 찾기 어려운 판매량 그래프

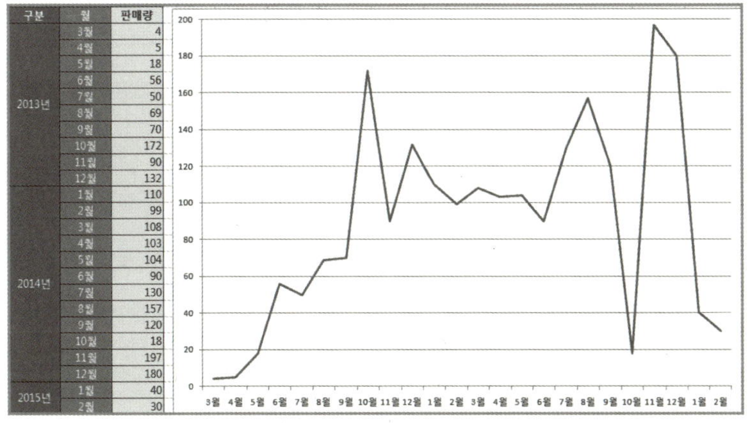

구분	월	판매량
2013년	3월	4
	4월	5
	5월	18
	6월	56
	7월	50
	8월	69
	9월	70
	10월	172
	11월	90
	12월	132
2014년	1월	110
	2월	99
	3월	108
	4월	103
	5월	104
	6월	90
	7월	130
	8월	157
	9월	120
	10월	18
	11월	197
	12월	180
2015년	1월	40
	2월	30

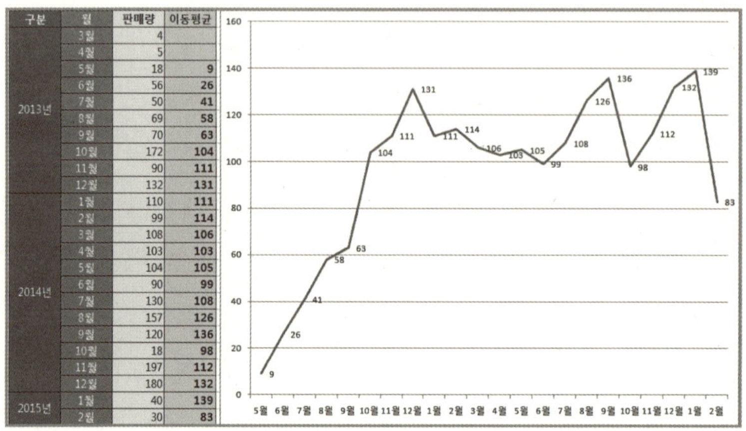

구분	월	판매량	이동평균
2013년	3월	4	
	4월	5	
	5월	18	9
	6월	56	26
	7월	50	41
	8월	69	58
	9월	70	63
	10월	172	104
	11월	90	111
	12월	132	131
2014년	1월	110	111
	2월	99	114
	3월	108	106
	4월	103	103
	5월	104	105
	6월	90	99
	7월	130	108
	8월	157	126
	9월	120	136
	10월	18	98
	11월	197	112
	12월	180	132
2015년	1월	40	139
	2월	30	83

그래서 그래프 좌측의 월별 판매량을 이동평균을 적용해 다시 정리한 후 그래프를 그려봤는데요, 뭔가 의미 있는 모양으로 가다듬어진 게 보이시죠?

이후로는 이동평균 그래프를 기준으로 설명합니다.

3. 추세선의 활용

엑셀의 그래프 기능에서 추세선은 회귀분석을 용이하게 해주는 기능입니다. 다음 그림은 추세를 분석해 장차 3개월치 매출액을 추정하고 있습니다.

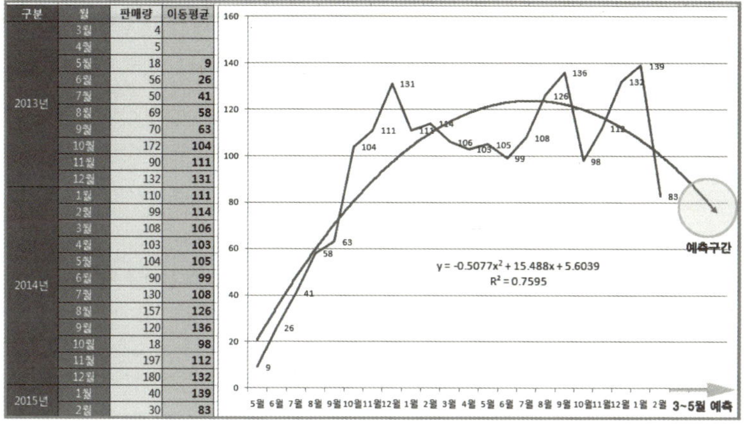

구분	월	판매량	이동평균
2013년	3월	4	
	4월	5	
	5월	18	9
	6월	56	26
	7월	50	41
	8월	69	58
	9월	70	63
	10월	172	104
	11월	90	111
	12월	132	131
2014년	1월	110	111
	2월	99	114
	3월	108	106
	4월	103	103
	5월	104	105
	6월	90	99
	7월	130	108
	8월	157	126
	9월	120	136
	10월	18	98
	11월	197	112
	12월	180	132
2015년	1월	40	139
	2월	30	83

여기서 R^2은 이 그래프가 얼마만큼 데이터의 현황을 제대로 설명하고 있는가를 알려주는 신뢰도를 나타냅니다. 이 값이 1에 가까울수록 신뢰도는 올라가고, 0에 가까울수록 신뢰도는 떨어집니다. 위 그래프의 경우 약 0.76이라는 값이 나왔으니 신뢰도가 높다고 볼 수 있습니다. 여기까지 읽고 어려워하시는 분도 계실 텐데요, 회귀분석, 분포, 결정계수, 이런 것들은 잘 모르더라도 본문 내용만 충분히 이해하시면 됩니다.

4. 시장 상황을 적용하여 분석

판매 경험이 오래된 분들은 공감하시겠지만, 어렵게 소싱한 제품인데 안타깝게도 꽤나 짧은 기간 판매가 이루어지고 일정 기간이 지나면 판매가 어려운 제품들을 보셨을 겁니다. 반면에 꽤나 오랜 기간 꾸준히 판매하다가 기술 변화로 인해 신제품으로 대체되면서 판매가 종료되는 제품도 있고요.

각각의 상품은 고유의 라이프사이클이 있습니다. 이 라이프사이클은 신기술의 출현, 대체재의 시장 접수 등에 의해 결정되기 때문에 기간이 짧든 길든 반드시 0에서 시작해 0으로 수렴하는 그래프를 그리게 됩니다. 그 모양이 포물선형이든 피라미드형이든 엎어놓은 사발 모양이든 평균대 모양이든 말이죠.

다시 그래프로 돌아가 라이프사이클을 감안해 추세를 예측해보면, 앞으로 18개월 정도 더 판매한 뒤 단종 처리하고 새로운 상품으로 대체해야 할 것으로 보입니다. 그래프의 예측 구간을 살펴보면 단기적으로는 3월 90, 4월 85, 5월 75 수준의 판매가 예측되는군요 (총 250개의 재고가 필요함을 알 수 있습니다).

5. 재고 확보의 결정

현재 판매자가 보유하고 있는 재고량이 150개라면, 위의 예측에 따라서 100개의 재고를 늦어도 4월 중순까지는 납품받으면 되겠습니다. 물론 추가적인 가감이 필요할 수 있겠지요. 납기일과 재고량은 판매자 본인의 판단에 따라 잘 조정하시면 됩니다.

예를 들어 전자제품인데, 일본에서 들어오는 부품을 5월 골든 위크 때 급하게 발주하면 안 들어올 것 같다고 생각되면 발주를 앞당기고, 경험상 가정의 달 5월에 기업들이 갑자기 대량 주문을 해오곤 했다면 발주를 미리 해야겠지만 재고의 수준을 다소 키워놓고 대비할 필요도 있겠죠. 큰 맥은 회귀분석 기반의 그래프로 예상하고 미세한 조정은 판매자의 경험과 판단으로 조정하면 되겠습니다.

6. 예상 질문에 대한 답변

Q. 판매 자료를 적용해 그래프를 그려보니 어떤 패턴도 안 잡혀요.

A. 이동평균을 적용했고 충분한 기간의 소스를 대입했는데도 그렇다면, 아직 판매자로서 시장에 각인되지 못했기 때문에 판매량이 들쭉날쭉한 것일 수 있습니다. 지속적으로 데이터를 누적해가며 패턴이 잡힐 때까지 기다리셔야 하겠습니다. 시장을 분석할 만한 노하우가 쌓이는 시간도 필요합니다. 조바심 내지 마시고 기다리세요.

Q. 갑자기 대박 많이 팔리면 어떻게 하나요? 물건이 달릴 텐데….

A. 어차피 그래프가 모든 것을 설명해주지는 않습니다. 하지만 근거 있는 판매량 증가가 예상된다면 자신 있게 재고를 더 확보해야겠지요. 그러나 근거가 희박한, 막연한 감이라면 여유자금 한도 내에서만 추가 구입하는 소극적인 방식으로 리스크를 상쇄하는 판단을 내려야 할 것입니다.

매출의 예측과 적용

Q. 과거 일본 대지진처럼 갑작스런 악재를 만나면 어떻게 하나요? 재고가 원활하게 안 나갈 텐데….

A. 이 질문은 재고 관리, 판매 예측과는 영역이 다른 질문입니다. 판매 예측과 재고 관리 차원이 아니라 위기 관리 차원의 해결책이 있어야 합니다. 예를 들어 '아이템을 소싱할 때 국내 전용이 아니라 해외에도 동시에 판매가 가능한 물품을 선정한다'라는 원칙을 세워두고 있었다면 이베이 등에서 판매하면서 위기를 넘길 수 있겠지요. 또한 자산 운용의 묘로도 해결할 수 있는데요, 쉽게 얘기하면 '여유 자금이 있으니까 까짓 것 3개월 재고 쌓이는 것쯤은 감내할 수 있다'는 식인 거죠. 이건 돈 많은 사람만 장사할 수 있다는 얘기가 아니고요, 재정을 운영하면서, 특히 이익이 나는 시점에 그 돈을 차 바꾸고 사무실 늘리는 데 써버리기보다는 미래의 위험에 대비하는 유보금으로 준비해두어야 한다는 거죠.

세 줄 요약

❶ 신기술 개발을 통한 신상품의 판매를 예측할 때는 기술 수용 주기 모델을 이용하여 사용자의 신기술 수용 성향을 판매 예측에 적용해보세요.

❷ 누적된 판매량을 갖고 있는 기업이라면 회귀분석을 이용하여 미래의 판매량을 추정할 수 있습니다.

❸ 기업의 판매 예측은 생산 및 재고 관리, 마케팅 채널 구축을 위한 기본적인 데이터가 됩니다.

아름다운 기업 문화

어떤 취업규칙도 근로기준법을 넘어설 수 없습니다.
– 최규석, 《송곳》

어느 기업이든 컨설팅을 위해 방문하면 취업규칙과 재무제표를 보여 달라고 한다. 한 번에 턱 내놓는 건 바라지도 않고, 두 가지 다 있다는 것만으로도 고맙기까지 하다. 재무제표는 사장의 현란한 임기응변에 속지 않고 기업의 현재를 볼 수 있게 해주고, 취업규칙은 기업의 문화와 시스템의 완성도를 볼 수 있게 해준다. 학력이 짧아 법을 모르는 사람들은 하늘을 두려워하라고 상대를 겁박하지만, 공부 좀 했다는 사람들은 법을 들어 사람들을 겁박한다. "사규에 따라 처벌한다" "연봉제에 그런 건 존재하지 않는다"고 준엄하게 말하는 사장들의 얼굴은 직원들 눈에는 근엄해 보이겠지만, 컨설턴트 눈에는 소꿉놀이 규칙을 정한 득의양양한 꼬마의 모습처럼 귀여워 보일 뿐이다.

제약 기업 출신이라 영업의 신이라고 불리는 사장, 자신의 휴대폰 전화번호부에 대한민국의 걸출한 사람들은 다 들어 있다며 인맥을 자랑하는 사장은 많다. 그러나 높고 아름다운 기업 문화를 만들어낸 사장이라고 칭송받는 사장은 본 적 없다. 내가 컨설턴트로 일하는 동안 언젠가 한 번쯤은 "그까짓 노동법 따위는 우리 회사가 가진 휴머니즘 철철 넘치는 사규에 비하면 가혹하지"라고 배포 있게 말할 수 있는 사장을 만나볼 수 있길 희망한다.

기업의 조사와 평가

이 책에서 기업은 외부의 평가에서 자유로울 수 없다고 수없이 말씀
드렸는데요, 반대로 사업을 하다 보면 다른 기업을 조사하고 평가해
야 할 때도 많습니다. 경쟁사와 동종 업계의 기업 상황을 통해 시장
을 분석하기 위해서도 필요하고 판매 협력, 연구개발 협력, 납품 계
약 체결 등 일상적 사업 활동에서 타 기업의 면면을 잘 안다면 여러
모로 경영에 도움이 됩니다.

하지만 기업은 영업 비밀이라는 이유로 투명하게 정보를 공개하
지 않습니다. 기자와 같은 열정 없이는 기업을 조사하는 일이 쉽지
않습니다. 이처럼 기업 조사가 어려운 환경이지만 그렇다고 공개된
기업 정보조차 찾아보지 않는 것은 매우 위험한 일입니다.

2015년 자원 개발 관련 비리로 정부 융자금 유용, 분식회계 등에 연루된 경남기업 사건을 기억할 필요가 있습니다. 이 기업이 나라의 국부를 편취하는 못된 짓을 한 것에 그치지 않고 얼마나 많은 협력 회사, 하청 기업에게 피해를 줬을까요. 성완종이라는 사람이 권력자들에게 갖다 바친 것으로 추정되는 수십억의 자금이 과연 개인이나 그 기업의 금고에서만 나왔을 리 만무하지요. 경남기업이라는 브랜드와 성완종이라는 공인의 이름값을 믿고 거래했던 전기공사업, 시설물 유지 관리업, 소방 설비 업자들이 얼마나 큰 피해를 입었을지 상상하기도 쉽지 않습니다.

그러나 기업가라면 이러한 피해 기업들에 대한 동정으로만 끝나서는 안 될 것입니다. 기업의 사업 협력은 경영의 중요한 기술이며, 이를 소홀히 했다가는 회사의 존립에 문제가 생길 수도 있다는 교훈을 잊지 말아야 하겠습니다.

지금부터 기업의 조사에 대해 이야기해볼 텐데, 흥신소에서 하는 그런 조사는 아니고요, 법의 테두리를 절대 벗어나지 않는 범위 내에서 기업의 조사 및 평가 방법을 알아보겠습니다.

사업하시다 보면 이런 경우가 있지요?

- 신규 거래처로 만난 기업이 대단히 큰 회사이고 유명한 곳인데 이상하게 신뢰가 안 가는 행동을 많이 한다.
- 새롭게 거래를 트려는 공급처가 무리한 요구만 한다. (MOQ 5000개 아니면 물건 공급 안 하겠다고 배 쩬다.)
- OEM 개발비, 금형비, 목업, 시생산 비용 등 초기 사업 협력

비용을 크게 요구하는 것 같다.

– 구매력이 꽤 큰 갑인데도 자금 결제 조건이 내게 매우 불합리하다.

– 대단한 기술력이 있는 기업이라고 자화자찬이 엄청나다. 투자도 많이 받았고 생산 능력도 있는데, 다만 유통에 자신이 없어서 파트너에게 맡기고 싶다고 한다.

– 전반적으로 뭐라 설명하기는 어려운데 믿기 어렵다. 돈 떼일 것만 같다.

이럴 때 어떻게 하시나요?

1. 대한민국 사회는 좁다. 어느 학자가 조사해보니 여덟 명만 건너면 대한민국 국민들은 결국 다 아는 사이란다. 지인 네트워크를 발동한다!
2. 일단 믿고 거래해본다. 의리를 배신하랴!
3. 넌 뭐냐, 무시하고 거래 안 한다. 대한민국은 을이 넘쳐난다. 감히 갑의 자존심을 건들지 마라!
4. 노하우를 반영한 체크리스트를 만들어가며, 업체들을 겪으면서 배우고 터득한 것을 정리해왔다.
5. 나만의 감이 있다. 뭐라고 설명할 수는 없지만…

네, 이것도 사실 답 없는 얘기입니다. 전문가들이 기업을 평가하고 조사해도 그 결과가 신통치 않을 때가 많으니까요. 그러나 2, 3번 방법보다는 1, 5번이 낫고, 4번 같은 기업은 위대한 기업이 될 수 있는 씨앗을 품은 겁니다.

우선 공개된 기업 정보를 찾아볼 수 있는 웹사이트를 알려드리겠습니다.

> http://dart.fss.or.kr (금융감독원)
> http://sminfo.smba.go.kr (중소기업 현황 정보 시스템)
> http://www.venturein.or.kr (기술보증기금)

이외에도 신용 평가 회사들이 내놓는 기업 신용 평가 보고서를 참고할 수도 있는데요, 오래된 자료도 마치 새것인 양 버젓이 판매하는 경우도 있으니 주의하시기 바랍니다.

규모가 큰 기업은 금융감독원의 전자 공시 시스템으로 조사

규모가 큰 기업이란 KOSPI, KOSDAQ 상장기업과 자산 규모가 커서 외부 회계 감사가 법적으로 강제되어 있는 기업을 말합니다. 이런 기업이라면 금융감독원의 전자 공시 시스템에서 검색해보시면 기업에 대한 상세한 자료를 열람할 수 있습니다. 전자 공시 시스

기업의 조사와 평가

템에는 여러 가지 자료가 있지만 기업의 상태를 확인하기 위해서는
감사 보고서를 보는 것이 가장 좋습니다.

1. 감사 의견에 대한 이해

감사 보고서는 맨 첫 장에 한 장짜리 의견서가 있습니다. 거기서
감사인의 의견 중 눈여겨볼 것은 아래와 같은 표현입니다.

> 의견거절
> 우리가 의견거절 근거 문단에서 기술된 사항의 유의성으로
> 인하여 감사 의견의 근거가 되는 충분하고 적합한 감사 증거
> 를 입수할 수 없습니다. 따라서 우리는 회사의 재무제표에 대
> 하여 의견을 표명하지 않습니다.

"(의견 거절) 본 감사인은 의견을 표명하지 않습니다." ⇒ 상당히
안 좋은 상태의 기업입니다.

"한정적인 의견입니다." ⇒ 회계사가 검증할 수 있는 자료가 충분
하지 않았던 것이기 때문에 대부분 안 좋은 쪽이 많지만, 사업 성과
가 좋은 기업이더라도 감사를 처음 받는 기업들은 첫해에는 반드시
이 꼬리표를 달게 됩니다. 감사인이 감사를 받지 않았던 전해의 재
고 상황이나 자산을 인정하기 어렵기 때문이죠.

"적정합니다." ⇒ 이 정도면 믿어주면 되겠지만 꼭 그렇지만은 않습니다. 그 이유는 더 상세히 설명하겠습니다.

2. 감사 의견만 보지 마시고 재무제표도 보세요

재무제표 어렵다고 쉽사리 포기하지 마세요. 자본, 부채, 손익 정도는 누구나 조금만 정성 들여 살펴보면 그 내용을 알아볼 수 있습니다. 잘 알지도 못하는 선무당들이 자신의 좁은 식견에서 "어, 거기 내가 아는 회사인데 잘나가는 데야"라는 무책임한 말들을 하지요. 이런 헛소리에 현혹되지 마시고, 또 회사가 주는 보도 자료를 검증도 없이 기사로 내보내는 기레기들의 무책임함에도 농락당하지 마시고, 감사 보고서를 딱 한 시간만 집중해서 보시면 이런 부적절한 첩보보다 더 많은 정보를 얻을 수 있을 겁니다.

위에서 말씀드렸듯이 감사 의견이 적정하더라도 경영 상태의 위험성이 내재되어 있는 경우도 있습니다. 주식 투자를 꽤 하신다는 분들도 감사 의견만 보시고 넘겨버리는 경우가 간혹 있는데요, 이는 매우 위험한 행동입니다. 감사를 하는 회계법인은 기업이 만들어 내놓은 재무제표가 적합한가를 판단하는 곳이지 재무제표를 만들어주는 곳이 아닙니다. 그래서 기업에서 감사를 위해 적자 내역과 부채 상황을 정확하게 표현한 재무제표를 제시했을 때는 적정한 재무제표라고 인정합니다. 회계사의 적정 의견은 흑자가 나고 있고 영업 상황이 좋다는 뜻이 절대 아닙니다.

제42(당)기말 2014년 12월 31일 현재

제41(전)기말 2013년 12월 31일 현재

광동제약주식회사 (단위 : 원)

과 목	제42(당)기말		제41(전)기말	
자산				
Ⅰ. 유동자산		228,971,529,312		225,622,127,356
현금및현금성자산(주6,38,39)	37,949,399,009		33,509,476,265	
단기금융자산(주38,39)	35,494,780,444		33,985,643,000	
단기투자자산(주10,38,39)	163,035,000		1,272,036,800	
매출채권및기타채권(주8,36,38,39)	84,543,945,582		83,350,101,237	
재고자산(주9,30)	69,650,085,999		68,553,445,689	
기타유동자산(주14,36)	1,170,283,278		4,951,424,365	
Ⅱ. 비유동자산		202,973,651,054		191,163,204,027
장기금융자산(주7,38,39)	10,000,000		10,000,000	
장기투자자산(주10,36,38,39)	33,282,076,649		33,547,118,081	
장기매출채권및기타채권(주8,38,39)	23,121,662,338		21,246,280,136	
유형자산(주11,15,16)	143,462,797,523		133,471,989,655	
무형자산(주12)	87,983,144		115,636,358	
투자부동산(주13)	1,086,254,240		1,128,620,440	
기타비유동자산(주14)	1,340,108,913		1,643,559,357	
이연법인세자산(주33)	582,768,247		-	
자산총계		431,945,180,366		416,785,331,383
부채				
Ⅰ. 유동부채		107,348,559,495		101,253,660,523
단기금융부채(주15,19,23,38,39)	55,067,376,331		35,090,223,940	
매입채무및기타채무(주17,23,36,38,39)	38,598,185,335		55,013,599,166	

또한 회계사가 최선을 다해 감사를 하더라도 작정하고 속이겠다고 나서면 이를 걸러내기가 쉽지 않습니다. 예컨대 2009년 톰보이의 감사 보고서를 보면 적정하다는 감사 의견이 있으나 손익계산서와 재무제표에 대한 주석을 살펴보면 정상적인 제조와 판매의 영업 활동이 아닌 유형자산 처분(부동산 매각)을 통한 이익 등에 따른 1년만의 흑자 전환이 나타납니다. 감사 의견만 대강 본다면 이런 위험은 보지 못하죠. 유감스럽게도 톰보이는 2010년에 부도로 상장 폐지되었습니다.

3. 감사 보고서는 단순한 재무제표가 아닙니다

감사 보고서는 재무제표를 포함한 기업의 종합적인 평가 자료입니다. 이 회사가 주력으로 하는 사업은 무엇인지, 이 회사가 타 회사와 어떤 자본 관계로 엮여 있는지, 회사의 실질적인 주인은 누구인지, 앞으로도 꾸준히 사업이 지속될 가능성이 있는지 등 거의 모든 정보를 일목요연하게 볼 수 있습니다. 뭐, 자주 보다 보면 재미있습니다.

📅 감사 보고서

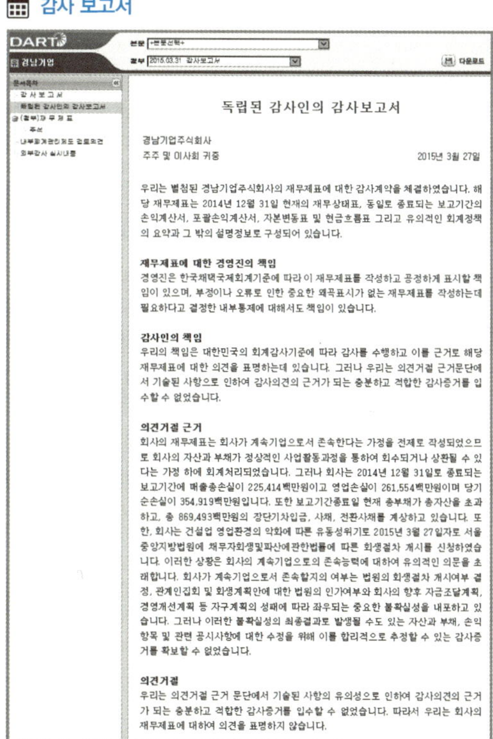

독립된 감사인의 감사보고서

경남기업주식회사
주주 및 이사회 귀중   2015년 3월 27일

우리는 별첨된 경남기업주식회사의 재무제표에 대한 감사계약을 체결하였습니다. 해당 재무제표는 2014년 12월 31일 현재의 재무상태표, 동일로 종료되는 보고기간의 손익계산서, 포괄손익계산서, 자본변동표 및 현금흐름표 그리고 유의적인 회계정책의 요약과 그 밖의 설명정보로 구성되어 있습니다.

재무제표에 대한 경영진의 책임
경영진은 한국채택국제회계기준에 따라 이 재무제표를 작성하고 공정하게 표시할 책임이 있으며, 부정이나 오류로 인한 중요한 왜곡표시가 없는 재무제표를 작성하는데 필요하다고 결정한 내부통제에 대해서도 책임이 있습니다.

감사인의 책임
우리의 책임은 대한민국의 회계감사기준에 따라 감사를 수행하고 이를 근거로 해당 재무제표에 대한 의견을 표명하는데 있습니다. 그러나 우리는 의견거절 근거문단에서 기술된 사항으로 인하여 감사의견의 근거가 되는 충분하고 적합한 감사증거를 입수할 수 없었습니다.

의견거절 근거
회사의 재무제표는 회사가 계속기업으로서 존속한다는 가정을 전제로 작성되었으므로 회사의 자산과 부채가 정상적인 사업활동과정을 통하여 회수되거나 상환될 수 있다는 가정 하에 회계처리되었습니다. 그러나 회사는 2014년 12월 31일로 종료되는 보고기간에 매출총손실이 225,414백만원이고 영업손실이 261,554백만원이며 당기순손실이 354,919백만원입니다. 또한 보고기간종료일 현재 총부채가 총자산을 초과하고, 총 869,493백만원의 장단기차입금, 사채, 전환사채를 계상하고 있습니다. 또한, 회사는 건설업 영업환경의 악화에 따른 유동성위기로 2015년 3월 27일자로 서울중앙지방법원에 채무자회생및파산에관한법률에 따른 회생절차 개시를 신청하였습니다. 이러한 상황은 회사의 계속기업으로의 존속능력에 대하여 유의적인 의문을 초래합니다. 회사가 계속기업으로서 존속할지의 여부는 법원의 회생절차 개시여부 결정, 관계인집회 및 회생계획안에 대한 법원의 인가여부와 회사의 향후 자금조달계획, 경영개선계획 등 자구계획의 성패에 따라 좌우되는 중요한 불확실성을 내포하고 있습니다. 그러나 이러한 불확실성의 최종결과로 발생될 수도 있는 자산과 부채, 손익항목 및 관련 공시사항에 대한 수정을 위해 이를 합리적으로 추정할 수 있는 감사증거를 확보할 수 없었습니다.

의견거절
우리는 의견거절 근거 문단에서 기술된 사항의 유의성으로 인하여 감사의견의 근거가 되는 충분하고 적합한 감사증거를 입수할 수 없었습니다. 따라서 우리는 회사의 재무제표에 대하여 의견을 표명하지 않습니다.

금융감독원 전자 공시 시스템에
등록되지 않은 기업의 조사

한 사이트에서 모든 기업 정보를 보면 참 좋을 텐데, 아쉽지만 금융감독원은 대한민국의 모든 기업 정보를 갖고 있지 않습니다. 따라서 여러 기업 정보 사이트의 특성을 잘 알고 활용할 필요가 있습니다.

1. 벤처기업의 조사

우리나라의 모든 벤처기업 정보는 하나의 데이터베이스로 관리하자라는 취지 아래 '벤처 공시 제도'라는 것을 만들고 기술보증기금이 개설한 사이트가 벤처인(www.venturein.or.kr)이라는 벤처 확인 공시 시스템입니다.

인터넷 오픈마켓 판매자든 규모 있는 유통업을 하는 분이든 이쪽 업계 종사자분들의 가장 큰 고민은 언제나 '아이템 소싱item sourcing' 입니다. 이런 경우를 예로 들어보겠습니다.

'판매할 제품을 찾아다니다가 전시회에 가서 모 벤처기업 사장님을 만났는데, 우수한 기술력으로 만든 제품이라는 설명을 듣고 이참에 그 벤처기업 제품을 공급받아 오픈마켓에 등록하려 한다.'

곧바로 쇼핑몰과 온라인 마켓에 제품 판매 등록부터 해야 할까요? 그건 너무 성급하겠죠? 판매 대행을 하기 전에 벤처 확인 공시

벤처인 벤처 확인 공시 시스템

- 벤처인은 벤처기업육성에 관한 특별조치법에 의해 정보를 공시하고 있습니다.
- 공시내용이 사실과 다를 경우 기술보증기금 창업문화부(1577-0270)로 즉시 연락하여 주시기 바랍니다.
- 본 공시자료는 기술보증기금이 조사,수집하여 이용자에게 참고자료로 제공하는 것으로 이 정보를 활용하여 행한 결정과 그 결과에 대하여 기술보증기금은 어떠한 책임도 지지 않습니다.

항목	내용	항목	내용
벤처기업체명	딴지일보	업종코드		업종찾기
대표자명		업력	전체
사업자번호	- -	매출액	-
소재지	전체	공시일자	
유형(대분류)	전체		

검색

검색방법
- 기업체명은 주식회사 등의 기업형태를 제외한 순수 기업체명을 입력하십시오. ▶ (주)한국 -> 한국
- 2개 이상의 항목 입력 시 각 항목들을 동시에 충족하는 조건으로 검색됩니다.

시스템에 들어가 보시면 업체의 상태를 알 수 있습니다. 공들여 제품 사진 찍고 '뽀샵' 하고 이벤트까지 준비해서 온라인 마켓에 올려놓은 제품이 단 한 개도 공급이 안 된다면 허탈하겠지요. 서로 잘해보자고 술도 한잔 샀다면 더더욱….

벤처기업들이 벤처 확인서를 발급받는 과정에서 가장 많이 택하는 것이 기술보증기금의 대출을 받는 것입니다. 기술보증기금은 기업 대출을 하면서 기업의 재무 상황을 점검하고 이 내용을 공시하고 있지요. 따라서 벤처기업이라면 대부분 이 벤처 확인 공시 시스템에 정보가 등록됩니다.

한번은 유통업을 하시는 사장님이 모 벤처기업과 거래를 하려는데 영 석연치 않다고 하셔서 이 사이트에서 그 벤처기업을 조회해

의견을 드린 적이 있습니다. 오래전 자료이고 기업명이 공개되지 않으니 예제로 보여드리겠습니다.

1) 재무상태표(구 대차대조표)

밑줄에서 보듯 여러 항목이 부실합니다. 연속적인 손실로 자본금은 잠식되어가고 있지만 투자는 진행되지 않고, 회사의 자산은 현금화하기 힘든 무형자산이 대부분입니다. 부채 비율도 꽤 높지요. 한

재무상태표

선급비용	0	0	0
선급법인세	0	0	0
기 타	0	1	1
(2) 재고자산	0	0	0
상 품	0	0	0
제 품	0	0	0
원재료	0	0	0
기 타	0	0	0
2. 비유동자산	135	139	326
(1) 투자자산	0	0	0
장기금융상품	0	0	0
장기투자증권	0	0	0
장기대여금	0	0	0
기 타	0	0	0
(2) 유형자산	26	28	28
토 지	0	0	0
건 물	0	0	0
기계장치	21	21	21
차량운반구	0	0	0
건설중인자산	0	0	0
기 타	5	7	7
(3) 무형자산	109	111	298
영업권	0	0	0
개발비	0	0	187
기 타	109	111	111
(4) 기타비유동자산	0	0	0
보증금	0	0	0
장기성매출채권	0	0	0
이연법인세자산	0	0	0
부도어음	0	0	0
기 타	0	0	0
자산총계	240	208	424

단기부채성충당부채	0	0	0
기 타	204	5	0
2. 비유동부채	0	150	100
사채	0	0	0
장기차입금	0	150	100
장기성매입채무	0	0	0
장기부채성충당부채	0	0	0
(퇴직급여충당부채)	(0)	(0)	(0)
이연법인세부채	0	0	0
기 타	0	0	0
부채총계	206	217	366
3. 자본금	150	150	150
4. 자본잉여금	0	0	0
주식발행초과금	0	0	0
재평가적립금	0	0	0
기타자본잉여금	0	0	0
5. 자본조정	0	0	0
주식할인발행차금	0	0	0
자기주식	0	0	0
기타자본조정	0	0	0
6. 기타포괄손익누계액	0	0	0
매도가능증권평가손익	0	0	0
해외사업환산손익	0	0	0
현금흐름회피 파생상품 평가손익	0	0	0
기타	0	0	0
7. 이익잉여금(또는결손금)	-116	-159	-92
법정적립금	0	0	0
임의적립금	0	0	0
미처분이익잉여금(미처리결손금)	-116	-159	-92
(당기순이익)	-76	-43	-63
자본총계	34	-9	58
부채와자본총계	240	208	424

눈에 봐도 아주 가난한 기업입니다. 만약 해당 기업의 임원과 미팅을 했는데 벤처캐피털에서 투자를 받았다는 둥 언제든 대량 생산이 가능하다는 둥 하는 말이 나왔다면 신뢰할 수 없습니다.

2) 손익계산서

영업 손실에서도 확인되지만 아직 밥벌이를 못 하고 있는 적자 기업입니다. 영업 외 수익이 큰 것으로 보아 아마도 정부 출연 자금

손익계산서

(단위 : 백만원)

계정과목/연도		2007-01-01 ~ 2007-12-31	2008-01-01 ~ 2008-12-31	2009-01-01 ~ 2009-12-31
1. 매출액		13	29	43
상품매출		0	0	0
제품매출		0	0	0
기 타		13	29	43
2. 매출원가		0	0	0
상품매출원가		0	0	0
제품매출원가		0	0	0
3. 매출총이익		13	29	43
4. 판매비와관리비		205	132	258
급 여		39	15	105
퇴직급여		0	0	0
복리후생비		4	3	6
통 신 비		1	1	1
임 차 료		0	0	0
접 대 비		1	0	0
감가상각비		0	0	0
보 험 료		0	1	0
세금과공과		0	2	5
광고선전비		0	0	0
연구비,경상개발비		125	80	45
대손상각비		0	0	0
무형자산상각비		0	0	46
기타부채성충당부채전입액		0	0	0
기 타		35	30	50
5. 영업이익		-192	-103	-215
6. 영업외수익		118	72	158
이자수익		1	3	1
배당금수익		0	0	0
외환차익		0	0	0
외화환산이익		0	0	0
투자자산처분이익		0	0	0
유형자산처분이익		0	0	0
법인세환급액		0	0	0
기 타		117	69	157

기업의 조사와 평가

으로 버티고 있는 것으로 보이며, 이 또한 적절한 회계 계정 계상으로 볼 수 없기에 기업 내부의 자금·회계 전문가도 없는 경영 초보 기업이라는 사실까지 파악됩니다. 그래도 이런 기업이 만약 다음과 같은 말을 했다면 믿을 만할 것입니다.

아직 창업 초기 벤처기업이고 간신히 상품화가 가능한데, 저희의 판로를 도와주시면 어떻게든 자본 증자를 통해서 생산 능력도 키우고, 고객 지원 등에 대해서는 기술 상담이니만큼 저희도 일조하면서 열심히 해보겠습니다.

반대로 아래와 같은 말이 나오면 최대한 예의를 갖춰 작별을 고해야 합니다.

대단히 좋은 아이템이니 대리점권을 위해 보증금을 내십시오. 귀사를 위해 특별히 커스터마이징을 해야 하니 관련 개발 비용을 선납해주십시오.

2. 벤처기업 외 일반 중소기업의 조사

금융감독원과 기술보증기금의 공시 정보 외에 중소기업청에서 운영하는 중소기업 현황 정보 시스템(sminfo.smba.go.kr)도 많은 중소기업 자료를 갖고 있으나 정보 업데이트가 느린 편이며, 기업이

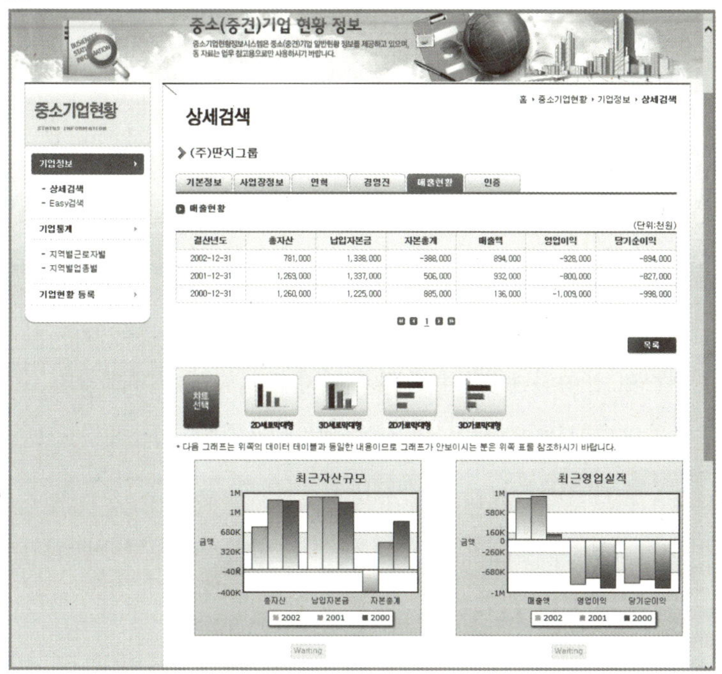

자발적으로 정보를 입력하게 되어 있어 때에 따라서는 최근 자료가 전혀 나오지 않기도 합니다.

신용 평가 회사의 기업 정보 평가 보고서의 경우 도식화된 차트와 주요 재무지표를 보여주고 있어 언뜻 좋은 자료처럼 보이지만, 재무제표를 특정 소프트웨어 평가 툴에 넣어서 순식간에 뽑아내는 자료일 뿐 기업의 현안을 진단하거나 추가적인 정황 조사는 하지 않는다는 사실에 유의하셔야 합니다.

이런 정보 입수처들을 통해 기업 현황 자료를 볼 때 유의하실 점을 요약해보면 다음과 같습니다.

1. 금융감독원에서 제공하는 외부 회계 감사 보고서와 달리 똑 떨어지는 의견이 없습니다. 스스로 분석하고 판단해야 합니다.

2. 재무제표의 신뢰성이 떨어지니 꼼꼼히 살펴보세요. 당해의 손익이 나빠질 것 같으면 갑자기 사라지는 상각, 큰 규모의 잡이익 등 회계 기준을 지키지 않는 재무제표에는 기업의 꼼수가 숨어 있는 것입니다. 또한 재무제표에서 나타나는 모럴 해저드, 즉 가지급금, 선급금, 보증금 등과 회사 규모 및 재정 상황 대비 너무 큰 접대비, 복리후생비, 인건비 등을 확인하세요.

의미 있는 적자(초기 개발 투자)가 있는 기업은 재무제표보다는 제품이나 사장의 경영 의지를 더 비중 있게 봐야 합니다. 재무제표에 너무 치중하다 보면 나무는 보되 숲은 보지 못하는 우를 범할 수 있습니다. 전문가들 중에는 창업 초기 기업의 3년간 재무제표는 크게 신경 쓸 필요가 없다는 분들도 있는데, 이러한 시각은 정부의 기업 지원 심사에도 어느 정도 반영되고 있습니다.

기업의 조사와 평가 실무

기업 조사에 대해 가장 많이 묻는 분들이 유통업과 투자 업무에 종사하시는 분들입니다. 기업 평가와 관련해 그분들과 대화를 나누면서 함께 고민해온 몇 가지 실무 사항을 정리하며 이번 주제를 마칠까 합니다.

1. 공급자에 대한 평가

기업들이 처음 만나 악수할 때는 정말 근사하고 신사적이지만 함께 일을 해나가다 보면 진흙탕 싸움이 되기도 하죠. 표현이 다소 적나라할 수도 있지만 실무의 현장감을 살리기 위해 그대로 사용하겠습니다.

1) 신중하게 거래해야 하는 경우

- 무자료 거래 요구자와 같이 법을 우습게 아는 기업은 피해야 합니다. 그렇게 무서운 국세청도 우습게 아는데 기업 간의 거래에서는 오죽하겠습니까? 기업가의 양심에 대한 하한선을 정의하는 것은 쉽지 않습니다. 그러나 법을 지키는 것은 양심의 문제가 아니라 기업가의 의무입니다.
- 정확한 거래 조건을 제시하지 않는 공급자는 협업 파트너로 부적절합니다. 예를 들어 견적 시 부가세 관련 사항은 명시

하지 않다가 계산서 요구 시 무조건 10퍼센트를 얹는 사람이나 수입의 경우 운송 조건에 EXW(공장 인도) 조건을 떡하니 쓰는 제조원은 아마추어이거나 쪼잔함이 넘치는 상대라 함께 일하는 것 자체가 스트레스가 됩니다.

- MOQ(최소 구입 수량)를 크게 요구한다면 반드시 동종 업계의 견적을 다시 받아봐야 합니다. 제조사나 총판이 아니라 그냥 중간 브로커인 경우도 있습니다. 이런 사람들은 추후 제품 하자에 대한 클레임 등에서 아무런 역할을 못 합니다. 아니, 안 합니다.

- 총판권을 갖고 있는 공급자의 경우 원 제조사와의 관계를 확실히 알아야 합니다. 제조사와 총판의 관계는 영원하지 않거든요. 고래 싸움에 새우등 터지기도 합니다. 되도록 제조사와 접촉해보고 제조사가 총판으로 인계할 때만 총판과 거래하는 것이 좋습니다.

2) 긍정적으로 평가해야 하는 경우

- 일정량의 재고를 항상 유지하고 있는 공급자는 아주 좋은 소스입니다. 판매상에게 밀어내기 같은 재고 부담을 주지 않으니까요. 반면에 이런 공급자들은 교과서적으로 운영하기 때문에 판매보조금 같은 자잘한 정책을 잘 펴지 않습니다. 그래도 언제나 재고가 안정적으로 공급되는 공급자가 제일이죠.

- 단계별 공급 가격표를 제공하는 공급자. 어느 기업이나 요구하면 견적서를 주긴 하지만 물량의 수준에 따른 인하 폭까지 세세히 챙겨서 제안해주는 제조원이라면 나름 시장에 대한 관심도 크고 판매 협력사의 영업 지원을 배려한다고 볼 수 있습니다.
- 적은 규모라도 직접 제품을 판매하거나 판매해본 경험이 있는 공급자도 나쁘지 않습니다. 왜냐하면 판매자가 겪고 있는 고객 지원의 부담, 각종 수수료 및 마케팅 비용의 부담을 잘 알고 있기 때문이죠. 기본 스텝도 모르는 파트너와 왈츠를 출 수는 없듯이 제조원이 유통과 영업에 문외한이라면 파트너는 곤혹스러운 일을 많이 겪게 됩니다.
- 신뢰할 만한 재무제표와 꾸준한 이익을 창출하고 있는 사업자라면 공급사가 망해서 물건이 끊길 일은 없습니다.

2. 기술혁신형 기업(벤처기업 등)에 대한 평가

투자자의 입장에서 혁신적인 기술을 보유한 기업에 투자할 때 가장 어려운 점은 '혁신적인 기술'이 과연 기업의 주장처럼 몇 년 안에 대박을 낼지 검증하는 것이겠죠. 당연히 투자자는 기업에게 기술에 대한 자료를 요구하는데요, '우리의 핵심 기술은 보안을 유지해야 하므로 속속들이 공개할 수 없다'며 일정 수준 이상의 자료를 주지 않을 때는 참 난감합니다. 기업의 미래를 가늠할 수 있는 기술이 과

기업의 조사와 평가

연 어떤 것인지, 정말 있기는 한 것인지 의심하게 되는 상황에서 기업의 기술 평가를 위해 투자자가 실무적으로 점검해봐야 할 사항을 정리해보면 다음과 같습니다.

1) 영업 비밀 보호를 위한 노력과 시스템

앞서 영업 비밀의 보호에 대해 소개해드렸듯이 영업 비밀은 자신의 주장을 뒷받침하는 구체적인 노력을 확인할 수 있어야 합니다. 그 노력의 일환으로 비밀 보장 각서와 사규 같은 서류가 있어야 하고, 충분한 노력을 기울여 비밀을 관리하고 있다는 구체적인 증거(금고, 보안 통제된 컴퓨터 등)를 확인할 수 있어야 합니다. 무엇 하나 찾아볼 수 없다면 의심하지 않을 수 없는 것이죠.

2) 특허

유일무이한 핵심 기술에 대한 특허 출원은 오히려 출원 기업의 기술을 따라가면서 회피할 수 있는 단초를 경쟁 기업에 제공한다는 위험 부담이 있습니다. 이러한 이유로 핵심 기술은 최고 기밀top secret로 분류하고 절대 기밀을 유지할 수도 있습니다. 법적으로 부정경쟁 방지 및 영업 비밀 보호에 의해 보호받을 수도 있으니 이런 기업의 행동을 무조건 비판할 수도 없습니다. 그러나 '너무 중요한 핵심 기술이라 특허도 내지 않았다'는 말이 거짓인 경우도 있습니다. 이는 다음과 같이 판별할 수 있습니다.

특허 포트폴리오 전략

기업의 핵심 기술로 취급되는 특허를 출원할 때 변리사들은 아주 강도 높은 명세서 작업을 합니다. 특허 등록이 될 수 있는 최소한의 기술 공개를 하면서 경쟁 기업이 쉽사리 출원서만 보고 그 기술을 구현하기는 어렵도록 고민하고 노력하기 때문입니다. '내 기술이 공개되면 남 좋은 일이다'라고 특허를 출원하지 않는 분들은 어찌 보면 특허에 대한 충분한 이해가 부족하고 전문가들의 컨설팅을 받아보지 않았을 수 있습니다.

특허 전문가들은 IP-3 프로세스라는 전략을 쓰는데, 핵심 기술을 특허화하고 즉시 주변 기술을 덧붙여 1차 특허 장벽을 만들어냅니다. 뒤이어 2차 특허 장벽을 형성하는데요, 이때는 생산 기술은 물론 마케팅에 관련된 비즈니스 모델까지 특허를 넘으로써 쉽사리 경쟁사가 모방하기 어렵게 하죠. 델Dell은 이러한 특허 장벽을 가장 잘 쓴 기업으로, 월마트Walmart는 특허 장벽이 없어 가장 고생한 기업으로 유명합니다.

핵심 기술을 철저히 은폐하는 경우라도 주변 기술 특허를 여러 개 걸어두어서 경쟁사를 혼란에 빠지게 하거나 핵심 산업재산권 보호를 위한 전술로 디자인(디자인과 특허는 서로 저촉 관계가 형성됨) 등록 등을 해둡니다. 그러므로 기업이 뛰어난 혁신 기술을 보유하고 있는데 특허가 없다는 것은 쉽사리 납득하기 힘든 주장입니다.

기업의 조사와 평가

선행/유사 특허 분석 자료

최근의 기업인들은 과거와 달리 특허에 대한 정보를 충분히 검색할 수 있으며 저렴한 가격에 전문적인 서비스를 받고 있습니다. 또한 정부 지원이 워낙 많이 이루어지고 있는 분야이기 때문에 자신들의 기술과 유사한 특허에 대해 반드시 분석합니다. 만일 자신들의 핵심 기술과 유사한 특허에 대한 분석 자료를 요청했을 때 '우리는 유일무이한 기술이다' 정도로 응대한다면 매우 무지한 경영인이 단지 운이 좋아 회사를 일으켰을 뿐이거나 유사 특허 분석 결과 도저히 우리는 특허를 낼 수 없다고 판단하고 포기한 경우입니다.

3) 기술 문서

기업은 백서white paper 수준은 아니더라도 자신의 기술을 타인에게 이해시킬 수 있는 자료를 분명히 만들어두어야 합니다. 자신의 기술을 투자자에게 보일 필요는 없을지 모르겠지만 고객에게는 보여야 하기 때문이죠. 제품과 기술을 구입하는 고객에게 '우리 기술은 극비이다'라고 할 수는 없는 것이고, 또한 기술의 가치를 알리지 못하면 마케팅을 할 수 없기에 '기술 소개서'를 만드는 과정이 반드시 필요합니다. 특히 해외 바이어들은 제품 도입 전에 이러한 자료를 반드시 요구합니다. 또한 바이어 중에 국내 대기업 등이 포함되어 있다면 제안요청서RFP, request for proposal를 통해 상세한 기술 자료 제출을 지정합니다. 오히려 기술을 낱낱이 파헤쳐 보이지 않기 위해서도, 또 기술의 이해를 돕는다는 명목으로도 기술 문서technical document는 만들어두어야 합니다.

4) 표준화 노력

'유일무이한 신기술'은 선행 신기술에 대한 조사가 부족했거나 또는 세계 시장에 대한 이해가 부족할 때 생겨날 수 있습니다. 우리나라와 전혀 환경이 다른 해외 시장에서 제품과 기술을 연착륙시키는 가장 안전하고 정확한 방법은 국제 표준을 준수하는 것입니다. 따라서 독특하고 앞서나가는 기술을 갖고 있다면, 기술 표준화에 대한 의견을 교류하고 이를 개선하려는 목적으로 설립된 SIGSpecial Interest Group 등의 조직에 가입할 필요가 있습니다. 많은 단체가 있는데, 가입 비용은 아무리 많아야 미화 1만 달러 이하 수준입니다(Qualification 등의 시험·검사 비용이 아닌 협회의 회비이기 때문이죠). 표준화를 위한 준비를 갖추고 있는지, 국제 표준을 잘 이해하고 있는지 점검해야 합니다.

5) 눈에 보이지 않는 진짜 기술, 아날로그

어떤 회사나 겪는 일이겠지만, 회사의 영업사원이 말하는 '랩 테스트lab test' '시뮬레이션simulation' 등의 단어를 접하는 고객사의 엔지니어들은 언제나 필드 테스트field test 결과를 달라고 아우성입니다. 모든 기술이 디지털화된 것으로 보이지만, 디지털의 하부 구조는 언제나 아날로그입니다. PCB 설계의 최적화된 라우팅, 최소한의 전력 소비, 최상의 소프트웨어 알고리즘, 다양한 이기종과의 상호 호환

시험, 정확한 MTBF 예측, 과부하가 지속되는 노화 시험aging test 결과, 최단/최적의 공정, 대량 생산에도 전수 검사가 가능한 품질 시스템. 이런 것들이야말로 보이지 않는 아날로그에서 터득한 무시무시한 기술의 핵심입니다. 이런 요소들의 존재는 그 기업이 핵심 기술을 갖고 있다는 방증입니다.

6) FPGA, ASIC, SOC

기술을 섹시하게 포장해주는 최상의 핫 아이템, 바로 반도체입니다. 기술의 핵심을 보유하고 있음을 한눈에 보여줄 수 있는 아이템이다 보니 기업들이 공공연하게 이러한 반도체로 기술을 포장하는데요, 적어도 FPGA(프로그램이 가능한 칩셋) 단계의 기술 상용화는 그 기업의 기술이 상용화되어 시장의 맹주가 될 가능성이 없거나 의지가 부족함을 단적으로 보여주는 예입니다. 여러 번의 시행착오와 필드 테스트 결과를 반영한 ASIC(주문형 반도체)를 갖고 뛰어들어도 힘든 시장에 채산성이 극히 떨어지는 FPGA로 들어갈 수는 없다는 것이죠.

게다가 이러한 반도체 분야에는 전문가가 아닌 투자자 입장에서는 달콤하게 들리는 말들이 많습니다. 예를 들어 '몇 만 게이트가 들어간 방대한 기술이다'라는 말은 알고리즘이 노가다일 수 있다는 뜻이기도 합니다. 안전하게 투자하고 싶다면 ASIC이나 SOC(시스템온칩) 이후에 투자해도 늦지 않습니다.

한편 굳이 SOC, ASIC를 하지 않아도 되는 단순한 기술이라 한 단계 낮은 PIC, 마이콤 등으로도 충분히 구현 가능한 기술을 FPGA에 옮기는 우를 범하기도 합니다. 이처럼 불필요한 원가 상승과 기술의 복잡성을 자초한다는 것은 오히려 기술이 없는 것이죠.

이번 장에서는 기업의 재무 상태와 기술 수준, 일반적인 협업 과정에서 보이는 태도 등 다양한 방면에서 기업을 평가하는 방법을 알아봤습니다. 대한민국에는 많은 기업이 있고 사업 분야도 다양하다 보니 여러 가지 평가 기준을 제시하려는 욕심에 내용이 길어졌습니다.

세 줄 요약

❶ 꽤나 많은 기업의 재무 자료와 영업 상황이 공개되니 감으로 판단하지 말고 자료를 찾아보세요.

❷ 훌륭한 기업은 여러 방면에서 약점을 보이지 않습니다. 아무리 숨기려 해도 재무제표, 견적서, 계약서 시안 어디에서든 기업의 바닥은 드러납니다.

❸ 소문이나 홍보에 현혹되지 말고 당신만의 고유한 전문성으로 기업을 보고 평가하세요. 그것이 기술이든 회계든 문서든 말이죠.

기업의 조사와 평가

구매의 기술

기업이 돈을 버는 기본적인 형식은 '만들어서 팔기'입니다. 즉, 싸게 만들어서 비싸게 팔 수 있다면 좋은 사업이겠지요. 반대로 비싸게 만들어서 싸게 판다면 아주 멍청한 겁니다. 세상에 그렇게 바보 같은 사업 방식으로 일하는 사람이 있겠느냐고 물으실 테지만 의외로 그런 경우가 많습니다. 희한하게 비싸게 만들어서 싸게 파는 이들, 그 속사정은 대개 두 가지입니다.

첫째는 비리입니다. 손해를 알면서도 비싸게 사주는 거지요. 둘째는 무지입니다. 자기가 어떻게 사업을 하고 있는지 모르는 채 시나브로 손실을 쌓아가고 있는 것입니다.

첫째 예는 대한민국이 전 세계의 귀감이 되고 있는데요, 혹시 '터널링'이라고 들어보셨나요? 요즘 우리말로 '일감 몰아주기'라고 부르는 이 단어, 바로 대기업에서 자회사를 만들고 그곳의 물건을 비싸게 사주는 행위를 말합니다. 재벌 후계자들이 쉽게 돈을 버는 방법이죠.

이런 짜고 치는 고스톱은 제조업계뿐 아니라 투자업계에서도 일어난 바 있습니다. 이명박 전 대통령의 자원외교 과정에서 석유공사가 캐나다의 하베스트 NARL이라는 회사를 인수했다가 2014년 11월 매각 시 1조 3000억 원의 손해를 본 일이 있습니다. 하지만 이런 투자를 빙자한 비리는 사업 성격상 고의성 여부를 판단하기가 쉽지 않습니다. 투자에서 늘 일어날 수 있는 실패인지, 아니면 고의적인 못된 짓인지 판별하기 위해서는 투자 시스템이 갖고 있는 촘촘한 방지책과 수차례의 판단 과정이 이상하게 허술했는지, 아니면 사익과 연결될 수 있는 행위를 할 수 있는 자가 관계되어 있는지 등을 살펴야 합니다.

이렇게 접근해보면 석유공사의 하베스트 투자 건은 자문회사 선정이 상식적으로 말이 안 되는 배점 기준으로 진행된 점을 포착할 수 있습니다. 심사 단계마다 점수를 잘 받은 1위 업체가 탈락하고 5위 업체가 갑자기 기준에 없는 점수를 몰아 받으면서 1위가 되어 자문회사로 선정된 셈입니다. 그런데 글쎄 이 자문회사에는 과거 이명박의 청와대 비서관 아들이 있더라지 뭡니까.

한편 포스코는 건설업 협력업체에 공사 대금을 부풀려서 지급하고 다시 되돌려 받는 수법으로 수백억대 비자금을 조성한 혐의로 수사를 받았습니다. 이제 일감 몰아주기는 대기업만의 전유물이 아닌 듯합니다. 결제자금 후하게 주고 돌려받기는 건설업의 뿌리 깊은 구태이기도 하고요.

죄를 짓고 벌 받아야 할 사람들이 벌은 고사하고 떵떵거리고 잘 사니 '내가 바보냐? 나도 손해 볼 수 없다'며 따라가는 사람들이 많아지는 건 어쩔 수 없겠습니다. 다만 자기 주변 사람들이 이런 일을 할 때 침묵하기보다는 말리는 사람이라도 많았으면 싶네요.

각박한 세상 얘기를 하다 보니 서설이 길어졌습니다. 이제 본론으로 들어가 구매의 기술을 알아보겠습니다. 앞서 이야기한 둘째 경우, 즉 구매 업무를 제대로 하지 못하다 보니 분명 물건은 팔았는데 남는 게 없는 기업을 위해 몇 가지 제언을 드리고자 합니다. 제가 '무지'라는 단어를 썼는데, 모르는 것이 부끄러운 게 아니라 배우지 않는 것이 진정 부끄러운 것이라는 옛말이 있지요. 구매에 대해 배우려 해도 딱히 참고할 만한 자료를 찾기 어려웠던 분들에게 이 책이 조금이나마 도움이 되길 바랍니다. (특히 건설업과 관련된 컨설팅 사례와 제조업 관련 사례를 많이 소개해드릴 테니 관련 업종에 계신 분들께 참고가 되었으면 합니다.)

초보 사장님들은 기업 경영을 시작하고 나면 단순하게 여겼던 일들이 사실 복잡하기 그지없음을 알고 절망합니다. 이 절망 유발 요인 중 대표적인 것이 수요와 공급이 절대 딱딱 맞아 돌아가는 일이 아니란 사실을 깨닫는 것입니다. 수요와 공급에는 워낙 많은 변수가 있기 때문이죠. 심지어는 날씨와도 상관관계가 있고, 발주처(갑)의 내부 결재 구조와 그들만의 프로세스도 을에게 영향을 끼칩니다.

그렇다 보니 건설업의 경우에는 공사에 대비하기 위한 원자재를 너무 많이 구입해서 현금이 묶이는 경우도 있고, 자재 부족으로 약속한 공기工期(건설업계에서 사용하는 공사 기간의 줄임말) 내에 공사를 마치지 못하는 일도 생기곤 합니다. 여기에 매출은 불규칙한데 기업의 고정적 유지비와 은행 이자 등의 금융 비용은 정기적으로 꾸준히 발생하는 현실, 나가야 할 돈을 막자니 신용불량이 되는 등의 문제로 초보 사장님들은 오늘도 머리를 쥐어뜯고 계실 겁니다.

사업가들이 틈만 나면 하는 말이 '앞으로 남고 뒤로 손해 본다'가 아닐까 싶습니다. 판매 대금을 받긴 받았으되 결산기가 되어서 돌아보면 어림잡았던 수준의 이익이 나지 않는다는 의미입니다. 설상가상으로 어려운 시기에는 이익은커녕 자금 부족으로 판매 대금을 쥐어본 지 얼마나 되었다고 다시 원자재 수급과 판매관리비를 조달하기 위해 은행 문을 두드리곤 합니다.

이때 초보 사장님들은 문제의 원인을 판매량 부족과 적은 마진에서 찾는 오류를 범하기 쉽습니다. 답답한 마음에 잘나간다는 선배 사장님들을 찾아 조언을 구했더니 하는 얘기가 저마다 다릅니다.

- 총원가 대비 25퍼센트의 마진을 설계해서 견적과 입찰에 임해야 된다.
- 눈치껏 최대한의 마진을 추구해야 된다.
- 일단 이익은 생각하지 말고 최저가로 시장의 경쟁자들을 다 물리쳐 수요를 모두 끌어온 후 대량 원자재 구매로 마진을

만들어내라. 이렇게 하면 경쟁자들을 모두 이기게 되고 그
때 가서 가격을 올리면 된다.

알 듯하면서도 모를 것 같고, 어떨 때는 선문답 같기도 한 이런
조언은 오히려 혼란만 가중시킵니다.

이렇듯 복잡한 경영에서 예측 가능한 범위에서 대응할 수 있는
일이 있다면 먼저 그것부터 끝장내야 하겠지요? 그것이 바로 '구매'
입니다. 돈을 벌고 싶다면 많이 파는 것보다 '잘 사는 것'을 먼저 해
야 합니다. 이 점을 깨달았다면 일단 초보 사장 딱지는 뗐다고 할
수 있습니다.

소상공인 컨설팅을 하는 경영 컨설턴트들은 식당 영업이 어렵다
는 사장님들에게 항상 이런 조언을 합니다. 식당에 앉아서 식당 밖
을 보지 말고, 식당 밖에서 식당 안을 들여다보면 그제야 문제를 볼
수 있을 거라고요. 얼마를 더 팔고 어느 정도를 남길까라는 고민 이
전에 내가 어떻게 원재료를 사들이고 있는지, 그 가격과 품질은 적
절한지를 살펴보아야 한다는 얘깁니다. 원자재를 구입하고 관리함
에 있어서 적당한 때에 재료가 수급될 수 있도록 한다면 돈도 절약
할 수 있을뿐더러 미래의 위험에도 대비할 수 있습니다.

경영자는 업무 범위가 넓습니다. 인사, 회계, 영업, 기획, 구매, 연
구개발 등 아무리 작은 회사라도 또 업종이 다르더라도 모든 사장
에게는 이처럼 다방면에서의 노력이 요구됩니다. 구매라는 업무 분
야가 인사, 회계, 영업, 기획과는 딱히 연관성이 없는 것처럼 보이나

경영의 다양한 분야는 결국 최종적으로 상호 연결되므로 통합적이고 유기적인 관리가 필요합니다.

따라서 원가를 낮추고 제어하기 위해서는 단순히 원자재를 사는 것 이외에도 다양한 분야의 정보를 분석해야 하고, 내부적인 체계를 구축해야 합니다. 실제로 원자재 구매에는 높은 관심과 비중을 두지 않으면 보이지 않는 것들이 많습니다. 다음과 같은 것들입니다.

원자재를 판매하는 공급사는 많은 물량을 사주는 사람보다는 꾸준한 물량을 소화해내는 예측 가능한(향후 구매 계획을 알려줄 수 있는) 발주처를 좋아합니다. 또한 신용 있는 사업자와의 거래를 선호합니다. 물건을 많이 살 것처럼 떠벌리더니 네고negotiation(가격 인하 협상)를 잔뜩 해서 깎아놓고는 실제로는 여러 이유를 대면서 최소한의 수량만 매입한다면 '발 없는 말이 천리를 간다'고 해당 원자재 업계에는 삽시간에 그 회사에 대한 나쁜 평판이 돕니다.

또한 기존 구매처에 익숙해져서 대체할 다른 공급처를 찾지 않는 안일함을 경계해야 합니다. 동일한 품목의 납품처라도 회사별로 대금 결제 방법, 결제일까지의 여신與信(일부 원자재는 납품 전후가 아니라 공급받은 자의 판매가 완료된 시점에 대금이 지급되기도 함), 운송료, 하자 교환 정책 등이 모두 제각각입니다. 무턱대고 거래처 말만 듣지 말고, 직접 여러 거래처들을 비교해보고 거래해가면서 옥석을 가릴 줄 알아야 합니다.

구매력이라는 것이 결코 많은 돈으로 다수의 물량을 구입하는 것만으로 만들어지지 않는다는 사실을 명심해야 합니다. '언젠가 물건이 많이 팔리면 그때 정말 크게 확 질러서 원가 낮추고 마진을 높이리라'라는 생각만큼 바보 같은 생각은 없다는 겁니다.

지금까지 구매의 중요성을 환기시켜드렸습니다. 하지만 이것만으로는 실질적인 도움이 되지 않을 듯해 원자재 구매 시 신경 써야 할 부분을 살펴보도록 하겠습니다.

간과하기 쉬운 원가 관리 요소들

운송비, 세무 기장 대리 비용 같은 다양한 종류의 지급 수수료, 은행 차입금의 이자 비용, 감가상각에 따른 원자재의 노화로 발생하는 가치 하락 등은 눈에 보이지는 않지만 사업의 이익에 큰 영향을 끼치는 원가 요소들입니다. 특히나 다양한 종류의 건축 자재를 보관해야 하는 경우에는 창고 임대비뿐 아니라 화재보험, 장비 노화를 막기 위한 항온·항습 설비 구축과 같은 설비 투자비 등 비용은 계속 커져만 갑니다.

창업 초기 회사의 자금 흐름과 비용 규모를 정확하게 인식하지 못할 때에는 영업에 큰 비중을 두고 영업에 국한된 이익 구조에 한정해 생각하게 됩니다. 매출에서 비용(원재료와 제조 관련 노임 등)을 제하고 남는 이익을 이익이라 생각했지만, 실제 '기업은 아무 일을 하지 않고 있는 순간에도 비용이 지출된다'라고 말할 정도로 비용 요소는 다양합니다. 상품 판매 이익에서 판매관리비와 자재 손망실 비용, 은행 이자 등의 추가 비용을 제하고 나면 이익의 규모가 턱없이 줄어버리고 맙니다. 이러한 현상을 이해한다면 원자재뿐 아니라 자재의 운송 비용, 하자로 인한 손해 비용 등을 정확하게 집계해서 이익의 규모와 수준을 근거 있게 추정할 수 있을 것입니다.

원가 관리에 집중하다
오히려 놓치는 것들

사슴을 쫓는 사냥꾼은 앞에 있는 나무는 보고 피해가지만 숲을 보지 못해 길을 잃어버린다는 말이 있습니다. 마찬가지로 원가 관리 자체에만 집착하다 보면 큰 의미의 사업을 보지 못하게 됩니다.

요즘 개념 있는 사장님들은 '을'이란 표현을 잘 쓰지 않습니다. 상호 윈윈win-win하는 관계를 추구해야 할 산업에서 전통적인 갑·을 표현은 그 어감이 좋지 않기 때문입니다. 그래서 건설사에 납품하는 원재료·설비·용역 업체 등을 통틀어 '협력사' 또는 '협력업체'라고 칭하는 것이 최근 경향입니다.

협력업체와의 관계가 중요한 점은 원자재들이 가격 변동성이나 수급 유동성이 크기 때문입니다. 건축업에 종사하고 있다면 철골과 같은 원자재들의 품귀 현상을 경험하게 될 텐데, 이런 상황에서 원자재 공급 협력사와의 관계가 튼튼하지 못하면 돈을 갖고도 원자재를 구입하지 못하는 일이 생기기도 합니다. 심지어는 먼저 입금해놓고 차례를 기다려 원자재를 받아오는 일까지 일어나곤 합니다. 건축 원재료가 되는 자재 납품사들과의 협력관계를 공고히 하지 않고 내가 갑이니 우월한 지위라 생각하여 자기 이익만 좇다 보면 나무를 보되 숲을 보지 못하는 근시안적 태도를 벗어날 수 없습니다. 언제나 공정한 납품 계약을 하기 위해 상대를 배려하고 지원하는 시각을 가질 필요가 있습니다.

그리 큰 규모가 아님에도 오랜 시간을 업계에서 생존하고 있는 중소기업들의 노하우를 들여다보면 경영자들에게 이런 상생의 의식이 있음을 확인할 수 있습니다. 누구를 돕는 것이 아니라 나의 편의를 위해 관계를 유지해야 한다는 기본적인 사업 협력의 개념을 잘 이해하는 경영자라면 좀 더 넓은 시각을 가질 수 있으리라 사료됩니다.

대량 구매를 통한 원가 인하의 함정

많은 원재료를 한 번에 구입해 경쟁자들보다 낮은 원가로 자재 매입이 가능할 때 원가는 내려가고 이익은 늘어납니다. 이는 손쉬운 원가 인하 방안으로 경쟁력을 갖추는 것처럼 보이지만 실상은 그렇지 않습니다.

이런 방식의 원가 인하의 함정은 미래의 '현금 유동성 위기'에 대비하지 못한다는 행동입니다. 내가 갖고 있는 자재는 장부상으로는 그 가치를 인정받을지 몰라도 즉시 현금화할 수 있는 자산이 아니기 때문입니다. 많은 현금을 투자해서 재고를 확보한 상태에서 건설 위기(부동산 가격 폭락, 미분양, 대기업의 이익금 누적을 통한 투자 감소 등)를 맞게 되면 낭패스러운 상황이 되고 맙니다. 또한 많은 양의 자재를 유지·관리하는 데 드는 비용(인건비, 창고 임대비와 관리비)과 철저하지 못한 재고 관리로 인한 손실 등을 생각하면 확정되지 않은 대규모 공사에 대비하기 위해 원자재를 비축하는 것은 매우 위험한 일입니다.

이런 위험성 또한 세심하게 살피지 않으면 인지할 수 없는 관리 요소입니다. 사업 경력이 짧은 사장님들을 보면, 어렵게 돈을 마련해 사무실 한편 또는 임대 창고에 건설 자재들을 차곡차곡 쌓아두고는 저게 다 돈이라며 흐뭇해하시는 분들이 계십니다. 그러나 모든 건설 자재가 다 돈이 되어 돌아오는 것은 아닙니다. 나중에 이 사실을 깨닫게 된 뒤 후회해봐야 소용없는 일이죠.

재고를 확보하지 못한 경우의 위험

대량 구매와 반대로 재고를 거의 확보하지 않는 보수적인 재고 관리 또한 구매 관리 능력이 있다고 볼 수 없는 안일한 경영 방식입니다. 재고 없이 공사 시에만 원재료를 공급받으면 적어도 재고에 대한 리스크는 없어 보이나 언제나 원자재 공급사가 나를 위해 물건을 갖고 있지는 않거든요. 예컨대 원재료 시장에서는 공급난이 되

구매의 기술

풀이되는데, 이런 상황에서는 현금을 미리 주지 않고는 건설 자재를 살 수 없기도 합니다. 어떻게든 여신이 보장되는 자재를 구입하기 위해 여러 판매상을 수소문해보지만, 생전 처음 보는 건설사가 원자재를 달란다고 순순히 물건을 내놓지는 않습니다. 최소한의 원재료도 확보하지 않고 있던 건설사들은 눈물을 머금고 발주를 취소시키거나 공기가 늦어져 발주사 측에 지체보상금을 물어주는 일까지 생깁니다.

또한 재고 부담에 대한 도미노 현상이 산업 전반으로 퍼져나가기도 합니다. 건설 자재를 확보하지 않는 건설사를 상대로 하는 판매상(대리점)은 건설 자재 판매량을 예측할 수 없으니 자신도 재고를 거의 갖고 있지 않거나 최소한의 재고만을 보유하게 됩니다. 연이어 판매상 뒤에 있는 공급처인 총판은 재고 부담을 떠안거나 제조사 또는 수입상으로 그 부담을 전가하게 됩니다. 이런 식으로 건설사에서 제조사까지 올라간 자재 재고의 부담은 결국 제조사에서부터 시작되는 가격 인상의 반사파로 돌아옵니다. 이렇게 원가가 올라가는 것은 건설사에게 부담스러운 일입니다. 그러나 더 무서운 것은 유통망이 소멸해 그동안 거래했던 공급선이 무너지거나 사라지게 되는 것입니다. 그렇다고 건설사가 포항제철이나 현대제철과 직접 거래를 틀 수도 없는 일이니 곤란한 상황에 빠지게 됩니다.

결국 이익으로 누적된 자금을 끌어안고만 있고 주요 건설 자재를 소량이라도 확보하지 못하면 얻을 수 있는 공사 수익도 잃고, 고객도 잃고, 자재 공급망도 잃어버리는 악재를 자초하게 됩니다.

적정 재고 수준 유지

내가 경쟁하는 타 사업자보다 우위에 있을 수 있는 요소가 없다면 사업은 성공하지 못합니다. 특히 다수의 사업자가 참여하는 경쟁 입찰이 보편화되어 있는 건설 시장은 이러한 추세가 뚜렷합니다. 나의 약점은 경쟁자의 약점이기도 합니다. 따라서 나는 약점을 보강했는데, 상대는 아직 그 약점을 보강하지 못하고 있다면 나는 경쟁우위에 설 수 있습니다. 사업을 경영하면서 반드시 해야 하는 일이 불확실성의 제거입니다. 불확실한 환경에서 법칙과 패턴을 인식할 수 있으면 비용을 줄일 수 있고 위기를 피할 수 있습니다. 또한 경쟁자보다 먼저 기회를 찾아낼 수도 있지요.

구매 관리 시스템을 구축하려니 막막하다는, ERP Enterprise Resource Planning(전사적 자원 관리 시스템) 같은 거대한 툴이 필요할지도 모른다는 생각은 그저 막연한 불안일 뿐입니다. 사용할 수 있는 소프트웨어가 엑셀이든 워드이든 장기간 자료 누적, 꼼꼼한 기록 관리만 잘한다면 충분히 구매 관리 시스템을 구축할 수 있습니다.

구매 관리 시스템을 구축할 때 무엇보다 중요한 점은 그간 발생했던 원자재의 구매와 사용, 손망실 등을 데이터로 정리하는 것입니다. 외부 회계 감사를 받는 법인들의 원자재 수불부 같은 것도 그리 대단할 것 없습니다. 중소기업이라면 엑셀 정도로도 충분히 관리가 가능합니다. 문서철에 어지럽게 꽂아두다 그마저도 귀찮아 사무실 구석 박스에 쌓아두었던 거래명세서들이 일목요연하게 컴퓨터에서 정리되면 그때부터는 쓰레기가 정보가 되는 기적을 보게 됩니다.

이 데이터를 토대로 여러 가지 분석과 기업 내부의 혁신을 꾀할 수 있는데요, 예를 들어 과다하게 MOQ를 요청하는 건축 자재의 소모 비율 등을 계산하여 매입 후 실제 사용량이 적은 자재의 경우 거래처를 다변화하여 MOQ를 낮추거나, 거래처 변경이 불가능한 경우에는 다른 대체 자재로 변경할 필요가 있습니다. MOQ를 1만 개로 요청한 납품업자 대신 새로운 납품업자를 찾아 약간의 가격 상승은 있더라도 구매 수량을 3000개로 낮춘다면 창고 관리 비용, 손망실 비용, 현금의 자재화로 인한 유동성 부족 등을 해결할 수 있습니다. 만일 많이 사면 싸게 해준다는 기존 납품업자의 달콤한 말에 속아 과다한 MOQ 조건을 계속 수용한다면 과다한 창고 관리 비용이나 자재 손실 비용, 현금이 자재에 묶여버리는 상황은 개선되지 않을 것입니다.

수량 못지않게 기록으로 남겨 계속 관리해야 하는 자료가 원재료를 납품하는 거래처의 납품 소요 시간, 원자재의 불량률, 불량 자재의 클레임에 대한 대응 현황 등입니다. 제대로 된 기업이라면 거래 기업의 정보, 거래 실적과 업무 협력 사항을 작성해 이력을 관리합니다. 이러한 이력 관리 데이터베이스에 포함되는 내용과 관리 이유는 아래와 같습니다.

- 해당 업무 담당자 정보: 중소기업은 시스템보다 개인의 역량에 많이 의존합니다. 담당자가 바뀌면 그간 우리 회사와

의 거래와 관련한 인수인계가 잘 이루어지지 않는 경우도 있고, 이직한 담당자의 회사와 다시 거래를 틀 수밖에 없는 경우도 발생합니다. 더군다나 자주 담당자가 바뀌는 거래처라면 기업의 경영 관리에 문제가 있는 것으로 봐야 하기 때문에 구매처를 미리 변경할 필요가 있습니다.

- **단가 변동 사항**: 단가의 변동성을 확인하여 거래 업체와의 가격 협상의 근거로 사용하기도 하고, 협력사의 대응 수준도 판단합니다. 단가의 변동성이 크지 않은 자재임에도 불구하고 단가가 수시로 변동하는 거래처라면, 우리 회사 내부 거래 담당자의 관리 능력이 미숙해 발생한 문제일 수도 있기에 꾸준히 확인합니다.

- **납품 소요 기간**: 발주 후 실제 납품까지의 기간이 매번 다를 수 있으므로 누적된 데이터를 바탕으로 평균 납품 소요 기간을 계산합니다. 다년간 쌓아온 데이터를 근거로 공사 기일 등을 산정하기에 견적서나 제안서 작성 시 구체적인 공기를 제시할 수 있습니다.

- **불량 및 클레임**: 납품된 자재에서 불량의 횟수가 많은 경우 품질 개선 요청을 하거나 개선이 어렵다고 생각되면 타 거래처로 전환합니다. 품질 개선 요청 시에는 출고 시 품질 시험 확인서 등을 첨부하여 납품을 요구하기도 하고, 규모가 큰 거래처인 경우에는 자재 공급 계약서 등을 작성하여 건축 자재 불량에 의해 발생할 수 있는 우리 회사의 피해 등에

대한 클레임과 보상책을 명문화합니다.

- 결제 관련 정보: 우리 회사에서 원자재 대금을 결제했던 날짜 등을 기재하여 평균적인 결제 소요 기간을 산정하고, 건축 자재 공급사가 우리 회사에 배려한 여신 기간 등도 산정합니다. 일반적으로 납품 관련 협의 시에 우리 회사의 결제 조건과 상대방의 여신 조건 등을 합의해야 하는데, 투명하고 정확한 정보를 제시하며 업계의 평균적인 현황을 근거로 제시하기 때문에 협상에서 상대방보다 우위에 서는 경우가 많습니다.

대리인 비용

'대리인 비용'이란 말이 있습니다. 사업의 주체인 소유주와 달리 위임받아 일을 하는 직원, 전문경영인 등에게서 나올 수 있는 비합리적인 업무 행위로 발생하는 손실을 '대리인 비용'이라고 지칭합니다.

경리와 구매 관련 업무는 사장의 친인척들만 담당한다는 농담이 있습니다. 현금을 직접 만지고 은행의 입출금을 담당하는 경리는 그럴 수도 있겠다 싶지만, 구매 담당자도 믿을 수 있는 친인척이어야 한다는 말은 구매 업무를 직접 해보지 않은 사람이라면 선뜻 이해하기 어려울 수도 있습니다. 그런데 그러한 말이 회자되는 이유는 납품 업계의 뇌물 관행 때문이기도 하지만, 구매 업무 자체가 방대한 양의 자료 관리와 원자재 관리 능력에다 책임감 있는 직업윤리를 필요로 하기 때문입니다.

구매 업무 담당자들이 해야 할 일은 끝이 없습니다. 예를 들어 건축 자재와 설비, 기계 등을 구입했다면 그 품질의 적정성을 판단해야 합니다. 여러 개의 건축용 나사와 볼트가 납품되었는데 나사를 일일이 검사해서 인수증에 서명할 수는 없는 일입니다. 성향에 따라 어떤 담당자는 샘플로 몇 개를 골라내 나사선이나 풀림 방지 돌기 등을 검사하기도 하고, 어떤 이는 KS와 ISO 같은 품질 관리 규정을 참고하여 납품 수량과 품질 만족 수준을 정한 후 테스트해볼 수도 있습니다. 심지어 건축 설계의 안전성 기준에 맞추기 위해 건축용 나사 규격을 새로 지정하고 금형을 통한 신제품 개발을 요구할 수도 있습니다.

하지만 대부분의 중소기업 구매 담당자들은 이깟 나사가 뭐가 중요하냐며 납품을 받자마자 트럭 앞에서 바로 시원하게 인수 사인을 하기도 합니다. 이런 경우 바로 대리인 비용이 발생하게 됩니다. 건축 공사 후 실제 사고가 나서 시공 건설사가 피해 보상을 해야 하는 경우도 생기고, 그 이전에 안전검사를 통과하지 못해 공사를 다시 해야 하는 경우가 생길 수도 있습니다. 그런데 납품업체와 공급계약서를 체결하면서 공급 건축 자재의 하자에 대한 피해 보상액을 정하지 않았다면 모든 피해는 건축사가 다 떠맡게 되는 경우도 생깁니다.

대리인 비용을 완전하게 소멸시킬 수는 없겠지만 철저한 인사 관리를 통해 구매 업무자의 업무 영역을 정확하게 인식시키고, 사내

구매의 기술

교육과 면담 등을 통해 실무 담당자가 예상할 수 없는 사업의 위기에 대해 인지하도록 해야 합니다. 태만한 업무 자세로 피해가 발생했을 때 담당자를 문책하고 새로운 근로자를 채용할 수도 있겠지만, 내부의 기준이 불명확하고 전문적인 교육이 따라주지 않아 무지의 상태에서 계속 잘못된 구매 시스템이 가동되고 있다면 이는 사장의 책임이기도 하기 때문입니다.

좋은 원자재를 싼 가격에 그것도 적시에 공급받을 수 있다는 것은 어찌 보면 건설사에서는 건축 공사 몇 개를 더 수주하는 것만큼이나 중요한 일입니다. 만일 새로 창업한 중소기업 대표가 제게 경영의 비기 하나를 말해달라고 한다면, 구매 관련 기술을 계속 업데이트해서 구매에 대한 나름의 절차와 기준을 확보하라고 조언하고 싶습니다. 나라에 조달청이 있고, 중견기업과 대기업에 별도의 구매부서가 존재한다는 까닭은 구매에 중요한 경영의 비밀이 숨어 있다는 방증 아니겠습니까?

위에 언급한 여섯 가지는 최소한의 노력으로 최대한의 경영 이득을 얻을 수 있는 방법들입니다. 사장님들이 영업 대상 고객사들에게 좋은 서비스와 신용을 보여주기 위해 했던 노력의 10퍼센트만 기울여도 생산성 높고 품질 좋은 원자재를 가진 원천 공급처와의 파트너십을 만들어낼 수 있다고 생각합니다. 기업의 경영과 수익 창출이 결코 영업과 마케팅 활동에만 국한되지 않는다는 점을 명심하시기 바랍니다.

'경영이란 무엇인가?'라는 질문에 많은 학자와 기업가들이 서로 다른 답을 내놓을 수 있습니다. 그러나 경영 활동에 있어서 CEO는 자신이 처한 환경 내에서 최선의 전략과 방법론을 제시할 수 있어야 한다는 기업가의 필요 역량에 대해서는 모두가 공감할 것입니다.

현업에 종사하고 있는 경영인들의 고민은 업무와 업종을 막론하고 방대합니다. 그럼에도 많은 지면을 할애해 구매 전략에 대해 설명한 이유는 이 분야가 기업의 내부 역량을 집중하면 충분히 빠른 시간 안에 좋은 결과를 낼 수 있는 분야라고 생각하기 때문입니다.

세 줄 요약

❶ 돈을 버는 가장 빠른 방법은 파는 것보다 싸게 적기에 구매하는 것입니다.

❷ 구매 행위는 단순히 싸게 사는 것이 아니라 적기에 적정 가격으로 구매하는 최적화된 시스템을 갖추는 것입니다.

❸ 기업 내에서 의외로 크게 드러나지 않는 구매 행위는 대리인 비용을 발생시킬 수 있으니 구매 담당자가 최선의 노력을 쏟을 수 있는 인사 시스템이 필요합니다.

갑과 을

자기 혼자 빛나는 별은 거의 없어. 다 빛을 받아서 반사하는 거야.

– 〈라디오스타〉

예전에는 보통의 청년이 성장해서 갑甲과 을乙이라는 표현을 처음 접하게
되는 것은 계약서를 작성할 때였다. 요즘엔 '갑질'이란 단어가 흔해서 으레
힘 있는 놈이 그렇지 않은 이를 괴롭히는 짓에 빗대어 쓴다.

롯데홈쇼핑의 갑질이 기사화되어 논란이 일었다. 어느 벤처기업 사장님께
들은 얘기다. 시골집에 내려가 자신의 사업이 이제 어느 정도 궤도에 올랐다
고 노모를 안심시켰는데, 노모께서 "아직은 먼 것 같고, 너희 회사 제품이 홈
쇼핑에도 나오고 그러면 얼마나 좋겠냐?"라고 하시더란다. 지방에서 일하다
보면 농업인들이 법인을 설립해 사업하는 경우가 많아 어르신들과 사업 계
획을 얘기할 때가 많은데 이분들 또한 자기네 제품이 홈쇼핑만 한번 타면 사
업 끝난다(?)고 당차게 말하곤 하신다.

활자화된 인쇄물에 무한한 신뢰를 보내던 시절을 지나 브라운관을 통해
전달되는 정보에 큰 믿음을 갖는 시대다 보니 대기업 홈쇼핑에 중소기업인
들이 너도나도 제품을 들고 찾아드는 모습이 마치 어떻게 줄 좀 대보려고 조

선 시대 고관대작 집 앞에 늘어선 이들을 연상시킨다.

사장님들께 용역사, 하청사, 하도급, 아웃소싱 이런 표현보다는 협력사라는 표현을 쓰는 것이 어떻겠느냐고 말씀드리곤 하는데 그 말버릇이 하루아침에 고쳐지지는 않는 모양이다. 분업화된 산업구조에서 하나의 완성된 상품이 나오고 판매되기까지 여러 기업이 서로 협력해야 함은 당연한 일이다. 하지만 이런 단순한 이치도 깨닫지 못하고 있는 대한민국의 경영 현실이다보니 고질적인 갑질은 계속될 것이다.

13

원가와 가격

2015년 6월, 메르스(중동호흡기증후군) 확산이 좀처럼 수그러들지 않자 마스크 수요가 폭증했습니다. 심지어 증시에서도 마스크 관련 테마주의 주가가 가파르게 상승했습니다. 급기야 대한약사회가 관련 업계에 마스크 공급 가격 인상을 자제해달라고 호소하기에 이르렀습니다.

경제학 원론에서는 가격이 수요와 공급에 의해 결정된다고 설명합니다. 이번 마스크 품절 사태처럼 수요를 공급이 따라가지 못하면 가격이 오르고, 반대로 이참에 마스크를 팔아 돈 좀 벌어보겠다고 급히 생산량을 늘렸는데 메르스가 진압되어 하루아침에 수요처가 사라져버리면 생산 비용이라도 건지겠노라고 저가로 밀어내기를 해서 가격이 내려간다는 설명이죠.

하지만 교과서와 달리 현실에는 더 많은 변수가 작용합니다. 시장을 꽉 잡고 있는 기업들이 모여 속닥속닥 담합을 하기도 하고, 가격을 더 올리기 위해 유통업체에서는 창고에 물건을 계속 보관하기도 합니다.

현실에서 교과서 같은 가격 결정이 이루어지려면 특정 제품을 만드는 기업을 소비자가 다 알고 있을 정도로 공급업체의 수가 적고, 수요자가 지속적으로 필요로 하는 제품이라는 특수한 조건이 전제되어야 합니다. 물론 이외에도 더 많은 단서가 붙어야하겠지요. 그래서 경제학 교과서에서는 가격 결정을 설명할 때 완전경쟁시장이라는 단서를 붙이지요. 완전경쟁시장이란 경제학에서 꿈꾸는 유토피아와 같습니다. 소비자와 공급자 모두 시장 정보와 상품에 대한 정보를 완벽하게 알고 있기에 정보 불균형은 존재하지 않습니다. 하지만 우리가 사는 세상은 안타깝게도 교과서에서 전제하고 있는 완전한 시장이 아닙니다. 대단히 많은 변수가 존재하고, 누군가가 의도적으로 퍼트리는 잘못된 정보가 소비자에게 각인되어 있기도 합니다.

물 들어올 때 노 젓고 싶은 마스크 업계는 가격 인상을 자제해달라는 대한약사회의 호소를 받아들이지 않았지요. 이렇게 오른 가격은 시간이 지나도 쉽사리 내려가지 않을 것입니다. 인터넷 마켓의 발달로 가격 경쟁이 치열해졌는데, 모든 판매자가 가격 인상의 기회를 동시에 잡을 수 있는 행운은 자주 오지 않거든요.

이번 장에서는 사업하는 사람이라면 누구나 고민해봤을 원가와 가격에 대해 이야기합니다. 누구든 밑지려고 사업하는 건 아닌데 마음대로 잘 안 되죠.

물건은 무지하게 많이 파는 것 같은데 왜 남는 건 없지?
내 제품 가격이 적절한 걸까?
새롭게 유통해보려는 상품의 가격은 어떻게 잡아야 할까?

이런 고민들, 사업하는 사람이라면 한번쯤 해봤을 것입니다. 가격에 대한 정책을 세우기 전에 반드시 준비되어 있어야 하는 것이 정확한 원가 계산입니다. 그러나 실제로 기업들을 컨설팅해보면 자기 제품의 원가가 얼마인지도 제대로 모르는 사업자가 부지기수입니다.

불황과 극심한 경쟁 속에서도 오래가는 회사들은 적어도 원가에 대해 정확한 인식을 갖고 있더군요. 어떤 방식으로 원가 설정을 할 건지, 마진을 얼마나 둘 건지, 어떤 가격 정책을 쓸 건지는 오롯이 자신이 결정할 일이고 제아무리 경제학자라도 잘했네 못했네 훈수 둘 내용이 아닙니다만, 이런 중요한 결정을 내리기 위해서 적어도 원가의 구성 요소는 정확하게 아셔야 합니다. 그래야 마진을 결정하고 사업의 이익을 제대로 챙길 수 있으니까요.

귀사는 원가를 어떻게 산출하시나요?

① 제품 단가 = 원가

우리는 유통업을 하는데 2000만 원에 1만 개의 물건을 받아왔으니 개당 2000원씩 사온 셈이니까 여기에 마진 500원 붙여 팔고 있다? 이런 분들은 장사하시면 안 됩니다.

② 제품 단가 + 제품 수급까지의 비용 = 원가

제품의 수급과 생산에 관련된 모든 비용 요소(포장 아르바이트생 월급, 운송비, 창고 임대비 등)를 산정하는 경우로 적절한 원가 책정이라고 볼 수 있습니다. 바로 이런 방식이 제조원가명세서에 기반을 두어 원가를 산정하는 것이죠.

③ 제품 단가 + 제품 수급까지의 비용 + 사무실 임대비 등의
판매관리비 포함 = 원가

'물건 팔아서 직원들 월급 주고 사무실 임대비 내고 나면 남는 게 없다'란 말들 많이 하시죠? 상당히 엄살을 부리는 사장님들인데요, 이런 분들은 쉽게 얘기해서 영업이익을 달성한 분들이라고 할 수 있습니다. 다만 욕심이 과하다 보면 원가에 적당한 마진을 붙이는 것이 아니라 원가를 과대하게 키우고 다시 마진을 붙이는 오류를 범할 수 있습니다. (2012년 한국생산성본부 조사에 따르면 우리나라 전체 상장사

들이 평균 100만 원의 매출 실적을 거뒀을 때 제조원가와 판매관리비를 다 빼고 나면 500원의 영업이익이 난다고 합니다.)

원가를 과다하게 책정한 경우에도 물건이 잘 팔렸다면, 독점적인 시장 공급자이거나 블루오션에 일찍 터를 잡은 사업가라고 할 수 있겠습니다(2016년 여름 전기세 폭탄 사태 때 한전이 공공재를 판매하는 독점적이고 우월적 지위를 이용해 일반 기업보다 원가를 과도하게 산정하여 사실상 수익을 높여온 것이 밝혀졌죠). 하지만 높은 마진이 알려지면 서부 개척 시대의 골드러시처럼 곧 경쟁자들이 우르르 몰려들겠지요. 높은 마진을 남기다가 애써 개척한 시장에 경쟁자들을 불러 모으는 우를 범할 수도 있습니다. 그렇기에 가격 정책을 세우는 것이 힘든 일인지도 모르겠습니다.

원가 산정

1. 손익의 관점

기업의 매출 원가는 제조원가명세서를 통해 확인할 수 있습니다. 아주 간단하죠? 하지만 제조원가명세서가 잘못 작성되어 있다면? 보통 소기업들의 재무제표를 보면 제조원가명세서와 손익계산서가 구분되지 않아 원가 자체를 파악하기 어렵습니다.

기업의 이익은 4단계로 구분합니다.

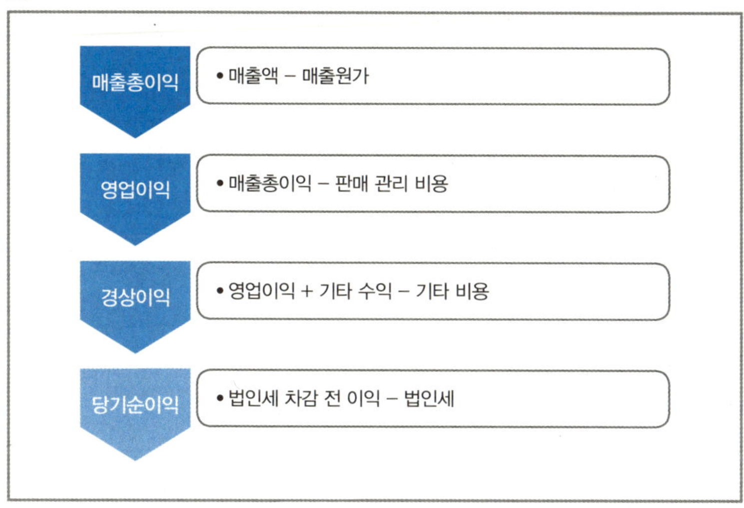

1단계 매출총이익: 제품을 판매한 매출액에서 매출원가를 빼는데, 원가는 원자재와 제조 비용을 포함합니다.

2단계 영업이익: 1단계의 매출총이익에서 사무실 임대비, 임직원 월급, 사무용품비와 같은 판매 관리 비용을 제하여 산출합니다. 여기에서 적자가 발생하는 기업은 경영 상태를 좋게 볼 수 없습니다.

3단계 경상이익(법인세 차감 전 이익): 영업이익에서 대출금 이자 비용 등을 감하고, 잡이익 등을 더해서 계산합니다.

4단계 당기순이익: 경상이익에서 법인세를 차감하고 난 순수한 이익을 말합니다. 단 1원의 당기순이익이 발생했더라도 당기순이익을 실현한 기업은 건실하다고 평가합니다.

　이런 일련의 내역을 보여주는 것이 손익계산서이고, 매출원가는 중요한 요소이니 제조원가명세서라는 부속서를 따로 만들죠.

　'어? 우리 회사 재무제표가 어디 있지?'라는 분이 반드시 계실 텐데, 매년 5월쯤 기장 대리를 하는 세무사무소에서 '세무조정계산서稅務調整計算書'라는 얇게 제본된 책을 보내주거든요(이상하게 제목을 한자로 쓰는 게 업계 관행입니다). 책꽂이 한구석이나 사무실 구석 어딘가에 있는지 찾아보시고, 없다면 국세청 홈택스 웹사이트에 로그인하여 출력할 수 있습니다.

　손익계산서와 제조원가명세서는 구조가 매우 유사한데, 그렇다 보니 손익계산서에 올라가야 할 비용이 제조원가명세서에 들어가기도 하고, 제조원가명세서에 계상되어야 할 비용이 손익계산서로 잘못 자리를 잡기도 합니다. 예를 들어 차량 유지비를 보면, 사장님이 영업 활동을 위해 돌아다니면서 쓴 비용이라면 손익계산서의 판매 관리 비용으로 잡아야 하고, 구매팀장이 트럭을 몰고 잡자재를 사러 다녔다면 제조원가명세서상의 차량 유지비로 잡아야 합니다. 이런 기본적인 구역 정리가 안 되어 있으면 기업의 외부 평가가 이상한 방향으로 흐를 수 있고, 내부적으로도 손익분석에서 잘못된 결정을 내리게 되죠. 재무제표 작성의 실수로 기업은 가혹한 평가를 받을 수도 있습니다. '이 기업은 매출원가가 90퍼센트나 되네? 이 정도 매출로는 판관비도 안 나오겠는데? 제품 개발하면서 주먹구구식이었나 보네. 미래가 없겠군'과 같이 말이죠.

손 익 계 산 서

제 4 기 2014년 01월 01일부터 2014년 12월 31일까지
제 3 기 2013년 01월 01일부터 2013년 12월 31일까지

(단위 : 원)

과 목	제 4(당)기 금 액		제 3(전)기 금 액	
Ⅰ.매　　　　출　　　　액		311,614,007		45,078,093
제　　품　　매　　출	311,614,007		45,078,093	
Ⅱ.매　　　출　　　원　　　가		105,280,317		14,565,706
제　품　매　출　원　가		105,280,317		14,565,706
기　초　제　품　재　고　액	71,000,000		0	
당　기　제　품　제　조　원　가	161,305,317		85,565,706	
기　말　제　품　재　고　액	127,025,000		71,000,000	
Ⅲ.매　　출　　총　　이　　익		206,333,690		30,512,387
Ⅳ.판　매　비　와　관　리　비		115,554,431		74,019,962
직　　　원　　　급　　　여	28,650,000		28,000,000	
복　　리　　후　　생　　비	5,098,073		9,385,420	
여　　비　　교　　통　　비	1,542,208		1,321,390	
접　　　　대　　　　비	2,913,204		1,122,500	
통　　　　신　　　　비	5,537,854		1,848,774	
전　　　　력　　　　비	4,468,512		3,700,666	
세　금　과　공　과　금	2,913,510		3,348,315	
수　　　선　　　비	166,000		292,137	
보　　　험　　　료	2,593,307		2,466,499	
차　량　유　지　비	2,611,091		3,848,708	
경　상　연　구　개　발　비	0		4,174,000	
운　　　　반　　　　비	5,507,911		1,816,323	
교　　육　　훈　　련　　비	61,400		0	
도　　서　　인　　쇄　　비	1,923,400		451,900	
사　　무　　용　　품　　비	155,777		19,637	
소　　　모　　　품　　　비	9,913,448		5,902,469	
수　　　수　　　료　　　비　　　용	12,842,818		5,164,922	
광　　고　　선　　전　　비	28,655,918		1,156,302	
Ⅴ.영　　　　업　　　　이　　　　익		90,779,259		-43,507,575
Ⅵ.영　　　업　　　외　　　수　　　익		6,213,760		50,236,543
이　　　자　　　수　　　익	15,926		13,804	
자　산　수　증　이　익	0		48,000,000	
잡　　　　이　　　　익	6,197,834		2,222,739	
Ⅶ.영　　　업　　　외　　　비　　　용		27,394,169		25,689
이　　　자　　　비　　　용	27,214,464		0	
법　인　세　추　납　액	710		0	
잡　　　　손　　　　실	178,995		25,689	
Ⅷ.법　인　세　차　감　전　이　익		71,596,850		6,703,279
Ⅸ.법　　　인　　　세　　　등		0		1,270
법　　　인　　　세			1,270	
Ⅹ.당　　기　　순　　이　　익		71,596,850		6,702,009

제조원가명세서

제 4 기 2014년 01월 01일부터 2014년 12월 31일까지
제 3 기 2013년 01월 01일부터 2013년 12월 31일까지

(단위 : 원)

과 목	제 4(당)기 금 액		제 3(전)기 금 액	
1.원 재 료 비		92,711,539		57,975,117
기 초 원 재 료재고액	73,000,000		0	
당 기 원 재 료매입액	30,275,000		130,975,117	
타 계 정 으로 대체액	63,461		0	
기 말 원 재 료재고액	10,500,000		73,000,000	
2.노 무 비		15,310,000		11,560,000
잡 급	15,310,000		11,560,000	
3.경 비		53,283,778		16,030,589
복 리 후 생 비	7,304,950		6,105,054	
수 선 비	340,000		0	
차 량 유 지 비	2,948,689		4,879,519	
소 모 품 비	41,780,139		3,846,016	
수 수 료 비 용	910,000		1,200,000	
4.당 기 총 제조비용		161,305,317		85,565,706
5.기 초 재 공품 재고액		0		0
6.합 계		161,305,317		85,565,706
7.기 말 재 공품 재고액		0		0
8.타 계 정 으로 대체액		0		0
9.당 기 제 품 제조원가		161,305,317		85,565,706

원본대조필(인)

2. 가격 결정을 위한 개별 원가

이 부분은 예제를 통해 설명하는 것이 쉽겠습니다. 물건을 만들 때는 흔히 BOM bill of material 이라고 하는 부품구성표를 제품별로 만

들어놓아야 합니다. 조립 컴퓨터를 판매하는 경우라면 CPU, RAM, 하드디스크, 비디오카드, 메인보드, 파워서플라이, 케이스 등의 구성 부품이 나올 겁니다. 그런데 상품을 구성하다 보면 '학습용, 사무용, 게임용'으로 세 개의 구성이 만들어질 수도 있겠죠? 그렇다면 각각 부품구성표를 작성하고 가격을 작성합니다.

여기까지는 원재료 비용이고, 이제 제조원가명세서를 보고 제조원가에서 원재료비를 뺀, 즉 노무비와 경비 등의 합계를 구합니다. 1800만 원이 나왔습니다. 1년간 세 종류의 상품을 만들기 위해 이만큼의 인건비와 경비가 발생했다는 것이죠. 이때 만든 컴퓨터의 수량이 530대라면 한 대의 컴퓨터를 만들기 위해 1800만 원 ÷ 530대 = 3만 3962원의 제조비용이 든 것입니다. 그렇다면 이제 원재료 비용에 제조비용을 더해 원가를 산출합니다. 이렇게 구해진 원가에 마진을 붙여서 판매 가격을 산정하면 됩니다.

(단위: 원)

구분	학습용	사무용	게임용
원재료비	220,000	330,000	495,000
제조경비	33,962	33,962	33,962
원가	253,962	363,962	528,962

하지만 마진을 얼마 붙일 것인가 하는 문제는 쉽지 않습니다. 이제부터는 가격 정책을 세워야 합니다.

가격 정책 수립

상품 가격을 정하는 것은 기업이 마음대로 할 수 있습니다. 시장 상황과 소비자 눈치를 보기는 하지만 법적으로 얼마로 정하라고 압박하지는 않습니다. 비싼 가격에 파는 게 좋겠지만 소비자가 그 가격에 상품을 사서 만족하지 못한다면 제품은 팔리지 않습니다. 제품 가격을 정할 때 가장 먼저 생각해야 하는 것은 제품의 가치이며 가격은 그 가치를 반영한 결과라는 점을 명심해야 합니다.

1. 가격과 가치

프레데릭 베스터라는 저명한 학자가 어느 날 유럽에서 흔히 볼 수 있는 흰눈썹울새라는 작은 새의 가격을 제시했습니다. 생물의 살, 피, 뼈 등을 원가로 하여 210원이라는 가격을 내놨죠. 그러자 사람들은 어떻게 소중한 생명에 이런 허접한 가격을 내놓느냐며 화를 냈습니다.

이 학자는 기다렸다는 듯이 다시 150만 원이라는 가격을 내놓았습니다. 새소리가 주는 심리적 안정이 우울증 치료비를 대체할 수 있고, 새가 먹어치우는 해충 덕분에 해충 구제 비용을 줄일 수 있으며, 이 작은 새가 먹은 씨앗을 다시 퍼트리고 다니는 덕분으로 숲이 울창해지기에 숲을 만들기 위해 인간이 들여야 할 비용을 절약해준다는 이유에서였죠. 어떤 사람들은 이 가격에 동의했고, 어떤 사람

들은 환경과 자연에 애정이 많은 학자에게 낚였다며 허탈하게 웃기도 했답니다. 이렇듯 원가 기반의 가격 산정은 제품의 효용 가치를 정확히 반영 못 할 수도 있습니다. 한편 그 가치가 소비자에게 와 닿지 않는다면 공급자가 외치는 가치는 공허할 뿐입니다.

2. 가격 정책의 세 가지 방향

첫째, 원가에 기초한 가격 정책입니다. 원가를 산정하고 거기에 판매관리비를 충당할 수 있을 만큼의 적정 마진을 붙이는 방식인데, 창업 초기라 아직 브랜드 인지도가 낮을 때는 이 같은 정확한 가격 정책이 잔술수를 부리는 것보다 훨씬 낫습니다.

둘째, 시장의 경쟁자를 의도한 전략적 가격입니다. 일반적인 소비재로 특히 한 시즌 유행이 왔다 싶은 제품에 이런 가격 정책을 씁니다. 경쟁자와 같은 기능과 품질을 제시하며 가격은 더 싸게 하는 것이죠. 이는 '규모의 경제'라 할 수 있는 대량 생산의 이익, 박리다매를 노리는 상품에 한하는 가격 정책으로, 제품 가격을 정해놓고 거기에 원가를 맞춰나가는 전략입니다. 이런 가격 정책을 구사했던 제품군으로는 발신번호 표시 전화기, 삼선 슬리퍼, 디지털 도어락, 차량용 블랙박스 등이 있죠. 그러나 수요가 적고 소비자의 수가 적은 상품군에 이런 가격 정책을 썼다가는 요즘 말로 '폭망'하기 딱 좋습니다.

셋째, 상품의 가치를 부각하는 고가 정책입니다. 대표적인 것이 명품 마케팅을 하는 제품들인데, 소비자가 명품으로 인식하고 지갑을 활짝 여는 상품은 그만큼의 브랜드 가치와 희소성이 있어야 합니다. 이는 구찌, 샤넬 등에서 쓰는 가격 정책이기도 하지만, 의외로 벤처기업이나 농수특산물을 상품화하는 향토기업에서도 쓸 만한 정책이기도 합니다.

전통주를 만드는 M사를 컨설팅한 적이 있는데, 전국적으로 비교해봐도 명주로 꼽히는 술이 360밀리리터 한 병에 소비자가 2만 원으로 판매되고 있었습니다. 명품이라 할 수 있는 술이었고, 술을 만들 수 있는 인력도 적고 생산설비가 협소해 대량 생산되지 않는 희소성까지 있었거든요. 가격이 저렴한 이유를 물었더니 잘나가는 다른 전통주처럼 멋들어지게 도자기 병에 담아 팔지도 않고, 술을 만드는 기업은 사단법인으로 무형문화재인 전통주를 보존하는 일이 중점 사업이라는 설명이었습니다.

저는 패키지와 브랜드를 새롭게 만들고 제품 가격을 인상하라고 조언했습니다. 지금처럼 적자 상태에서 회원들의 재능 기부만으로는 전통 계승이 어려우며, 도리어 술을 팔아 남는 돈으로 월급이라도 쥐여준다면 전업으로 할 수 있는 회원이 나올 테니 그 편이 더 전통주를 보존하는 데 도움이 될 거라고 설득한 겁니다.

2년 후 다시 M사를 방문해 대표께 요즘 판매량은 어떠냐고 물었더니 경기가 악화돼 판매량이 줄었다고 울상입니다. 그때 뒤에 앉아 계시던 상무님이 환하게 웃으시면서 그래도 가격을 올린 덕에 마진은 예전보다 좋아졌다며 이제 손해 보지는 않는다고 하시더군요.

지방의 농수특산물 중에는 가히 명품이라 할 수 있는 좋은 상품이 많습니다. 장인정신이 깃든 상품이지만 그 빛나는 상품을 허접한 패키지와 낮은 가격으로 팔다 보니 도리어 판매가 부진한 상품들이 많습니다. 저는 이런 상품들에 브랜드 개발 또는 리뉴얼 후 패키지 재개발, 충성도 높은 소비자를 기반으로 한 스토리텔링, 유통망에 의존하지 않는 직접 판매, 가격 인상을 통한 시장에서의 위상 재정립 등을 권합니다. 말이 쉽지 이런 일련의 과정에는 여러 가지 분석과 전략이 수반되어야 하는데, 단순한 과다 포장 같은 얄은 속임수는 오히려 자신의 발등을 찍을 수 있으니 유의해야 합니다.

정확한 원가 인식은 가격 정책을 선택할 때 높은 자유도를 부여합니다. 또한 상품의 가치를 소비자가 인정하는 가격으로 치환할 수 있다면 좀 더 높은 수익을 내면서도 경쟁자를 앞설 수 있지요. 혹시 자기 회사의 재무제표를 아직도 안 찾아보신 분이 계시다면 손익

원가와 가격

계산서와 제조원가명세서를 꼭 한번 찾아서 읽어보시기 바랍니다.

세 줄 요약 

❶ 정확한 원가 계산은 가격 정책을 세우기 위해 반드시 해야 하는 일입니다.

❷ 정밀한 원가 계산을 하지 않고 최대한 많은 원가 요소를 반영하다 보면 도리어 가격경쟁력을 잃게 됩니다.

❸ 높은 가격 책정과 큰 마진은 기업이 제공하는 상품이 소비자가 원하는 가치를 만족시킬 때 가능합니다.

브랜드와 회사의 정체성

이번 장에서는 '브랜드'라는 손에 잡힐 듯 잡히지 않는, 중소기업의 처지에서는 중요한 것 같으면서도 딱히 신경 써서 하려 해도 뭘 해야 할지 모르겠는 분야에 대해 이야기해보겠습니다. 워낙 방대한 주제이기에 여기서는 '브랜드 정책 중 기업 이미지와 상품 중 어디에 방점을 두는 것이 좋은가?'라는 질문을 중심으로 설명해보겠습니다.

우선 '파리바게뜨'와 '텐센트'의 사례를 보면서 워밍업을 해볼까요? 두 회사에는 재미있는 공통점이 있습니다. 기업의 브랜드 인지도보다 상품(제품＋서비스)의 브랜드 인지도가 더 크다는 점입니다.

먼저 파리바게뜨는 SPC그룹 산하 주식회사 파리크라상의 제과·제빵 브랜드입니다. SPC그룹은 여러 브랜드를 갖고 있지만 가장 핫한 브랜드는 역시 파리바게뜨죠. 최근 파리바게뜨가 실제로 프랑스

파리에서 호평을 받고 있다는 기사가 있었는데요, 점포 하나 가지고 이 상황을 평가하기는 어렵지만 적어도 'PARIS BAGUETTE'라는 브랜드를 만들어내기 위해 많은 노력을 해왔음은 유럽 상표 출원 현황만 봐도 짐작할 수 있습니다.

이 회사는 1945년 상미당이라는 제과점에서 시작해 제과·제빵 관련 대기업으로 성장했고, 종합 식품 그룹이 된 현재 떡 전문점 '빚은', 커피 전문점 '파스쿠찌' 등의 국내 브랜드를 보유하고 있으며 외국 유명 브랜드인 '배스킨라빈스' '던킨도너츠'의 국내 판권도 갖고 있습니다. SPC그룹은 연매출 2조 7000억 원을 올리고 있는데 그중 파리크라상의 매출액이 1조 6000억 원으로 가장 크며 파리크라

📅 파리바게뜨의 유럽 상표 출원 현황

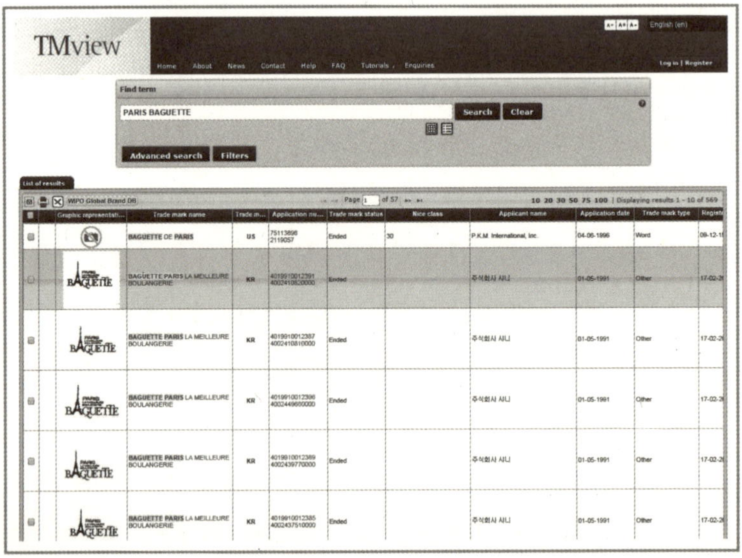

TMview

	Graphic representati...	Trade mark name	Trade m...	Application nu...	Trade mark status	Nice class	Applicant name	Application date	Trade mark type	Registr...
		BAGUETTE DE PARIS	US	75113898 2119057	Ended	30	P.K.M. International, Inc.	04-05-1996	Word	09-12-1
		BAGUETTE PARIS LA MEILLEURE BOULANGERIE	KR	4019910012391 4002410820000	Ended		주식회사 샤니	01-05-1991	Other	17-02-2
		BAGUETTE PARIS LA MEILLEURE BOULANGERIE	KR	4019910012387 4002410810000	Ended		주식회사 샤니	01-05-1991	Other	17-02-2
		BAGUETTE PARIS LA MEILLEURE BOULANGERIE	KR	4019910012396 4002449660000	Ended		주식회사 샤니	01-05-1991	Other	17-02-2
		BAGUETTE PARIS LA MEILLEURE BOULANGERIE	KR	4019910012389 4002439770000	Ended		주식회사 샤니	01-05-1991	Other	17-02-2
		BAGUETTE PARIS LA MEILLEURE BOULANGERIE	KR	4019910012385 4002437510000	Ended		주식회사 샤니	01-05-1991	Other	17-02-2

상은 모든 종속회사의 지분을 보유하고 있다고 합니다. 삼립식품과 샤니를 아는 분들이라면 이들 또한 SPC그룹의 종속회사이자 브랜드라는 점에 놀라실지도 모르겠습니다.

상미당이나 삼립식품이라는 기업 이름을 계속 쓰기에는 빵과 과자라는 분야가 유행에 민감하기에 파리크라상이라는 브랜드를 만들게 되었고, 프랜차이즈와 IT까지 사업 영역을 확장하면서 SPC라는 이름으로 CIcorporate identity를 이어왔습니다. SPC그룹은 CI보다는 BIbrand identity가 소비자에게 더 친숙합니다. 그리고 사람들은 SPC그룹이 떡 전문점 빚은, 커피 전문점 파스쿠찌를 운영하고 있다는 사실에 계속해서 놀라겠죠.

이렇게 다수의 상품 브랜드를 운영하는 기업들은 기업의 이미지가 상품 브랜드와 함께 시너지를 내지 못하는 점을 안타까워 할 수도 있습니다. 하지만 여기에 의외의 장점이 있는데요, 어느 개별 브랜드가 사건 사고에 휘말려 그 이미지가 훼손되더라도 다른 브랜드와 기업에는 악영향이 미치지 않는다는 점입니다. 실례로 2009년 배스킨라빈스가 약속한 경품을 지급하지 않았다가 당첨자인 변호사에게 사무실 에어컨을 압수당한 굴욕적인 사건이 있었습니다만 이때 SPC그룹의 다른 브랜드들에는 딱히 악영향을 끼치지 않았습니다.

텐센트는 중국의 인터넷 서비스 회사로 중국에서 QQ메신저를 기반으로 폭발적으로 성장했고 이제는 중국 1위의 게임퍼블리셔로 성장했지요. 기업의 시가 총액은 삼성전자와 엇비슷한 수준입니다.

브랜드와 회사의 정체성

그런데 왜 우리는 텐센트를 몰랐을까요? 일단 중국 내수 시장을 기반으로 성장한 기업이라 우리나라에서는 유명하지 않기 때문입니다. 혹시 중국에 관심이 있는 분이라도 QQ메신저라는 강력한 브랜드가 있다 보니 기억할 게 너무 많은 정보의 홍수 속에서 굳이 '텐센트'라는 기업명까지 기억할 필요가 없었던 거죠.

SPC와 텐센트는 기업보다는 기업이 제공하는 상품의 브랜드가 소비자에게 더욱 강력하게 인식된 사례입니다. 일반적으로 기업의 브랜드 전략은 CI와 BI 두 개의 전략이 함께 갑니다. 기업을 알리기 위한 전략과 브랜드를 알리기 위한 전략을 모두 고민한다는 말입니다. 하지만 반드시 이렇게 해야 하는 것도 아니고, 아무리 노력해도 야속한 소비자들 때문에 두 마리 토끼를 모두 잡지 못하는 경우도 있다는 사실을 파리바게뜨와 텐센트의 예를 들어 설명해봤습니다.

브랜드란 무엇인가

브랜드는 유럽에서 소나 말 같은 가축에 불로 달군 쇠로 낙인을 찍은 데서 유래했다고 합니다. 여기서 우리가 기억해야 할 점은 바로 그 '낙인'의 효과입니다. 머릿속에 새겨 넣듯 확실하게 기억되게 하는 각인, 바로 이것이 기업이 해야 할 브랜드 활동이고 전략이니까요.

보통 경영과 관련된 단어들에는 ~ing가 붙어서 진행형으로 쓰입니다. 마케팅marketing, 매니징managing, 그리고 최근에는 브랜드와 관련된 활동도 브랜딩branding이라고 표현하고 있습니다. 기업의 경영 활동은 한 번에 끝나는 게 아니라 기업이 존속하는 한 계속되어야 하기 때문이죠.

브랜드에 대해서는 여러 정의가 있지만 짧게 요약해보자면, 브랜드는 소비자가 인정하고 기억하는 기업의 가치입니다. 좋은 브랜드는 소비자에게 각인된 브랜드이고, 나쁜 브랜드는 소비자가 언제 봤는지 기억조차 못 하는 이름, 로고, 캐릭터, 슬로건 등입니다.

CI와 BI의 전략적 운영

대기업과 달리 중소기업은 브랜드를 위해 많은 투자를 할 수 없습니다. 브랜드를 만들어내고 확산시키기 위해 해야 할 많은 활동들, 즉 브랜드 네임 만들기(네이미스트 고용?), 브랜드 로고 만들기, 캐릭터 디자인 개발, 슬로건 및 카피 개발, SNS(트위터, 페이스북 등) 운영, 제품 패키지 디자인 개발 등등의 다양한 활동을 하기가 쉽지 않다는 거죠.

그래서 브랜드 전략 중 기업 이미지CI 위주로 접근할 것인가, 상품 이미지BI 위주로 접근할 것인가를 선택하고 집중적으로 쏟아부어야 합니다. 둘 다 갖고 싶다는 사장님들도 있는데, 최소한 시장에서 톱3 안에 드는 지위를 획득하기 전에는 투입한 노력에 비해 만족

브랜드와 회사의 정체성

할 만한 성과를 얻기 힘들 겁니다. 단, 그만한 위상을 가졌을 때는 필수적으로 기업 이미지와 브랜드 이미지를 동시에 만들어나가야 하니 그때 열심히 하셔도 되겠습니다.

1. CI 기반의 전략

딴지일보를 대표적인 사례로 삼아야겠군요. 똥꼬를 정조준하는 손모양의 로고와 딴지＋일보, 딴지＋마켓, 딴지＋라디오와 같은 브랜드 계열화로 딴지그룹이 제공하는 상품은 소비자들에게 각인되어왔고, 벙커원이라는 걸출한 독립 브랜드까지 제대로 탄생시켰습니다. 만일 딴지일보가 벙커원이라는 브랜드를 설립 초기에 만들어 썼다면 지금만큼의 인지도는 없었을 겁니다. '딴지'라는 탄탄한 토대 위에 만들어졌기에 급속도로 성장할 수 있었던 거지요. CI 기반의 브랜드 전략은 제조업보다는 서비스업에서 기업의 아이덴티티를 소비자에게 각인시키는 형태로 사용하면 좀 더 효율적입니다.

2. BI 기반의 전략

이에 대한 사례로는 앞서 예를 든 파리바게뜨와 텐센트가 있습니다. 토종 중소기업 브랜드 중에는 '아이피타임ipTIME'이라는 브랜드로 중소기업임에도 오랜 기간 브랜드 파워를 유지해온 인터넷 공유기 전문 기업 EFM-Networks가 있겠네요. 싸구려 일본 차라는 인식을 바꾸기 위해 기업명을 감추고 렉서스라는 고급 차종의 브랜드만 부각해 성공한 도요타의 렉서스 전략도 유명하고요. 이를 벤치마킹한 기아의 오피러스라는 브랜드도 있죠.

(기아가 언급된 김에 영문 브랜드를 만들 때 유의할 점을 하나 말씀드리겠습니다. 기아의 영문 표기인 KIA는 영어에서 Killed In Action의 약자이기도 한데요, '전사자'라는 뜻입니다. 브랜드 개발 과정에서 반드시 거쳐야 하는 절차 중 하나가 '부정연상 확인'입니다. 기아자동차가 내수 위주의 시장 전략을 펼치다가 해외로 나가다 보니 이런 부정연상 확인을 못 했던 것인데, 영문 브랜드를 만들 때는 이 점을 꼭 유의하시기 바랍니다.)

우리 회사 브랜드 전략의 중점을 CI와 BI 중 어디에 두어야 하냐고 묻는 사장님들이 계시는데, 제 답은 소비자가 정해주는 것을 고르시라는 겁니다. (주)워크홀릭에서 '굿잡'이라는 브랜드로 ERP 소프트웨어를 내놓았다고 가정해보죠. 고객 지원실에 제품 문의가 오고 홈페이지 Q&A와 SNS를 통해 고객들과 계속 대화하게 될 텐데, 이때 고객들은 "거기 (주)워크홀릭이죠?" "거기 '굿잡'이죠?"라며 둘 중 하나의 브랜드를 말하게 됩니다. 이런 반응을 잘 분석해보시면 소비자들에게 CI가 각인되어 있는지, BI가 각인되어 있는지 확인할 수 있지요. 이렇듯 자연스럽게 서열 정리를 할 수 있을 테니 그 결과에 따르시면 되겠습니다.

브랜드와 회사의 정체성

3. 딴지마켓 입점 업체 살펴보기

대기업이나 외국 사례 위주로 브랜드와 마케팅에 대해 설명한 책이나 기사가 많아서 브랜드를 공부하려는 분들은 먼 나라 얘기처럼 이질감을 느낄 때가 많으셨을 겁니다. 그래서 저는 국내 업체인 딴지마켓 입점 업체를 예로 들어보겠습니다.

딴지마켓에서 김치로 선풍적인 인기를 끌고 있는 서부농산은 '이담채'라는 브랜드를 사용하고 있는데요, '담채'는 담금＋채소의 합성어이기도 하고 김치의 고어인 '팀채'라는 단어도 있어 담채는 김치 관련 브랜드로 많이 사용됩니다. 특허청 상표 검색 시스템에서만 92개의 상표가 검색됩니다.

제 생각에 이담채라는 브랜드는 농식품 관련 기업들이 쓰고 있는 타 브랜드와의 유사성 때문에 브랜드 확산이 쉽지 않을 것으로 예상됩니다. 이담채와 유사한 유담채, 어담채, 미담채와 같은 브랜드들이 유사한 업종과 상품에서 많이 쓰이고 있기 때문에 소비자들이 혼동할 소지가 있죠. 더욱이 농산물 브랜드는 대기업의 신규 브랜드 홍보, 지자체가 특정 지역 기업에 한 방에 퍼부어주는 홍보비 등으로 인해 갑작스럽게 성장하는 경우도 있습니다. 이때는 근근이 브랜드를 키워오던 중소기업의 브랜드가 갑자기 순위권에서 밀려나는 위험 상황에 처하기도 하고요.

이런 경우라면 브랜드보다는 기업의 이미지에 집중할 필요가 있습니다. 소비자의 인식에서 '아, 그 제품!'이 아니라 '아, 그 회사!'로 각인되는 편이 낫다는 거죠. 서부농산은 절임배추도 이미 판매하고 있으니 시래기와 같은 신상품의 개발도 어렵지 않을 것입니다. 쌀과 같은 농산물의 직접 판매도 사업화할 수 있는 상품 확장성이 높은 곳이니까 '서부농산 = 믿을 수 있는 농식품 기업'이라는 기업의 정체성을 강화하는 노력이 좀 더 필요해 보입니다.

브랜드 컨설팅 사례

브랜드 컨설팅을 하면서 겪었던 사례들을 몇 가지 소개해드릴 텐데, 본인과 유사한 사례가 있다면 가보지 않은 길이지만 미리 그 길의 위험성에 대해 알고 방향을 새롭게 잡는 계기가 되셨으면 합니다.

1. 사훈이 뭡니까?

기업에 내공이 축적되어 있지 않다면 아프게 느껴지는 질문 중 하나가 사훈이 뭐냐는 질문이 아닐까 싶습니다. 그런데 브랜드 전략 회의 때는 이런 질문을 할 수밖에 없는데, 대부분 최근의 유행, 사장의 아이디어(라고 쓰고 공상이라 읽습니다) 사이에서 맴도는 경우가 많더군요. 브랜드 전문가들이 말하는 '브랜드 에센스'의 부재 상황이기에 끝없이 회의만 되풀이되는 거죠. 제대로 된 브랜드를 만들기 위해서는 임직원들의 목소리가 하나로 합쳐지는 것이 중요합니다. 자기가 내놓는 상품이 부끄러운데 어떻게 소비자들의 마음을 움직일 수 있을까요?

그렇다고 멋진 로고나 특이한 이름만이 기업의 브랜드를 알리는 것은 아닙니다. 식품회사를 컨설팅할 때의 일인데, 기존 브랜드가 타인의 상표권을 침해하고 있는 상태였는데 모르고 있다가 급하게 브랜드를 다시 만들어야 하는 상황이었습니다. 네이미스트를 통해 이름을 만들었는데, 사장님은 딱히 마음에 드는 것이 없었습니다. 거기다가 귀도 얇은 분이라 좋은 상표를 무상으로 빌려주겠다는 지인의 제안에 흔들리는 상태였습니다. 네이미스트가 지은 이름이 마음에 안 들면 다시 만들라고 요청하고, 상표를 빌려주겠다는 분에게는 차라리 대가를 지불하고 상표를 양도받으시라고 했지만 이도 저도 안 하고 시간만 흘러갔습니다.

그러던 어느 날 전화가 왔는데, 사장님이 '(주)별하트식품'으로 사명을 변경하고 싶다고 하시더군요. 그 회사의 식품이 별과 하트 모양이거든요. 더불어 별과 하트 모양의 예쁜 로고까지 만들면 참 좋을 것 같다고 하시더군요. 제가 물었습니다.

"사장님, 회사의 사훈이 뭡니까?"

갑자기 이게 뭔 소리인가 싶었는지 수화기 너머에서는 정적이 감돕니다.

"사장님이 고객들에게 하고 싶은 말이 별과 하트입니까? 수년간 사업을 하시면서 직원들과 함께 '우리 이런 제품을 만들자' '우리 이런 기업이 되자'라고 약속한 거 없습니까? 일단 그걸 말해보세요. 거기에서 브랜드명을 뽑아내든 로고를 만들든 하자고요."

그 후 이 회사는 우여곡절 끝에 브랜드를 만들었고, 제가 아픈 소리를 해서인지 그 이후로는 직원들과 사장님이 같이 워크숍도 가고 한다네요. 제조 과정이 까다롭고 어렵더라도 유기농산물과 무농약 농산물을 원료로 하고 HACCP 인증도 받아서 최근에는 고객이 많이 늘었다고 합니다.

'사훈이 뭡니까?'라는 질문은 제가 어지간해서는 던지지 않습니다. 하지만 잘 안 풀리는 브랜드 전략 회의 때는 꼭 이 질문을 하게 되더군요. 다른 회사에서도 비슷한 일이 있었는데, 기업을 방문하고 나오는 길에 배웅 나온 사장님이 이번에는 저를 아프게 하는 말씀을 하시더군요.

"아무 생각 없이 돈만 많이 벌고 싶었습니다. 돈 많이 벌면 다 잘 될 거라고 생각했어요. 그렇게 사업을 하니 사훈 하나 없는 회사로 몇 년을 지냈습니다. 참 부끄러운 일이에요."

2. 완벽을 사랑한 겁쟁이

4년 넘게 제품 출시만 준비하는 기업이 있습니다. 오랜 기간 브랜드 명칭을 정하지 못했는데, 변리사의 만류에도 불구하고 대기업과 유사한 상표명을 출원했다 거절당하고, 로고 디자인도 디자이너의 조언을 무시하고 유명 기업과 비슷하게 만들었다가 역시 특허청에서 거절 결정 통지서를 받았습니다. 상표가 거절되었으니 미리

브랜드와 회사의 정체성

만들어놓은 제품 포장재를 쓸 수 없어서 브랜드를 다시 만들고 포장도 새로 디자인해야 했습니다. 그런데 그 와중에 제품을 잘 꺼내고 수납할 수 있는 포장재를 개발해야겠다는 욕심까지 더해졌습니다. 게다가 '○○○텍'이라는 회사명도 이제는 흔한 이름이 되었으니 이것도 바꾸고 CI 작업도 다시 해야겠다고 합니다.

창업을 준비하는 분들 중에는 완벽을 추구하는 분들이 많습니다. 또한 기준을 대기업과 유명 기업에 두다 보니 현실적으로 그만큼의 투자가 불가능한데도 유명 기업의 참 쉬워 보이는 수준의 것을 만들어내지 못하는 네이미스트와 디자이너들을 한심하게 생각하시죠.

화초를 키울 때를 생각해보죠. 구근을 사다가 화분에 심습니다. 이 구근이 어느 날 멋진 백합이 되길 바라지만 구근만을 보고 아름답게 잘 클 거라고 판단하지는 않습니다. 구근의 외관을 살펴서 상하지 않았는지, 너무 마르지는 않았는지, 병들지 않은 것인지 정도만 판단하고 곱게 흙을 덮고, 물을 주고 비료를 주며 키웁니다. 아침마다 밤새 얼마나 자랐는지 살펴보고, 푸르게 오른 잎사귀에 올라앉은 먼지를 닦아주고, 갑자기 웃자라면 지지대를 세워 줄기가 힘을 얻을 때까지 보살핍니다.

기업의 브랜드도 마찬가지입니다. 처음 브랜드를 만드는 날, 이 브랜드가 성공할 거라는 판단은 할 수 없습니다. 다만 상표 등록 가능성이 있는지, 브랜드가 소비자에게 부정적인 연상을 일으킬 요소는 없는지 정도의 사전 점검 정도밖에는 할 수 있는 일이 없습니다. 그런 후에야 그 브랜드를 알리기 위해 SNS를 열어 수시로 관리하고, 매일매일 회사 홈페이지 웹로그를 분석해 포털 사이트의 검색어 유입을 확인하고, 패키지를 디자인할 때는 브랜드와 어울리는 색상과 소재를 찾아 배치하려고 노력할 수 있게 되는 겁니다. 이렇게 1년, 2년의 시간이 흐르며 브랜드가 조금씩 소비자들에게 알려지고, 초반에 생각하지 못했던 브랜드의 약점을 소비자와의 교감을 통해 수정해나가고, 그러한 주기적인 리뉴얼을 통해 브랜드를 키워나가려는 기업의 노력을 소비자들이 인식하고 인정해줍니다.

4년째 브랜딩 작업만 고민하고 있는 이 기업의 사장님에게 '완벽을 사랑한 겁쟁이'라는 별명을 지어드렸습니다. 이 사장님처럼 브랜딩에 마냥 겁만 내고 계실 분들을 위하여 제가 트위터에서 실험을 하나 해봤습니다.

트위터에 로고라고 말하기도 좀 어색한 아래의 로고를 올리고 솔직하게 평가해달라고 했습니다.

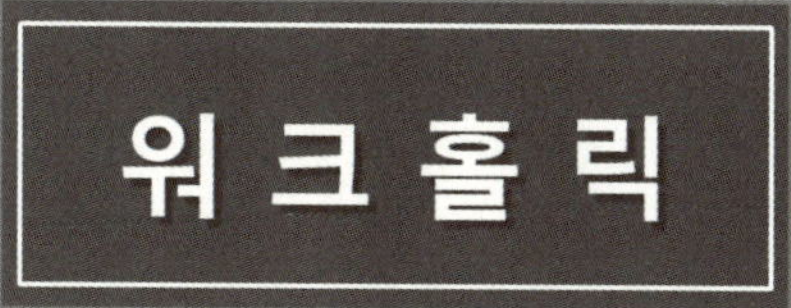

그러자 대체로 안 좋은 로고라는 의견을 보여주셨습니다(더 험악한 반응을 예상하긴 했지만요).

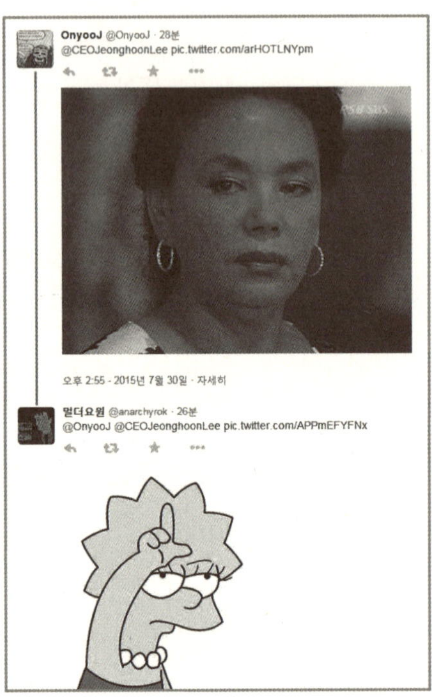

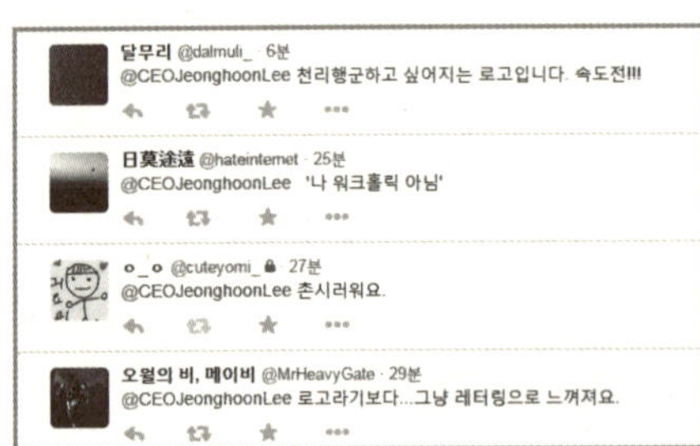

　　사실 제가 올린 이미지는 '대천김'이라는 조미구이 김 전문 회사의 로고를 글자만 바꿔 올린 것이었습니다. 대천김은 연매출액 200억 원의 탄탄한 중소기업인데요, 그리 잘 만들었다고 할 수 없는 로고를 갖고도 보령시를 대표하는 중소기업으로 성장했습니다.

　오래될수록 좋은 것이 술과 친구라죠? 저는 여기에 브랜드까지 더하고 싶습니다. 오래된 브랜드는 현재의 유행과는 달라 촌스러워 보일지라도 그 세월만큼의 인지도를 갖게 됩니다. 단, 화초를 가꾸듯 기업의 임직원이 정성을 다한 브랜드였다면 말이죠. 그저 예쁘고 아름다운 로고가 브랜드의 모든 것이라는 생각만 뿌리 뽑을 수 있었다면 이번 장은 그나마 제 역할을 했다는 생각이 듭니다.

세 줄 요약 

❶ 사업 초기에는 기업의 이미지를 브랜드로 강조할지, 상품의 명칭을 브랜드로 정할지 생각해봐야 하고, 중간중간 고객의 반응을 살펴 중점 브랜드를 정하는 것이 효율적입니다.

❷ 브랜드 명칭은 특허청 상표 검색을 통해 타인의 상표권을 침해하지 않는 것으로 정해야 합니다.

❸ 다소 미감이 떨어지는 디자인이라도 소비자에게 오랜 기간 익숙해지면 그 브랜드는 가치 있는 것이니 해마다 로고나 엠블럼을 다시 만드는 우를 범하지 마세요.

먹고사니즘

딸이 서울대학교 영문과를 지원했다. 아버지는 자랑스럽고 설레는 마음 한편으로 정원 35명이라는 숫자가 부담이었다. 늘 옆에서 지켜보면서도 그 딸을 위해 아무것도 해준 것이 없다고 느낀 그는 35에 집착했다. 그해 내내 35번째 안으로 출근했고, 심지어는 1번부터 35번까지의 버스가 아닌 36번 이후의 버스도 이용하지 않았다.

— 김정현, 《아버지》

먹고산다는 것의 지난함은 자신을 동정하게 한다. 그 동정은 자존감에 균열을 주고 '먹고사니즘'이라는 기괴한 철학으로 위법과 부도덕을 행한다. 그러나 '먹고사니즘'은 뜻 높은 지성들이 알아듣기 힘든 말로 설파하는 철학과 윤리에 우매한 대중이 맞설 수 있는 단 하나의 방패이기도 하다. 이 방패를 들고 있으면 잘난 놈들한테 기죽지 않아 좋다. 그사이 비겁해지고 무기력한 자신은 쪼그라들고 먹고사니즘이란 방패는 무럭무럭 자라 나를 가려준다.

먹고살기 위해 부도덕할 수 있고, 비겁함을 자랑스럽게 말하는 사장들이 있다. 국가가 내 삶을, 내 가족을 지켜주지 못한다는 현실은 그들에게 더욱 정당성을 부여한다. 가엾고 안타까워 그들을 매정하게 비판하기 어렵다. 인간에 대한 애정이 없으면 컨설턴트가 아니다. 인류애를 가슴에 품을 도량이 아니라면 측은지심 하나는 있어야 한다.

뜬금없이 엄마부대봉사단이라는 괴이한 단체가 나타났다. 미국에서 컨설팅 분야가 확대된 계기 중 하나가 수많은 NGO와 자선단체의 출현이었다. 조직이 추구하는 사회적 기능을 다하기 위해 내부의 시스템을 단단히 하는 것이 우선이라는 자각 덕분이었다. 엄밀한 회계 관리와 조직의 문화 그리고 대외적인 브랜드 파워를 키워나가는 일은 NGO일지라도 기업과 다르지 않다. 만일 내가 엄마부대봉사단을 컨설팅해야 한다면 어떻게 할까? 따귀를 올려붙이는 것 빼곤 생각나는 게 없다.

협상의 기술

역대 대통령 중 가장 많은 해외 순방을 기록한 대통령은 이명박 대통령으로 무려 49차례나 해외에 다녀왔습니다. 박근혜 대통령도 만만치 않았죠. 갑자기 해외 순방을 언급한 것은 이 장의 주제가 '협상'이기 때문입니다. 협상에서 장소는 무척 중요한 요소입니다. 홈그라운드라고 하는 자신의 영역에서 방문자를 상대하는 것과 적지로 뛰어드는 것의 유불리를 생각하지 못하고 무조건 자리를 박차고 나서는 것은 경솔한 행동입니다. 중요한 협상은 되도록 내 영역에서 이루어지도록 하는 것이 불문율입니다. 저는 누구든 기회가 되면 대통령께 이 얘기 좀 전해달라고 부탁하곤 했는데요, 설마 중요한 일 하러 나가는 거지 놀러 나가는 외유外遊는 아닐 테니 말입니다.

리더가 갖추어야 할 능력과 덕목 중 빼놓을 수 없는 것이 '협상의 기술'입니다. 기업은 매일매일 협상에 임해야 하고, 중요한 협상일수록 결국 결정은 사장의 몫이 됩니다. 10평도 안 되는 작은 커피숍의 사장님도, 해외를 동네 마실 나가듯이 돌아다니는 무역회사 사장님도 언제나 협상이 주요 업무입니다. 원자재 값을 한 푼이라도 깎아야 하고, 바이어의 어마무시한 단가 후려치기를 지혜롭게 피해나가야 합니다.

그동안 많은 협상을 해왔을 테고 앞으로도 많은 협상을 해야 할 사장님들께 조금이나마 도움이 되길 바라면서 협상의 기술들을 늘어놔보겠습니다.

정보의 전쟁, 협상

협상력에 있어서 최강의 국가는 미국입니다. 대부분 강력한 국력을 앞세워 '나를 화나게 하지 마라' 식으로 나오는 미국의 협상력을 두려워하지만, 기실 더 두려운 점은 그들의 미사일 개수가 아니라 인공위성 개수입니다. 더 정확한 정보를 얻기 위해서라면 인공위성이 망가질지언정 궤도를 바꿔서라도 알아내는 그들의 정보력이 더 무시무시하지 않을까 싶습니다.

병법가 손무는 전쟁은 승리를 확인하기 위한 절차일 뿐이라고 말한 바 있습니다. 즉, 충분히 준비한 전쟁은 반드시 승리한다는 것이죠. 마찬가지로 협상은 더 많은 정보를 가진 사람이 자신의 이익을 쟁취하는 절차일 뿐이라고 해도 무방합니다.

상대방에 대해 더 많은 정보를 취득하고 그 기업이 어떤 이해관계 속에서 협상에 임하는지, 이 협상을 통해 얻고자 하는 목적은 무엇인지 미리 알아내야 합니다. 반대로 내가 협상에서 얻고자 하는 것, 협상에서 불리하게 작용할 수 있는 내 처지는 철저히 숨겨야 합니다. 협상을 잘하기 위해서라도 기업의 정보 조사는 반드시 선행되어야 하니 이 책 11장에서 알려드린 기업의 조사와 평가를 참고하시기 바랍니다.

협상장에 들어설 때 들고 있어야 할 기술들

의외로 미국 못지않게 협상을 잘하는 나라로 꼽히는 곳이 북한입니다. 쥐뿔도 없는 북한이 협상장에서 좋은 실적을 내는 이유는 협상 자체에 집중하기 때문입니다. 잔기술이 대단하죠. 어떤 기술들이 있는지 이번 기회에 한번 배워보겠습니다.

1. 성동격서

전투에서 고의적으로 동쪽 방향에 소란을 피우고 적이 거기에 정신이 팔린 사이에 서쪽을 친다는 고사성어죠. 성동격서聲東擊西는 협상에서도 효과적인 기술입니다.

예컨대 우리 회사는 원자재 공급사인 A사가 제시하는 MOQ가 부담스럽습니다. 그런데 딱히 A사를 대체할 수 있는 공급처도 없는 상황입니다. A사에서 구입하는 원자재 의무 구매 수량을 줄일 수 있다면, 현금이 원자재로 묶이지 않아 회사의 자금 운영에도 도움이 되는 상황입니다. 자, 그렇다면 우리의 협상 목표는 MOQ 무효화입니다.

이제 A사와 협상장에서 만납니다. 그러고는 MOQ와 관련된 얘기는 한마디도 안 하고 여신與信을 붙잡고 늘어집니다.

"저희가 귀사에서 부품을 납품받은 후 제조 과정을 거쳐 납품하고 나면 그 대금이 빨라야 3개월 만에 들어옵니다. A사에서 요구하시는 당월 말 현금 결제는 저희에게 큰 부담입니다."

"저희 회사에 납품해주시는 협력사들 중 90퍼센트가 익월 말 현금 결제입니다. 그간 저희가 보여드린 신용을 생각하시면 여신(결제 유예 기간)을 좀 주셔야 합니다."

이런 식으로 계속 여신에 대한 문제로 몰아갑니다. A사 입장에서는 곤란할 테지요. 쉽사리 동의해주지 않을 겁니다. 그래도 한 시간이건 두 시간이건 계속 결제 대금에 대한 여신만 얘기합니다. 그리고 결국 합의되지 않는 여신에 대해 져주면서 MOQ를 줄이는 것으로 마무리합니다.

"A사의 입장을 생각해서 여신은 조만간 다시 한 번 이야기하기로 하고요, 그 대신 MOQ를 1000개에서 500개로 줄이는 것으로로 합시다."

그러면 여신에 지친 상대방은 MOQ쯤이야 하고 협상을 받아들이게 됩니다.

2. 송곳은 작은 구멍을 큰 구멍으로 만든다

협상을 통해 큰 이익을 얻기 위해 처음부터 무리하고 강력한 요구를 주장하면 협상은 이루어지지 않습니다. 하지만 협상을 통해 일의 시작을 만들어내고 이후 과정에서 자신의 이득을 더 챙겨가는 방법도 있습니다.

예를 들어 '을'이라는 기업은 '갑'이라는 기업에게 원자재를 납품하고 싶습니다. 하지만 갑은 을에게 많은 물량을 발주하지 않을 생각이고, 단순히 일회성 납품에 낮은 단가로 구입하길 원합니다. 을은 협상에서 갑의 의견을 수용합니다. 그리고 실제 납품 단계에서는 운송비를 갑에게 요구합니다. "저희가 그 단가에서 운송비까지 부담하기는 어렵습니다. 이해를 부탁드립니다." 구렁이 담 넘듯 넘어가는 거죠.

이런 사례는 의외로 흔합니다. 처음에 낸 견적보다 이사 후 추가 물품이 있었으니 돈을 더 달라는 이삿짐센터나 납품 시에는 저가로 물건을 판 후 유지 보수에서 이익을 챙기는 정보통신 공사업 등도 여기에 해당되겠죠.

'일단 거래를 만들고 그다음 과정에서 손해를 만회한다.' 하지만 상대방은 기분 좋게 받아들이지 않죠. 어찌 보면 하수의 협상일 수도 있습니다만 어떻게든 첫 거래를 열고 자신의 능력과 신용을 보일 기회로 삼겠다면 그때는 고수의 협상 기술일 수도 있겠습니다.

3. MOU라는 만병통치약?

가끔 언론에서 대통령이 해외 순방에서 MOU_{memorandum of understanding}(양해각서)를 체결했다고 호들갑 떠는 걸 보셨을 겁니다. MOU라는 것 자체가 상호 간에 '앞으로 잘해보자' 이외의 구속적 계약은 하지 않는 것이기에 호들갑 떤다고 했습니다만, 사업하는 분들이라면 MOU를 잘 이해하고 활용하셨으면 합니다. 당장은 실익이 없으나 그저 서류 자체를 의미 있게 보는 정부 사업 평가 등에 근거 자료로 제출하기 위해 체결해두는 것도 좋고, 구체적인 협상을 시급하게 진행하기 어려울 때 사전 단계로 시간을 벌기 위해 써도 좋습니다.

유의하실 사항은 상대방이 내미는 MOU에 은근히 숨어 있는 독소 조항이 없는지 잘 살펴봐야 한다는 점입니다. 제가 컨설팅했던 지방의 향토기업은 대학교와 공동 연구 개발과 관련한 MOU를 체결했는데, 특허권에 대한 권리를 대학이 갖는 것으로 MOU에 슬쩍 써놓아서 특허 출원 과정에서 분쟁이 발생한 적도 있습니다. 이런 표현이 이상할지도 모르지만, MOU는 MOU여야 하지 계약이 되어서는 안 됩니다.

4. 스탈린 협상법과 여러 협상기술

냉전 시대 세계 최고의 강국인 미국이 했던 협상은 힘이 너무 세서 대적 못 할 미친놈 전략이었다면, 협상장에서 억지를 부리면서 사람 혼을 쏙 빼놓는 북한의 협상은 스탈린 협상법이라고 합니다. 협상 도중 갑자기 일어나 김일성 초상화에 경례를 하는 등의 돌출 행동을 하면서 상대방의 정신줄을 놓게 하는 거죠. 다분히 의도된 것이나 협상장에서 이런 행위를 보고 쫄게 되면 보통 사람들은 '똥이 무서워서 피하나 더러워서 피하지'라며 양보하게 됩니다. 협상에서 양보는 결국 나의 손실이죠. 쫀 거 맞습니다.

이외에도 협상 방법론은 여러 가지가 있습니다. 협상장에는 나오지 않은 자신의 사장을 핑계로 "저 이번 협상에서 나쁜 결과를 가져가면 잘립니다. 우리 사장님이 저 죽일 거예요" 이런 식으로 나오는 사람도 보셨을 겁니다. 협상을 학문적으로 공부하는 분들은 이를 Ladder(사다리) 기법이라고 부르는데, 이럴 때 상대방에게 "너네 사장이 널 죽이지 날 죽이냐!" "야! 권한도 없는 너 말고 사장 나오라고 해!"라며 대차게 협상에 임해야 하는데, 협상에 능하지 못한 사람들은 이런 술수에 제법 잘 넘어갑니다.

양보를 할 때는 조금씩, 엄살을 부려가며 나눠주는 것도 협상학에서는 '살라미 소시지 이론'이라고 그럴듯한 이름으로 부르는데, 이 또한 협상장에서 갖추고 있어야 할 기술 중 하나입니다.

그러나 이런 잔재주에만 힘쓰다 보면 협상 자체의 본질을 잊고 이기고 지는 데만 집착하게 되어 단기적으로는 이익일지 몰라도 먼 훗날 후회할 협상을 할 수도 있기에 협상장에서 쓰는 잔기술은 길게 다루지 않으려고 합니다. 음식의 레시피를 외우는 것보다 중요한 건 어느 음식에든 쓸 수 있는 장을 담그는 기술이겠죠. 큰 기술, 본질을 꿰뚫어보는 통찰이 우선입니다.

상한선과 하한선

변화무쌍한 상황과 시시각각 유불리를 계산해야 하는 협상에서도 반드시 지켜야 할 원칙이 있습니다. 순간순간 감정의 굴곡 속에서 멀미가 날 정도로 하늘로 오르고 무저갱으로 추락하면서도 정신 바짝 차리고 잊지 말아야 할 것, 순서와 절차마저도 혼미해지는 긴 시간 속에서도 반드시 기억해야 할 것. 바로 상한선top line과 하한선bottom line을 명확히 하는 것입니다. 지리한 협상을 마무리해야 할 때에도 그냥 접는 것이 아니라 확인의 절차로 상한선과 하한선을 제시해야 합니다.

내가 사는 입장일 때는 상한선을 제시해야 합니다. '1억 원 이상은 절대 지불할 수 없다'와 같이요. 반대로 내가 파는 입장일 때는 하한선을 제시해야 합니다. '2억 원 이하로는 팔 수 없다' 이렇게 명확하게 제시해야 합니다. 이 최후통첩을 통해 긴 탐색전을 마치고 협상을 더 할 것인지, 서로 자신의 자리로 돌아가 새로운 협상안을 들고 나올 것인지, 아니면 이별을 고할 것인지 결정하게 됩니다. 그러니 '내가 제시하는 이 금액은 최후통첩이다'라고 의사를 명확히 전달해야 합니다.

이렇듯 명확한 의사 전달은 협상이 이루어지지 않더라도 상대방이 협상에서 나의 진심과 신용을 확인하게 하는 비즈니스의 근간이 됩니다. 끝내 속을 알 수 없는 사람, 협상장에서 계속 무례했으며 나를 가지고 논 것 같은 사람과는 다른 이미지를 심어주는 거지요. 이 협상장이 모든 것이라 생각하고 수단과 방법을 가리지 않는 사람은 하수요, 이 협상은 수백 번의 승부 중 한 번이라고 생각하는 사람은 고수입니다.

좋은 협상, 나쁜 협상의 예

Give & Take든 Take & Give든 주고받는 협상은 좋은 협상입니다. 남이야 나 몰라라 나만 잘 먹고 잘살면 되지라는 생각으로 협상에 임하는 사람은 스스로 미래의 곤궁한 위치를 찾아가는 꼴입니다. 비즈니스에서 무슨 공자 왈 맹자 왈 같은 소리냐고 하실 수 있는데, 제가 경험해본 컨설팅 사례를 풀어놓을 테니 혹시 비슷한 일은 없었는지 비교해보셨으면 합니다.

1. 대충 덮어버린 협상, 그리고 돌아온 쓰나미

농어촌에 지원되는 국고보조금 지원 사업 중에는 영농조합법인처럼 수혜자들이 법인을 만들어야만 지원되는 사업들이 있습니다. 개인 기업처럼 수혜자가 특정인으로 제한되거나 작목반 같은 법인격이 아닌 단순한 단체에는 지원을 하지 않기 때문입니다. 지원되는 자금이 수십억 원이 되기도 하니 이런 국고보조금 지원 사업의 법인 설립 과정에서는 일상적으로 다툼이 일어납니다. 누가 더 많은 지원을 받을지, 법인의 임원은 누가 될지 등등을 협의하다 보면 시끄러운 게 당연하지요.

이때 중재에 나서는 이들은 지역의 공무원일 때가 많은데, 제가 보았던 A군의 공무원은 국고보조금 지원 사업을 최대한 빨리 성공리에 마쳐 자신의 실적으로 삼겠다는 생각에 '날 믿고 설립총회 의사록에 인감 찍으시라'라고 하고선 일사천리로 일을 진행했습니다. 그렇게 설립된 법인은 정부에 제출했던 사업계획서와는 달리 사업 시작 몇 해 만에 생산 시설이 멈춰섰고 법인 조합원 간에 고소·고발이 난무했습니다. 또한 당시 중재를 한다며 자신의 성과와 실적에만 몰두했던 공무원은 이 정부 지원 사업의 실패 사례로 매년 타 지자체에서 회자되고 있습니다.

협상은 어떤 일보다 어렵고 힘든 일입니다. 큰소리 한번 듣지 않고 곱게 자란 이들은 고성이 난무하는 협상장이 두렵기만 하고, 합의가 되기 전까지는 여기를 뜰 수 없다고 문 잠그고 윽박지르는 깡

패 같은 사람들 앞에선 내가 왜 여기에 목숨을 걸어야 하나 하는 생각도 듭니다. 하지만 치열하고 거친 협상의 과정에서 숨김없이 상호 이해관계가 파악되고, 작은 수준의 양보와 배려라 생각하지만 그 속에서 서로 간에 큰 신뢰가 싹트기도 합니다. 비겁하게 힘들고 두렵다고 그냥 대강 덮었다가는 미래에 어떤 재앙이 찾아올지 모릅니다. '빠른 협상' '조속한 타결' 이런 표현들이 절대 좋은 협상을 대표할 수 없는 이유입니다. 어쩌면 '얼른 피한 자리' '귀찮아서 도장 찍어준 합의서'와 동의어일 수도 있기 때문입니다.

2. 돈을 주고 기회를 얻다

F사는 작은 유통회사였습니다. 커다란 골프채도 팔고, 조그마한 컴퓨터 마우스도 팔고, 그때그때 돈이 되지 않을까 싶은 것들은 다 손대는 회사였습니다. 하지만 큰 재미는 보지 못하고 있었지요. 그러다 C라는 벤처기업을 만났습니다. C사에서는 마침 자신들이 개발한 신제품을 판매해야 했는데, F사와 또 다른 두 개의 유통회사까지 총 3사가 이 벤처기업의 대리점이 되었습니다.

그러던 어느 날 C사는 대리점들에 손을 벌리게 되었습니다. 벤처기업의 자금난이야 어제 오늘 일이 아니죠. C사는 궁여지책으로 자금 확보를 위해 대리점에 보증금을 요구했습니다. 하지만 유통하는 회사들 입장에서는 지금이 쌍팔년도도 아니고 무슨 보증금이냐고 난리가 났습니다. 결국 세 대리점 중 F사만 보증금을 냈고, 나머지

두 대리점은 뒤도 돌아보지 않고 떠났습니다.

F사는 왜 보증금을 냈을까요? 이 회사의 사장님은 수시로 C사를 방문했습니다. 밤 12시, 휴일, 어떨 때는 믹스커피를 한 박스 사 들고, 어떨 때는 치킨을 몇 마리 튀겨서 손에 들고, 마침 이 근처에 왔다가 생각나서 들려봤다며 너스레를 떨면서요. F사의 사장님은 이렇게 잠입해서 이 벤처기업이 개발하고 있는 신제품 정보를 알게 되었습니다. 마케터들이 말하는 속칭 킬러앱killer app, 대박 신제품이 개발되고 있었고, C사가 보증금을 요청했던 것은 정말 신제품 개발 때문이었다는 진심도 확인했습니다.

F사는 대리점 보증금을 내는 대신 신제품의 독점판매권을 요구했습니다. 당장 눈앞의 불을 꺼야 하는 C사는 바로 승낙했고, 결국 신제품은 F사를 통해 시중에 유통되었습니다. F사는 단숨에 설립 이후 최대 매출액을 올렸고, C사는 F사를 어려울 때 손 잡아준 진정한 파트너로 인정했습니다.

이 얘기는 여기서 끝나지 않습니다. 과거 C사의 대리점이었던 회사 중 하나가 이 신제품에 대응하는 제품을 수입했다가 C사의 특허를 침해하게 되어 어렵게 수입한 제품을 판매하지 못하게 되었습니다. 사실 유통회사 입장에서는 몇 푼 안 되는 보증금이었는데 그때 발을 담가뒀으면 좋았을 걸 괜히 욕심에 경쟁 제품을 수입했다가 큰 손해만 본 거지요. 이 회사 사장님이 F사 사장님만큼은 아니더라도 좀 더 소상히 살피고 C사와의 보증금 협상에 임했더라면 어땠을까 싶네요.

2015년 말 정부의 위안부 합의를 기억하시는지요? 박근혜 정부는 수십 년간 이어진 한일 협상을 더 이상 미루지 않고 성공적으로 마무리해 자신의 치적으로 남기고 싶었던 모양입니다. 우리 정부는 일본과의 협상에서 반드시 하한선을 제시해야 했습니다. 그 하한선은 무엇이어야 했을까요? 협상의 마지노선, 절대 물러설 수 없는 선을 제시하고 이번 협상에서 타결되지 못한다면 돌아가서 우리의 최후통첩에 대한 협상안을 다시 들고 오라고 당당히 말했어야 할 그 하한선 말입니다. 그것은 위안부 할머니들과 또 그 곁에서 함께한 많은 사람들이 수십 년간 가다듬은 요구 사항이어야 했습니다.

박근혜 정부의 위안부 합의에 대해 이 말을 하지 않고는 글을 맺을 수 없을 것 같군요. 비즈니스의 세계에서도 외교에서도 '무능'은 '죄'가 됩니다.

세 줄 요약 

❶ 협상력은 상대방 정보를 최대한 확보하고 있을 때 극대화됩니다.
❷ 협상장에서 나의 의도와 이해관계가 너무 빨리 드러나지 않도록 유의해야 합니다.
❸ 협상의 상한선과 하한선은 적절한 시점에 반드시 밝혀야 합니다.

기업이 신년에 할 일

일을 하다 보면 무언가 해야 하는데, 뭘 해야 할지 모를 때가 있습니다. 이 요상한 시기는 절박한 위기의 순간이나 반대로 미래에 대한 두려움 없이 근거 없는 낙관에 빠져 있을 때 찾아오곤 합니다. 신년의 어수선한 분위기도 쉽게 일을 잡지 못하게 만들죠. 더욱이 경제 공황이 아닌가 싶을 정도로 체감 경기가 안 좋습니다. 이 위태로운 시기를 잘 살아내기 위해 기업들은 무슨 일을 해야 할지, 경영자는 새해에 어떤 일을 해야 할지 알아보겠습니다.

전년도 재무제표를 위한 정리 작업

한번 잘못 만들어진 기업의 재무제표는 기업이 존속하는 한 주홍글씨로 남아 사업 전반에 불편한 일들을 만들어냅니다. 중소기업들은 재무제표를 세무기장 대리인이 만들어준다고 생각하는 경우가 많습니다. 재무제표는 기업이 제출하고 설명한 자료의 질에 따라 결정됩니다. 아무리 대단한 세무사가 와도 증빙 자료 하나 없이 기업의 상황을 파악할 수 없고 제대로 된 결산 작업을 할 수 없습니다. 세무사무소에서 결산하자고 전화오자 급하게 통장이랑 몇 가지 증빙서만 챙겨주고 나서 좋은 재무제표가 나오길 바라는 마음은 헛된 욕심입니다.

못된 사람들은 재무제표의 가공과 분석까지 하는데, 양호한 영업 상태임에도 불구하고 정리를 잘못해서 굳이 나쁜 재무제표를 받을 필요가 있겠습니까? 기장해주는 세무사무소에서 알아서 다 챙겨줄 거라고 생각하시면 안 됩니다. 내가 신경 쓸수록 좋은 재무제표가 나오는 법입니다. 그러니 아래 사항들을 꼭 챙겨보시기 바랍니다.

1. 무형자산 정리

상품 개발에 든 개발비와 소프트웨어 구입 비용(PC 운영체제 구입비) 등은 자산으로 등록해야 손익이 나빠지지 않습니다.

2. 상품 재고

정확한 연말 재고액을 정리해놓지 않으면, 의도하지 않았던 분식이 될 수도 있고 손익이 나빠질 수도 있습니다. 반드시 매입과 사용 내역, 잔여 재고를 정확하게 대조하고 맞춰봐야 합니다.

3. 부채

새로 융자받은 자금, 지급한 이자, 갚은 원금 등이 정리되어 있어야 합니다. 지급하지 않은 물품 대금 또한 부채입니다. 1월 1일에 줬더라도 전년에 주지 않았기에 부채입니다. 잘 정리해서 부채로 계상하세요.

4. 임직원 거래 자금(가수금/가지급금)

회사의 자금이 부족해 사장님 돈이 일시적으로 회사에 들어갔더라도 확실히 관련 계약서를 써두고, 그 내역도 정확하게 계상해야 합니다. 결산 후에도 가수금이나 가지급금과 같은 가계정이 재무상태표에 버젓이 남아 있으면 이 재무제표를 보는 사람들은 '이 회사는 내부 관리가 안 되는 구멍가게 수준이구나'라고 생각합니다.

기업이 신년에 할 일

5. 유형자산 변동 사항

서버를 사고 금고를 샀는데 이것을 자산으로 등록하지 않고 사무
용품비로 처리해버리면 그만큼 사업의 손해가 생깁니다. 꼭 유형자
산으로 정리해야 합니다. 제조 기업들의 경우 금형을 만들어서 외
주 공장에 두는 경우 금형 보관증 등을 꼭 만들어놓으시고, 요즘처
럼 폐업이 많은 시기에는 금형을 도난당하는 경우도 많으니 잘 관리
하셔야 합니다.

6. 기장 대리인 면담

가장 중요한 일입니다. 전년도 세무조정계산서를 보고 이해되지
않았던 부분을 꼭 문의해보시고, 혹시 증빙이나 인과관계를 잘 몰라
서 그냥 세무사 주관대로 처리했다는 이야기가 나왔다면 올해는 반
드시 세무대리인(세무사)과 상담해보시기 바랍니다.

실질적 사업 계획의 수립

그 회사의 사업은 그 회사 내부에 있는 사람들이 누구보다 더 잘
분석할 수 있습니다. 세상에 같은 유형의 기업은 없습니다. 유사한
형태의 기업이 있을 뿐입니다. 자본의 수준도 다르고, 사장의 경영

철학도 다르고, 핵심 인력의 유형도 다르고, 위치하고 있는 지역도 다르고… 수십 가지 이유로 그럴 수밖에 없죠.

잘나간다는 회사의 번쩍번쩍한 파워포인트 폼을 가져다가 사업계획서를 만들었다고 잘 만든 사업계획서라고 할 수 없습니다. 출처가 어딘지, 어떻게 산정했는지 모를 카더라 식 도표 하나를 인터넷에서 복사해 보고서에 삽입하고 CAGR compound annual growth rate(연평균성장률)이 19퍼센트에 달하는 유망한 시장이라며 "우린 이제 대박입니다!"를 외쳐봐야 속사정을 아는 사람들이 듣기에는 공허한 사업 계획일 수밖에 없습니다.

외부 평가를 위해 희망과 의지를 반영한 사업계획서 작성에 대해서는 어느 정도 용인할 수 있지요. 그렇지만 회사 내부 구성원들이 머리를 맞대고 1년간 또는 앞으로의 사업 계획을 수립하는 과정에서는 불필요한 꾸밈과 과장이 필요 없습니다. 사업 계획 작성 시 아래 사항들을 잘 챙겨보셨으면 합니다.

1. 매출액 추정에 대한 검산

사업계획서들은 대부분 매출액을 얼마 달성하겠다며 시작하는데요, 사업계획서의 근간이 되는 것이니 매출액 추정이 타당한지 반드시 검증해야 합니다. 대부분 영업 계획이 충실한가로 검증하려하는데, 그보다는 계획한 매출액만큼의 상품을 만들어낼 수 있느냐를 검증하는 것이 더 중요합니다.

예를 들어 A라는 기업이 매출을 2015년에 10억 원, 2016년에 12억을 달성했다면, 2017년 사업 계획상의 매출액은 14억 원 또는 그 이상으로 잡는 것이 일반적인데요, 검산을 해볼까요? 매출액 목표를 14억 원으로 잡았다면, 이 계획에 원가를 대입해보니 14억 원의 매출을 낼 수 있는 원재료 구매비 6억 원이 필요합니다. 그렇다면 다시 기업이 6억 원의 자금을 조달할 수 있느냐를 검증해보는 거죠. 보증기금이나 은행에 상담을 받아보니 2016년까지 3억 원 규모로 단기 부채가 지속적으로 증가해왔기에 올해 지원할 수 있는 융자 금액은 1, 2억 원밖에 안 된다는 답변을 들었습니다. 이런 상황이라면 최대한 2억 원을 은행에서 융자를 받더라도 4억 원의 자금이 부족하게 됩니다.

제조를 위해 필요한 자금

= 은행 신규 융자(2억 원) − 제조원가(6억 원) = −4억 원

영업팀장이 대리점 추가 모집을 통해 1억 원의 영업 보증금을 받을 수 있다고 합니다. 자, 이제 3억이 부족하군요. 총무팀장에게 은행 융자 말고 3억 원을 조달할 수 있는지 묻습니다. 이미 수차례 유상증자를 해서 자본금도 최대한 조달했고, 사장의 사재를 털어서까지 사업을 하고 있는 상황이라 어렵다는 대답이 돌아옵니다. 결국 매출액 목표 14억 원은 그저 희망사항이었음이 확인되었습니다.

이런 상황이라면 매출액 목표를 자신의 가용 자금 범위 내로 낮

추고, 큰 매출 규모에 맞춰 짜둔 과다한 비용을 축소해야 합니다. 그리고 원재료를 공용화한다든지 생산 효율을 극대화하는 제조 계획을 세워야 합니다.

제조업을 기준으로 매출 계획 타당성 검증 방법을 설명드렸는데 서비스업의 경우에는 인력에 중점을 두고 검증하면 됩니다. 인력별 수준, 업무 강도(근무 시간, 출장, 연장 근무 등), 조직 역량(팀별 역량), 단기 근로자를 통한 업무 진행 가능성, 외주 협력사의 평가 및 협업 가능성 등을 면밀히 따져보시기 바랍니다.

2. 부채 상환 계획

개인 사업자가 아닌 법인이라도 회사가 은행의 융자를 받으면 대표이사가 연대보증을 서게 됩니다. 법인이 파산할 때 대표이사도 함께 파산하게 되는 직접적인 원인이기도 하죠. 부채의 수준은 절대로 현재의 자산을 넘어서면 안 됩니다. 상식적으로 생각해도 회사에 있는 모든 것을 탈탈 털어서 빚을 못 갚는 수준이면 위험하다는 거죠.

좀 더 전문적으로는 '유동비율'을 중요하게 보는데요, 유동비율은 유동자산/유동부채로 계산합니다. 일반적으로 신용평가 AAA 수준인 기업들은 유동비율을 150퍼센트 이상으로 유지하고 있으며, 은행에 대출받기 위해 기업이 재무제표를 제출했을 때 유동비율이 200퍼센트 수준이라면 은행원이 활짝 웃으며 대출을 해줍니다. 그

기업이 신년에 할 일

래서 유동비율을 영어로 banker's ratio라고 부릅니다.

예를 들어 내가 중소기업진흥공단에서 3억 원을 대출받아 사업을 하고 있는데, 갖고 있는 현금과 예금, 적금, 보험(환입 가능한) 등을 모두 합친 금액이 6억 원이라면 아주 양호한 상태입니다. 유동자산(6억 원) / 유동부채(3억 원) = 유동비율(200퍼센트)이기 때문이죠. 반면 유동부채는 5억 원인데 유동자산은 3억 원밖에 안 된다면 유동비율이 60퍼센트라 좋은 재무구조라고 볼 수 없습니다. 지금처럼 어려운 시기에 재무상태표를 살펴봤을 때 유동비율이 100~200퍼센트가 안 된다면 먼저 유동성을 강화하기 위한 대책을 세워야 합니다.

3. 차입 계획

무차입경영은 양날의 검과 같아서 차입금이 없다는 것은 재무적 안정성이 높아 보이나 기실 사업의 미래 비전에 대한 투자는 부족하다고 볼 수 있습니다. 현재에 너무 안주하고 있는 것은 아닌지, 그간 안전만 추구하다 보니 기회를 손실한 적은 없는지 진지하게 검토해보셔야 합니다.

돈을 버는 데는 언제나 위험이 따라다닙니다. 신제품 개발, 신기술 도입 등에 좀 더 투자하고픈데 망설이는 경우라면, 이자가 싸고 장기 상환이 가능한 정책 자금을 활용해보시기 바랍니다. 내가 생각하는 안정이 사실 무사안일은 아닌지 한 번쯤은 살펴봐야 합니다.

다시 말씀드립니다만 융자 자금을 차입할 때는 되도록 장기 상환이 가능한 정책 자금 위주로 편성해야 합니다. 사장님들이 부동산을 소유하고 있는 경우 은행에서 담보 대출을 빠르게 취급해주니까 복잡하게 서류도 많이 제출해야 하고 무시무시한 실사까지 받아야 하는 데다 실제 입금까지 시간도 많이 걸리는 정책 자금을 포기하시는 경우가 많습니다. 하지만 일반 은행 대출을 받아버리면 향후 추가적인 대출 여력이 없어지고 이자 변동성이 크기 때문에 단기간에 상환하지 못하면 금융 부담이 커집니다. 그래서 보증서 기반의 정부 융자 자금 지원을 받는 것이 좋습니다.

4. 원재료 확보 계획

항상 강조하지만 내 돈 주고 물건을 사지만 파는 것만큼이나 어려운 일이 '구매'입니다. 적어도 지난해까지 원재료 구입에서 일어났던 문제들은 올해는 두 번 다시 겪지 않겠다는 다짐을 하셔야 최악의 경제 상황에서 연쇄 도산이나 기업 생태계 일괄 소멸의 위험에서 벗어날 수 있습니다.

위기를 대비하는 구매 관리라는 게 어찌 보면 대단한 게 아닐 수도 있습니다. 중국의 춘절 아시죠? 중국의 춘절이 되면 국내외 제품들의 수급이 모두 어려워지는 일을 겪습니다. 중화권 생산 원재료와 연결되어 있는 제품이라면 이 시기를 감안해서 재고 매입을 해야겠지요. 서양의 크리스마스 시즌에도 비슷한 일이 일어나는데, 작년 12월 긴 휴가 시즌 때문에 예상치 못한 고생을 하고는 고작 몇 달

사이에 중국 춘절을 맞아 똑같은 실수를 반복해서야 안 되겠죠.

또한 작년까지 거래했던 기업의 납기, 단가, 사후 지원 등이 영 마음에 들지 않았다면 새로운 공급처를 찾아봐야 합니다. 최근에는 원재료와 부품 생산을 하던 국내 중소기업들의 사정이 좋지 않기에 해외 공급처도 적극적으로 수배해봐야 합니다. 알리바바(alibaba.com) 등에 Buying leads(구매 의향)를 올리는 정도의 힘 안 들이고 시간 안 뺏기는 시도 정도는 해보시길 권합니다.

5. 위기 대응 계획

'미래에 일어날 문제를 예상하고 대비책을 세워 위기 시에 빠르게 상황을 타개한다.' 참 멋진 말이죠. 하지만 구체적으로 어떻게 해야 하는지 언뜻 떠오르는 방법이 없을 텐데요, 아주 간단한 방법은 매출액이 반 토막 나는 시나리오를 짜보는 겁니다.

외부차입금이 큰 경우, 확보한 재고가 많아 쓸 수 있는 현금이 없는 경우, 전년도에 투자를 많이 해서 보유하고 있는 현금이 없는 경우에는 매출액이 급감하면 바로 현금유동성의 위기를 겪으면서 '한 방에 훅 가는' 사태가 일어납니다. 만약 내부적으로 검토했을 때 전년 대비 매출액이 반 토막 나는 상황에서도 버틸 수 있다고 확인된다면 지금까지 사업을 매우 잘했다는 증거입니다.

영업, 제조, 자금 등 다방면의 경영 요소를 총체적으로 분석하여 사업 계획을 짜야겠지만, 정말로 기업에 여력이 없다면 다른 건 다 포기하더라도 매출액 급감 상황은 꼭 시뮬레이션 해보시길 바랍니다.

수성인가 진격인가 후퇴인가

지금까지는 기업이 망하지 않는 경영에 초점을 두어 신년 계획을 설명했습니다. 하지만 기업의 상황은 각기 다를 테니 다른 준비를 하고 있는 기업들에도 조언을 드려야 할 것 같습니다.

1. 공격적인 경영

1) 신제품 출시

기업들이 신제품을 내놓으면서 아무 기대도 하지 않을까요? 천만에요. 내놓은 신제품이 킬러앱이 되어서 시장을 평정하고 드넓은 세상에서 우뚝 서는 기업이 되는 소망은 소상공인부터 재벌기업까지 다 같은 마음일 것입니다. 그러나 업력이 짧은 중소기업의 경우 신제품 출시에서 몇 가지 우를 범하는데, 대표적으로 무리한 설비 투자, 과다한 생산량, 너무 많은 세부 모델의 기획 등을 꼽을 수 있습니다.

정부 융자 지원금은 크게 시설 자금과 운영 자금으로 나뉘는데, 어떤 지원금이든 시설 자금이 더 많은 대출을 해줍니다. 또 제조업을 영위하는 사업가라면 자기 공장에 대한 애정은 말로 다할 수 없

기업이 신년에 할 일

죠. 그래서 무리하게 큰 규모의 시설 자금 대출을 받는 경우가 많습니다. 하지만 잘 성장할 거라 믿었던 기업들이 휘청하는 계기가 이런 무리한 설비투자인 경우가 꽤 많습니다. 경영 컨설턴트가 아니더라도 안양 공장 생산 라인에서 납땜 연기 좀 맡아보신 아주머니라면 하나같이 "회사는 꼭 공장 세우고 사옥 사면 망하더라"라고 말씀하시죠.

탄탄하게 자본을 축적하기 전까지는 외주 공장을 잘 활용하고, 생산 단가를 낮출 수 있다는 말에 혹해서 소화하지도 못할 물량을 찍어내는 일을 지양해야 합니다. 더불어 소비재를 생산하는 기업이라면 처음부터 너무 많은 종류의 제품군을 만들지 말고, 처음에는 소수의 모델로 제품 라인업을 짜고 시장의 반응과 변화에 맞게 모델을 다변화해야 합니다.

2) 수출이라는 향정신성 약품

대한민국은 자원빈국이어서 수출만이 살길이라는 기조가 계속되어왔고, 인구 감소까지 예상되는 현 상황에서 수출이 나쁘다고 말하기는 어렵습니다. 하지만 이런 인식은 '덮어놓고 수출이 최고'라는 생각으로 비합리적인 경영을 하는 사업가들을 만들어내는 나쁜 토양이기도 합니다.

올해 처음으로 수출 시장에 뛰어들려는 분들께 몇 가지 조언을 드리자면, 우선 시장 조사는 객관적인 자료로 내가 직접 해봐야 합니다. 수출 브로커, 교포 한국인, 카더라 정보만 덥석 믿고 수출을 진행했다가 큰 손해를 본 기업이 한둘이 아닌데, 다들 나만은 그렇지 않을 거라는 낙관에 취해 똑같은 실수를 반복합니다. 너무 어렵게 생각하지 마시고 이베이의 동종 제품 판매량, 알리바바의 가격 동향, KOTRA의 국가별 보고서, 이 세 가지는 꼭 확인해보시길 바랍니다.

그리고 무역에 대해 공부해야 합니다. Incoterms, HS-CODE, 관세, 신용장, 원산지 증명… 무역을 시작하면 당연히 알고 있어야 하는 지식들이 있습니다. 바이어를 만나고 오퍼상을 만날 때 내가 구사하는 단어의 수준과 용어의 이해도에 따라 사기를 당할 수도 피할 수도 있습니다. 어떤 교육이든 몇 시간이든 좋으니 반드시 공부하셔야 합니다.

마지막으로 순차적인 진행입니다. 작은 경험들을 차곡차곡 쌓다 보면 무역이 어떤 것인지 비로소 이해가 됩니다. 처음부터 40피트 컨테이너 꽉 채워서 수출하겠다는 욕심보다는 EMS를 이용한 샘플 판매 같은 것부터 경험해봐야 합니다. 역으로 이베이 같은 사이트에서 직접 물건을 사보면서 해외 판매자가 어떻게 물건을 팔고 배송하는지도 보고 배워야 합니다.

또한 실질적인 수출도 발생하기 전에 세계 각국에 특허를 출원하는 등의 성급한 투자도 한번 생각해봐야 할 일입니다. 정부의 해외 출원 지원금 등을 믿고 무리하게 해외 각국에 특허를 출원하는 경우가 있는데, 정부 지원금은 처음 일부의 비용을 보조해주는 것이지 연간 발생하는 연차료나 활동 비용까지 지원하지는 않습니다.

기업이 신년에 할 일

'All or nothing'이라는 생각으로 무역에 뛰어들었다가는 낭패 보기 십상입니다. 사회 분위기는 수출이 대세인 것처럼 보이지만 실제로 무역의 위험성을 잘 알고 있는 전문가들은 다르게 평가합니다. 은행권에서 수출 비중이 큰 중소기업은 위험 요인이 있는 기업으로 평가할 정도니까요. 무역에 대한 사례들은 다시 지면을 할애해 설명해드리겠습니다.

2. 계속 사업 여부의 결정

수년간 사재를 털어 기업을 운영했지만 계속 적자인 기업, 두 개 이상의 사업체를 운영하는데도 다방면에서 적자인 사업자, 투잡이거나 창업을 살짝 시작한 미등록 사업자 또는 프리랜서… 참으로 많은 분이 '사업을 접어야 하나?' 고민하며 속앓이를 하는데, 이런 고민에 마침표를 찍을 적기가 바로 결산기입니다. 사업 규모가 아주 크지 않은 이상 중소기업에서는 재무제표를 정리하면서 충분히 문제를 확인할 수 있습니다.

'아이고, 그렇게 많이 팔려고 노력했는데, 이거 빼고 저거 빼면 우리 회사가 은행 대출이자도 제대로 못 내고 있었구나!' '헉! 판매한 상품보다 잃어버리고 A/S 교환으로 소진된 상품이 더 많다니…' 이렇듯 자가 진단을 해보시길 권해드리면서 제 컨설팅 경험에 따라 유형별로 몇 가지 이야기를 좀 직설적으로 해보겠습니다.

1) 투잡

인터넷 마켓을 통해 투잡을 하시는 분들을 종종 뵙는데요, 직장에서 월급을 200만 원 받았는데 투잡을 통해 그만큼의 돈을 벌려면 월 1000만~2000만 원의 매출을 올려야 합니다. 그뿐인가요? 직장 다닐 때는 이렇게 돈이 드는지 몰랐는데, 내 돈으로 출장비 써야 하고 사무집기, A4 용지 한 장까지 다 돈이 들어갑니다. 제품 등록하고 배송하고 재고 정리하고, 예상과 달리 하나의 물건을 팔기 위해 투입되는 시간은 또 얼마나 많던가요?

월등한 능력에 행운까지 따르지 않는 이상 투잡으로 성공하기는 쉽지 않습니다. 인터넷 마켓도 마찬가지입니다. 만일 1년 이내에 가능성을 발견하지 못했다면 현재의 원 직업에 충실하시길 권합니다. 두 마리 토끼를 잡기는커녕 원래의 일도 그르치고 몸과 마음만 피폐해질 뿐입니다.

너무 상심하지는 마세요. 투잡으로 성공하는 사례는 거의 찾아보기 어려우니까요. 게다가 현재의 직업과 직장의 소중함에 대해 다시 한 번 생각하게 되는 좋은 경험이 될 것입니다. '만약의 경우에 내가 할 수 있는 일이 있구나'라는 인생의 플랜 B를 학습했다고 생각하세요.

2) 지속적인 적자 상태

지속적인 적자 기업이라면 당연히 부채가 있을 것입니다. 지난해를 결산해보시고 1년간 원금 상환이 조금이라도 이루어지지 못한

기업이 신년에 할 일

상태라면 사업을 중단해야 하는지 충분한 고민을 해봐야 합니다. 만약 준비 기간이 길었을 뿐 충분한 성장세가 예상되거나 차입 비용이 오너(사장)의 개인적인 상환 능력(시세로 따져서 자산 매각 시 현금화 가능한 금액 수준) 이내인 경우에만 사업을 지속하세요. 지속적인 적자 상태에서는 결산기에 객관적인 증거들을 확인하며 폐업에 대해 심도 있게 고민해보셔야 하겠습니다. 기업을 폐업하고 정리하는 과정에 대해서는 뒤에서 자세히 다루겠습니다.

3) 두려움에 오염된 판단

대출이나 차입 비용이 전혀 없이 왔지만 성과가 미비하다면 지레 겁먹지 마시고 조금 더 사업을 진행해보시길 바랍니다. 사업이 제 궤도를 찾는 것은 사업가의 스타일, 시장의 상황에 따라 모두 다릅니다. 좋은 기회를 앞에 두고 스스로 돌아서는 일이 없도록 좀 더 용기를 내세요. 대기업도 신사업과 신제품에서 즉시 이익을 거두지는 못합니다.

간혹 사업을 시작한 지 얼마 안 된 시기에 폐업을 결정하는 분들을 보게 되는데, 아무리 기회가 없을 거라 판단해 폐업을 속행하더라도 야반도주하듯이 무책임하게 회사를 정리해서야 안 되겠죠. 회사가 문만 닫는다고 끝이 아닙니다. 말 나온 김에 무책임한 폐업 사례를 하나 말씀드려보겠습니다.

S시 기업 지원 빌딩에 입주해 있던 B사는 초기 자본금도 적었고, 자신만만하던 계획과 달리 사업이 시원찮았습니다. 그래서 관리사

무소에 찾아가 회사를 폐업할 거라며 밀린 월세와 관리비는 보증금으로 정리해달라고 했지요. 그러자 관리사무소는 '기한의 이익 상실'이 발생했으니 몇 푼 안 되는 보증금으로는 부족하고 돈을 더 내라고 했습니다. B사 사장님은 그 돈 못 낸다고 성을 낸 후 야반도주했습니다. 참 황당한 일인데요, 그러자 B사 사장님에 대한 나쁜 평판이 돌면서 숨어 있던 위법·불법 사항이 흘러 나왔습니다. 결국 브로커를 통해 정부 출연 자금을 받은 사실이 들통 나서 향후 5년간은 정부 지원금을 받지 못하게 되었죠. 참고로 부정하게 정부 자금의 수혜를 받은 기업은 10년간 정부 사업에 참여할 수 없습니다.

4) 비정상적 흑자 상태

회계 부정이라는 표현을 쓰기에도 머쓱하게 중소기업 중에는 세무사무소에 전화를 걸어 "사장님이 세금 덜 내게 해달라 하세요" "면허 유지하려면 적자 나선 안 되니 알아서 좀 해주십시오" 하는 분들이 많습니다. 한숨이 나지만 정말 많습니다.

그런데 이렇듯 재무제표를 가공하고 나면 그것이 가공인지도 잊어버리고 사실로 인식하는 역설적 상태에 빠지는 기업들이 있습니다. '우리 회사는 흑자인데 왜 통장에 돈이 없지?' 뭐, 이런 식인 거죠. 거짓말을 많이 하다 보면 자기 거짓말을 참말로 믿게 되는 심리와 유사하다고나 할까요?

많이 나아지려면 아직도 시간이 더 필요하겠지만 예전보다는 기업 평가가 강화되었기에 이제는 기업의 분식회계나 성과 부풀리기

기업이 신년에 할 일

가 잘 통하지 않습니다. 그동안 운 좋게 넘어갔더라도 정상화하려는 노력이 필요합니다. 회계부정 외에도 흑자 상태이나 정상적인 방법이 아니었다면 제도 안으로 들어오는 노력을 하실 필요가 있습니다. 한 방에 훅 가지 않으려면, 그동안 운이 좋았다고 생각하시고 더 이상 편법을 쓰지 않는 것이 좋습니다.

예컨대 간이과세자로 등록해 사업을 하다가 과세표준이 커지면 세금을 내지 않으려고 폐업하고 친인척 명의로 다시 간이과세자로 등록하는 행위, 오랜 기간 사업자 등록을 하지 않고 사업을 한 경우 등은 본인이 똑똑해서 잘 피해가는 게 아니라 과세 당국이 적절한 기회를 보고 있다고 생각하셔도 무방합니다. 기업가는 자신이 법망을 피해나가는 방법을 획기적으로 고안해냈다고 생각하지만 실상 건국 이래 계속 되풀이되는 수법들이죠.

일부 중소기업에서는 오랜 기간 인건비를 동결하고 하청기업 원가 삭감 등으로 흑자를 유지하기도 합니다. 이 또한 정상적인 흑자 경영이라고 할 수는 없습니다. 정말로 최소한의 인원으로 최대한의 효과를 얻고자 한다면 나중에 후회하지 말고 기존의 인력에게 충분한 보상을 하는 것이 훨씬 현명한 자세입니다. 인적 자원은 보상을 받을수록 더 큰 효용을 제공할 수 있는 유일한 자원입니다.

또한 안타깝게도 대한민국의 중소 제조기업들이 몰락하면서 다양하던 원재료의 수급이 어려워지고 있습니다. 국내에서 전화 한 통화, 짧은 회의 한 번으로 조달하던 원재료를 해외 제조사와 옥신각신하며 수입해야 하는 지경이 된 거지요. 부품과 소재 등의 원재료 기업들이 사라지는 현재의 산업계를 보면서 '상생'이란 무엇인지 다시 한 번 생각해봐야 할 것입니다.

욕심이 앞서서 많은 분야를 다루려다 보니 수박 겉 핥기 식으로 지나가 아쉬운 독자분도 계실 텐데요, 몇 가지 주제는 이어지는 장들에서 다시 한 번 심도 있게 다루겠습니다.

세 줄 요약 

❶ 전년 재무제표를 제대로 작성하도록 노력하세요. 재무제표는 기업의 성적표이자 건강검진표이기도 합니다.

❷ 사업 계획, 특히 영업 계획 등은 자금 운영 가능성을 기반으로 그 타당성을 검증해야 헛된 목표를 세우지 않게 됩니다.

❸ 반드시 위기 대비책을 수립하세요. 매출액이 전년 대비 50퍼센트로 감소하는 상황 등을 구체적으로 시뮬레이션 해서 기업의 위기 극복 방안을 세워보세요.

교언영색

진실이 있는 말은 결코 아름답게 장식하지 않고
화려하게 장식한 말은 진실이 없는 법이다.
– 노자

세상에는 많은 직업이 있다. 그중 말과 글이 돋보이는 직업이 있다. 정치인, 경영인, 종교인. 하지만 찬찬히 살펴보면 몸을 써서 벌어먹는 이들은 말로 벌어먹는 것으로 보이지 않으나 분명 그들도 말로 벌어먹고 산다. 막노동판의 일용직도 말재주가 뛰어나면 이틀 일할 것이 일주일이 되고, 시장의 장사치도 말 한마디로 관급 납품을 따는 기연을 만난다.

경영자의 말 품새를 보면, 그 기업의 수준을 가늠할 수 있다. 조직을 대표하는 최고 수장의 언사는 신중하되 스스로 움츠러들지 않고 용감해야 한다.

그런데 사장들을 만나보면 말재주가 없는 것이 아니라 진심을 담을 용기가 없기에 침묵하는 사람들이 있다. 특수목적법인을 설립할 때 비겁하게 침묵하는 사람들이 시간은 자기편이라는 생각으로 일을 끌기 시작하면 결국 연합을 통해 이루고자 했던 '특수목적'은 물 건너가기 마련이다. 특화지구의 개발이나 특산물 가공센터의 준공 등에서 이런 사람들을 겪게 되고, TV에서도 같은 모습의 비겁한 사람들을 보게 된다.

벌써 여러 달이 지났지만 세월호 특별법 제정에 대통령은 침묵으로 일관하고 있다. 교언영색, 현란한 말재주를 가진 자는 경계해야 한다. 그러나 입을 열어 책임을 다하지 않는 이들은 더더욱 경계해야 한다. 불통과 미스커뮤니케이션의 지속은 이 사회를 위태롭게 할 것이다. 성장이라는 위태로운 바벨탑을 쌓아올리던 대한민국의 미래가 붕괴에 가까운 참사로 나아가지 않을까 우려스럽다.

프레젠테이션의 기술

프레젠테이션을 잘하는 사람을 보고는 '저 사람은 타고났나 보다' '말발이 좋네'라고 생각하는 분들이 있습니다. 단언컨대 오해입니다. 아무리 타고난 언변이 좋아도 철저한 준비 없이 프레젠테이션을 했다가는 공허한 언어유희만 하다가 끝날 뿐이지 좀 어눌한 말투라도 성실하게 준비한 사람을 이길 수는 없습니다. 프레젠테이션을 우습게 생각하고 대강 때우려는 사람은 아무리 멋진 디자인의 슬라이드와 언변으로 무장해도 결코 좋은 프레젠테이션을 할 수 없습니다.

딱 한 번의 기회, 어떨 때는 10분도 주어지지 않는 짧은 시간, 그 결과가 한 사람의 인생, 한 기업의 먹거리를 결정짓는 프레젠테이션에서 기억해야 할 일곱 가지를 소개합니다.

프레젠테이션의 기술

- 기억해야 할 7가지 -

왜 경영은 똥꼬가 짜르르하게 이해되지 않는 거지?

프레젠테이션은 중요합니다.

딱 한 번의 기회가 주어집니다.
긴 시간을 할애해주지도 않습니다.
사람들은 내 발표의 좋은 점보다는 나쁜 점을 찾기
위해 눈에 힘을 줍니다.

지나고 나면 아무것도 아닌 그 짧은 시간에 수천 명
의 먹거리가 결정되기도 하고, 누군가의 인생이 바뀌
기도 합니다.

프레젠테이션을 잘하고 싶다면 프레젠테이션은 대
강 때울 수 없는 중요한 일이라는 걸 재차 되새겨봅
시다.

누군가는 프레젠테이션을 위해 남은
시한부 인생마저도 투자했습니다.

정장을 입어라

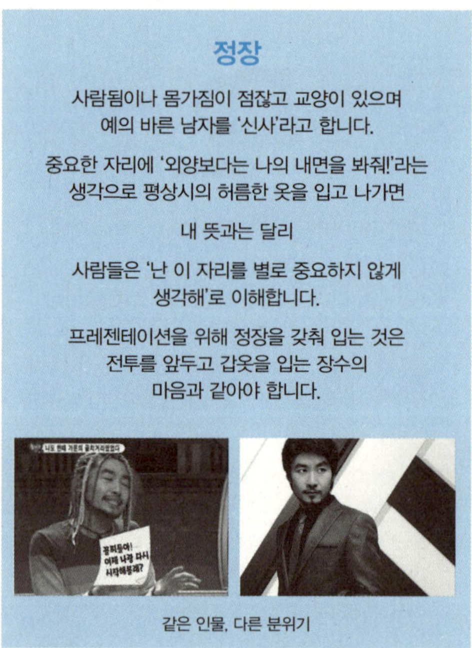

나의 진솔한 내면을 알리기 위해서는 얼마의 시간이 필요할까요? 1년? 한 달? 최소한 몇 시간이라도 필요하지 않을까요? 프레젠테이션에 주어지는 시간은 어떤가요? 짧을 때는 10분 내외이고, 일반적으로 강의가 아니면 한 시간 넘게 주지는 않습니다. '외양 따위는 중요치 않아 내용이 중요하지'라는 생각은 그래서 오산입니다.

편안한 느낌을 준다고 생각해서 입은, 늘 입던 옷 한 벌이 편견과 선입견으로 가득 찬 사람들 앞에서는 감점 요인이 됩니다. 비싸고 멋들어진 정장이 중요한 게 아니라 나는 정장을 챙겨 입고 올 정도로 이 자리를 중요하게 여긴다는 뜻을 보여주는 것입니다. 정장을 입은 사람을 조심해야 한다는 말이 있습니다. 비즈니스를 하는 사람이 정장을 입어야 하는 날은 그만큼 중요한 날이고, 충분히 긴장하고 있기에 완전무장한 군인과 같은 자세를 갖춘 것이라 그렇습니다.

전장을 파악하라

전장을 파악하라

프레젠테이션 전의 긴장감은 어떻게 해소해야 할까요?
심사위원들이 어떤 사람인지 미리 알 수는 없을까요?
나와 경쟁하는 다른 사람들은 어떻게 준비했을까요?

발표장에 일찍 도착하십시오.

막히는 도로 위 택시에서 발을 동동 구르다 헐레벌떡
시작 5분 전에 도착해서야 긴장을 해소할 수 없습니다.

심사장에서 아무리 심사위원들을 감추려 해도 같은 공간
에서 결국은 먼발치에서라도 그들을 확인할 수 있습니다.

먼저 발표한 사람의 반응을 살피고 심사의 방향에
대한 정보라도 미리 얻을 수 있다면
프레젠테이션은 더 정밀해 집니다.

시간에 쫓기는 것이 아니라 시간을 활용해야 합니다.

발표장에 일찍 도착하세요. 최소한 30분, 아니 한 시간 전이라도 시간이 아깝지 않습니다. 일찍 도착해서 미리 숨을 고르고 긴장감을 해소합니다. 나보다 먼저 발표하는 사람들의 반응과 심사장 주변에서 잠깐 보는 심사위원, 간사의 표정과 대화를 살피고 들어봅니다. 만약 강의라면 앞선 강사에 대한 청중의 반응을 살펴봅니다.

그리고 수집한 모든 정보를 정리해서 오늘 발표할 단어의 수준을 가다듬어봅니다. 나의 직업군에서 쉽게 얘기하는 전문용어, 영어 단어, 약어를 써도 될지 판단하고, 그런 말을 했다가는 청중의 집중력이 떨어질 것 같다면 일반적인 단어를 선택해 얼른 고칩니다.

안타깝지만 이런 일도 있었습니다. 대한민국에 초고속 인터넷이 태동하던 1998년경 소규모 SI(시스템통합)업체의 K부장은 대형 통신사 제안발표회에 한 시간 늦게 도착했습니다. 결국 프레젠테이션은 다른 직원이 부랴부랴 했고, 그분은 권고사직을 당했습니다. 당시 초고속 인터넷 장비 시장은 몇 안 되는 SI업체들이 참여하지만 수천억 원의 계약이 오고가는 블루오션이었죠. 프레젠테이션을 해야 할 사람이 제시간에 도착하지 못한 것 하나로도 회사는 수십억, 수백억의 손해를 볼 수 있는 상황이었던 것이죠.

그대로 읽기는 최악의 프레젠테이션이다

화면의 글씨를 그대로 읽는 것은 '나쁜 프레젠테이션이란 무엇인

지 내가 이 자리에서 꼭 보여주겠다!'고 패악질을 하는 것과 같습니다. 다들 잘 알고 있고, 그러면 안 된다고 생각하실 겁니다. 그런데도 왜 많은 사람이 프레젠테이션을 낭독의 시간으로 만들어버릴까요?

첫째, 너무 긴장해서입니다. 발표할 내용을 미리 다 외웠음에도 막상 단상에 올라가는 순간 긴장이 되면 눈앞이 하얘지고 아무 소리도 들리지 않게 됩니다. 이러한 공황 상태에서 그저 화면에 있는 내용을 읽으면서 빨리 이 시간이 지나기만을 바라게 되는 거죠.

둘째, 텍스트 과다 분출입니다. 프레젠테이션 화면에 너무 많은 텍스트를 넣은 경우인데, 이러면 말로 할 게 안 남는 상황이 되죠.

프레젠테이션의 기술

프레젠테이션 자료를 만들면서 화면으로 전달할 것과 말로 전달할 것을 나누어 작성하지 않고 모든 자료를 폰트 10 크기로 꽉꽉 채워 넣는 경우가 여기에 해당합니다. 대기업이나 일부 조직에서는 이런 식의 PPT 작성을 선호하기도 하는데, 워드프로세서로 작성해야 할 보고서를 PPT로 대체하기 때문입니다. 하지만 일반적인 발표 상황에서는 적당한 방식이 아닙니다. 특히 심사위원의 나이, 발표장의 빔 프로젝터 상태 등을 감안해서 PPT에서는 아무리 작은 폰트라도 14 이하로 줄이는 것은 지양해야 합니다. 무슨 폰트 크기까지 세세히 따지느냐 하는 분께는 어느 영농조합법인에 비료 팔러 왔던 영업사원이 폰트 12짜리 글씨로 빼곡한 프레젠테이션 자료를 선보였다가 어르신들께 발표 내내 욕먹었던 얘기를 전해드리고 싶군요.

셋째, 작성자와 발표자가 달라서입니다. 나이에 상관없이 컴퓨터 활용 능력이 뛰어난 요즘에도 이런 일이 있을까 싶지만 발표자가 남이 만든 프레젠테이션 자료를 들고 와서 발표하는 광경을 심심찮게 볼 수 있습니다. 어쩔 수 없이 직원들이 만든 자료로 발표하더라도 사전에 작성자와 이야기의 흐름, 주안점 등을 미리 상의하고 단상에 올라야 하는데, 검토 없이 바로 발표에 들어가는 사장님들도 있습니다. 아무리 왕년에 한 시대를 풍미했던 달변가라도 프레젠테이션은 부실해지고 어느 순간 화면의 텍스트를 낭독하게 됩니다.

많은 분이 아름다운 디자인의 프레젠테이션 자료를 숭상하지만 디자인이 뛰어난 프레젠테이션 자료가 곧 좋은 프레젠테이션 자료라고 할 수는 없습니다. 듣는 이가 집중할 수 있고, 두고두고 기억할 수 있는 흐름을 갖춘 프레젠테이션 자료가 더 낫죠. 그래서 저는 미적 장치는 좀 부족하더라도 되도록이면 발표할 사람이 직접 프레젠테이션 자료를 작성하라고 권합니다. 자기가 많은 시간을 할애해 화면을 구성하고 관련 자료를 찾아가며 만든 자료인데 다른 사람보다 본인이 더 잘 발표하는 건 당연한 일이니까요.

프레젠테이션을 할 때 화면의 텍스트를 읽는 발표에서 벗어나지 못하는 분들께 한 가지 팁을 드리자면, 슬라이드가 전환되는 순간 눈에 들어오는 단어 딱 한 개만 설명하고 넘어가세요. 청중에게는 화면과 인쇄물이 모두 있습니다. 결코 발표자가 다 읽어줄 필요가 없습니다. 주목해야 할 단어나 문장만 발표자가 짚어주면 되는 거죠. 슬라이드의 모든 내용을 그대로 읽는 순간 심사위원들(또는 청중)은 지루해지고, 발표자가 이루고자 하는 목표에서 계속 멀어져만 갈 것입니다.

반드시 눈을 맞춰라

발표장에서 프레젠테이션 자료를 그대로 읽는 것은 절대 하면 안 될 일이라고 말씀드렸는데요, 낭독의 큰 폐해 중 하나가 '아이 콘택트eye contact'가 안 되는 것이기에 더더욱 하지 마셔야 합니다. 아이 콘택트란 짧은 시간에 여러 사람과 커뮤니케이션하기 위해 반드시 필요한 기술입니다. 집중하지 못하는 사람들을 눈빛만으로 엄하게

정말 간절하다면 눈빛으로도 애원할 수 있습니다.

꾸짖어 집중하게 하고, 또 심사위원과 눈을 맞추며 반드시 내가 프로젝트를 따내야 한다는 절박함을 호소할 수도 있습니다.

프레젠테이션에 익숙하지 못한 사람들은 긴장감을 극복하는 것을 많이 어려워합니다. 이 긴장감의 극복에도 아이 콘택트는 좋은 기술입니다. 프레젠테이션을 시작하고 여러 청중에게 시선을 분배하다 보면 유독 내 얘기에 긍정적이고 좋은 반응을 보이는 사람을 찾을 수 있습니다. 그 사람과 자주 시선을 맞추며 프레젠테이션을 진행하다 보면 긴장감은 줄어들고 오히려 자신감이 생겨 더 안정적으로 프레젠테이션을 할 수 있습니다.

산만한 움직임이 아니라
멋진 제스처를 보여라

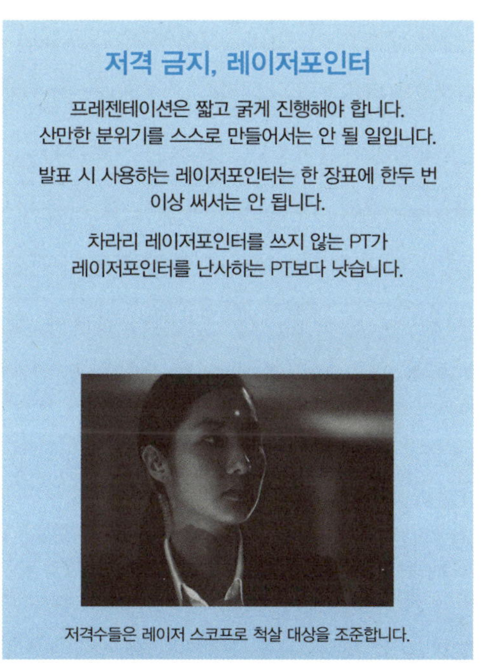

저격수들은 레이저 스코프로 척살 대상을 조준합니다.

더 열정적이고 멋진 모습을 보여주기 위해 손동작이나 제스처를 많이 하다 보면 오히려 산만해 보일 수 있습니다. 프레젠테이션에 애니메이션을 삽입하는 것도 무조건 좋은 방법은 아닙니다. 집중력을 높이기 위한 방안으로 특정 슬라이드에서 애니메이션을 쓸 수도 있지만, 모든 슬라이드에 애니메이션을 넣으면 슬라이드를 뒤로 돌려야 할 때 애를 먹을 수도 있고, 분위기가 산만해질 수도 있습니다. 프레젠테이션은 PPT 기술 경연대회가 아니라는 점을 명심하세요.

특히 많은 사람이 레이저포인터를 부주의하게 사용해서 인상을 찌푸리게 하는데, 레이저포인터는 꼭 필요한 상황에서 화면을 가리키는 데 사용해야지 슬라이드마다 사용하거나 흔들면 산만함만 가중됩니다. 레이저포인터를 난사하는 프레젠테이션보다 차라리 사용하지 않는 프레젠테이션이 더 낫습니다. 프레젠테이션 전에 레이저포인터 사용법을 미리 숙지하고, 페이지 업/다운에서 실수가 없도록 잘 조작해야 하며 프레젠테이션 중에 화면이 전환되지 않거나 편집 모드로 빠지더라도 신중하게 대처해야 합니다. 참고로 일반적인 레이저포인터는 LCD TV 화면에서는 빛이 흡수되어 사용할 수 없습니다.

발표 시간을 엄수하라

발표 시간을 준수해야 합니다. 반드시 발표 시간을 준수해야 합니다. 너무 중요해서 두 번 말씀드렸습니다. 많은 슬라이드를 준비한 프레젠테이션이라도 발표 시간에 맞지 않는 분량이라면 과감하게 줄여야 합니다. 예를 들어 발표 시간은 10분인데 50장이 넘는 슬라이드를 준비해서 프레젠테이션에 임하는 분들을 보면 중도에 프레젠테이션을 급하게 끝마치거나 "넘어가겠습니다"라는 말을 반복

하며 어렵게 시간을 맞추는 것을 볼 수 있는데, 좋게 보이지 않습니다. 일반적인 말의 속도로는 빨리 진행한다고 해도 1분에 슬라이드 한 장 정도의 프레젠테이션을 소화하는 것이 좋습니다.

만약 내가 준비를 많이 했다는 사실을 슬라이드의 양으로 보여주고 싶다면, 발표 시간에 맞춰 요약한 슬라이드를 앞부분에 배치하고 참고가 되는 슬라이드는 뒷부분에 부록으로 수록해서 발표 시간에 보여줄 자료와 심사위원이 참고할 수 있는 자료로 나누는 편이 좋습니다.

질의응답 시간이 가장 중요하다

심지어 발표를 잘 못해도 질의응답에서 만회할 수 있습니다.

질의응답 시간은 프레젠테이션에서 가장 중요한 시간입니다. 다소 발표가 부족했더라도 질의응답 시간에 그 실수를 모두 만회할 수도 있습니다. 앞서 발표 시간의 엄수를 말씀드린 이유도 질의응답 시간을 충분히 확보하기 위해서입니다. 일반적으로 심사위원들은 발표 자료를 훑어본 뒤 평가를 위해 자신이 꼭 확인하고 싶은 부분을 체크해두고 질의응답 시간을 기다립니다. 그런데 발표자가 시간을 끌어서 자신의 질문 시간이 줄어드는 위기가 발생하면 기분이 안 좋아집니다. 그래서 발표 시간을 정확히 지킨 발표자에 대해서는 좋은 인상을 갖게 되죠.

질의응답에서 중요한 점은 짧고 명료한 대답입니다. 결론을 먼저 말하고 부연하는 것이 중요합니다. "네, 가능합니다. 왜냐하면 …이기 때문입니다"와 "그것은 이러하고 저러한 이유로 가능할 것도 같습니다"는 완전히 다른 답변입니다.

또 한 가지 팁은 질문에 대응하는 자세입니다. 심사위원 중에는 많은 질문을 쏟아내거나 정리되지 않은 질문을 장황하게 늘어놓는 사람도 있습니다. 그럴 때 당황하지 말고 발표자가 질문을 정리해주고 답변을 하는 방법입니다. 예컨대 이런 식입니다. "질문하신 내용이 길어서 나눠서 답변 드리겠습니다. 먼저 확인을 해보겠습니다. 첫 번째 질문은 비용 절감의 방법, 두 번째는 그 방법론의 타당성을 설명해달라는 것으로 들었습니다. 질문의 요지가 맞으신지요?" 발표자가 도리어 심사위원을 배려해주면서 은연중에 카리스마 있는 모습을 보여줄 수도 있습니다. "제가 머리가 좋아서 질문을 다 기억합니다" 같은 위험한 발언보다는 훨씬 신뢰를 얻을 수 있겠죠.

지금까지 프레젠테이션을 좀 더 잘할 수 있는 방법들을 알아봤습니다. 어쩌면 누구나 알고 있는 내용인데 제가 꼬치꼬치 지적질을 한 것인지도 모르겠습니다. 프레젠테이션에 경험이 많은 분이라면 환기하는 차원이라 생각해주시면 고맙겠고, 프레젠테이션에 익숙

프레젠테이션의 기술

Thank you.

좋은 프레젠테이션은 신뢰의 전달입니다.
내가 준비하고 계획한 모든 일들이 합리적이고
타당해야 많은 사람들 앞에서 나는 자신감을 갖고
말할 수 있습니다.

프레젠테이션은 그 노력과 의지를 표현하는
최종 과정일 뿐입니다.

바꾸어 말하자면 좋은 프레젠테이션을 한 사람은 많은
시간과 노력을 경주했음을 입증한 것입니다.

진정한 노력은 잔기술과 허언에 절대 지지 않습니다.
건투를 빕니다.

하지 않은 분들은 프레젠테이션을 잘하는 사람들이 알게 모르게 기울이는 노력들을 이해하고 자신의 기술로 소화하는 계기가 되셨으면 합니다.

　제가 컨설팅하는 조합의 임원들과 정부 기관에 프레젠테이션을 하러 간 적이 있었습니다. 물론 컨설턴트인 저는 발표장에 입장할 수 없어서 발표장에 들어가기 전 마지막 점검을 하는 것으로 만족할 수밖에 없었습니다. 조합의 임원분들이 연세가 많으신 분들이라 여러 가지로 걱정을 했는데, 발표 시간보다 빨리 오시라고 신신당부했던 대로 발표장에도 20분 전에 도착하셨고, 다행히 양복도 잘 갖춰

입고 오셨습니다. 그런데 아뿔싸! 구두를 안 닦고 오셨지 뭡니까. 급한 대로 제 가방에 있던 물티슈로 구두를 닦아드리고 발표장으로 들여보내면서 갑자기 연습한 것과 달리 프레젠테이션을 망치면 어쩌나 하는 걱정이 다시 되살아나기 시작했습니다.

그때 이런 생각이 들더군요. 평생을 하나의 일에 매달린 분들인데 그 노력과 의지가 감추려 해도 감춰지지 않을 것이고, 프레젠테이션에서의 작은 실수로 그 모든 것이 물거품이 된다는 게 더 어불성설이라는.

좋은 프레젠테이션은 신뢰의 전달입니다. 내가 준비하고 계획한 모든 일이 합리적이고 타당해야 많은 사람 앞에서 자신감을 갖고 말할 수 있습니다. 프레젠테이션은 그 노력과 의지를 표현하는 최종 확인 과정일 뿐입니다. 바꾸어 말하자면, 프레젠테이션을 잘한 사람은 그 일에 많은 시간과 노력을 경주했음을 입증한 것입니다.

무한 경쟁의 시대, 우리는 몇 분짜리 프레젠테이션 자료를 갖고도 생사를 건 경쟁을 하고 있죠. 하지만 걱정하지 마세요. 진정한 노력은 잔기술과 허언에 절대 지지 않습니다.

세 줄 요약

❶ 청자에 대한 예의를 갖추기 위해 기본(복장, 시간)을 지키세요.

❷ 내가 직접 준비하고 만든 자료를 가지고 발표하세요. 중요한 것은 충실한 내용과 정확한 정보 전달이지 화려한 디자인이 아닙니다.

❸ 긴장해서 또는 실수해서 프레젠테이션이 원하던 대로 진행되지 않았더라도 질의응답을 통해 충분히 만회할 수 있습니다. 프레젠테이션은 연설이 아니라 소통이니까요.

기업과 직원

2015년 두산그룹은 '사람이 미래다'라는 광고를 통해 청년들에게 긍정의 메시지를 전달한 바 있었죠. 하지만 이 광고를 한 지 얼마 되지 않아 계열사인 두산인프라코어는 경영 악화를 이유로 젊은 직원들을 대규모 감원했습니다. 이 그룹이 과연 젊은이들에게 당당하게 '한 말씀' 할 수 있는지 의문이 듭니다.

과거와 달리 요즘에는 '인사人事'라는 말 대신 'HRhuman resource'라는 그럴싸한 영어 약자를 씁니다. 지칭하는 단어는 세련되게 바뀐 것 같은데 우리 기업의 '사람 경영'은 더 세련되어졌을까요? 나아진 게 없다면 왜 그럴까요? 이 아픈 질문을 받아야 할 사람은 누굴까요? 정부? 사장님? 노동부 근로감독관? 노무사? 어쩌면 저와 같은 컨설턴트? 언제나 어려운 문제이고 다루기 쉽지 않은 분야지만 연대 책임 의식으로 오늘은 기업의 인사에 대해 얘기해보겠습니다.

제가 이 글을 쓰고 있는 현재, 정부와 여당이 요구한 '노동 4법'은 국회에서 처리되지 않고 있습니다(박근혜 대통령은 열한 차례나 책상을 치며 이 상황에 분기를 떨치지 못했다죠). 박 대통령이 틈나는 대로 법안 처리를 요구하는 노동 4법은 근로기준법, 고용보험법, 산업재해보상보험법, 파견근로자 보호 등에 관한 법, 이렇게 네 개입니다. 원래는 기간제 근로법도 포함되어 있었으나 계약직 이후 정규직 전환이 이루어지는 기간을 현행 2년에서 4년으로 늘린다는 법안이다 보니 비난이 커서 제외했습니다.

아직 법안 처리가 되지 않은 노동 4법을 보기 전에 이미 정부가 공표한 '노동 관련 양대 지침 변경'을 먼저 살펴볼 필요가 있습니다. 이 양대 지침의 핵심은 '쉬운 해고'와 '취업규칙 변경 완화'입니다. 우리나라의 법은 '법'과 '시행령'으로 나뉩니다. 우리가 법령이라 하는 것은 바로 이 두 가지를 말하는 건데, '지침'은 법을 시행함에 있어 현장에서 참고해야 할 사항들을 정해둔 일종의 매뉴얼이라 볼 수 있습니다. 법도 아닌 지침에 왜 노동계가 심하게 반발하느냐 하면, 지침에 의해 처리된 많은 일들이 결국은 판례가 되어 노동계를 옴짝달싹 못 하게 할 것이기 때문입니다.

먼저 '쉬운 해고'는 기존 노동법에서 지켜오던 엄격한 해고의 요건이 기업에게 유리하게 바뀌는 것입니다. 기존 해고의 요건은 아주 명백합니다. 긴박한 경영상의 이유, 즉 누적되는 적자, 자본의 잠식 등으로 누가 봐도 회사가 어려운 경우 등에만 정리해고를 할 수

기업과 직원

있었죠. 노동자에 대한 평가 차원의 해고는 노동자가 회사에 금전적 손실을 일으킨 경우에 한해서만 가능했습니다. 이에 대해서도 '해고를 회피하기 위한 충분한 노력을 기울여야 한다'는 지침이 있었죠. 반면 '쉬운 해고'는 노동자의 성과를 평가하여 해고한다는 것으로, 사용자(기업)가 주관적으로 판단할 수 있는 요소가 생긴 것이죠. 그간 대기업에서 알게 모르게 해온 상대평가에 따른 하위 성과자 해고가 기업 전반으로 퍼져나가는 계기가 될 것입니다.

'취업규칙 변경 완화'는 정부가 법으로 정한 취업규칙의 운영을 '기업이 알아서 하라'며 규제를 풀어주는 것입니다. 취업규칙은 기업이 준수해야 할 노동법과 노동자의 노동권을 명시적으로 작성한 문서로, 10인 이상의 사업장은 반드시 정부에 신고해야 하며, 종업원들이 언제나 열람할 수 있는 곳에 비치해야 합니다. 그뿐 아니라 노동자에게 불리한 조항이 추가될 때는 사전에 그 내용을 알리고 근로자 과반 이상의 동의를 얻어야 합니다. 그러나 이번 지침에서는 '사회통념상 인정할 수 있는 것'에 대해서는 사용자가 노동자 동의 없이 바꿀 수 있도록 했습니다. 취업규칙 제도 운영의 근본 취지를 포기한 어처구니없는 지침이라 할 수 있습니다.

그 외 근로기준법 개정을 통한 근로 시간 확대, 고용보호법 개정을 통한 실업급여 수급 자격 강화, 파견법에 의한 거의 모든 분야의 파견 인정 등 노동 4법의 개악 사항에서 노동자를 착취하는 것으로 대한민국을 지탱할 수 있을 것이라는 천박한 국정 운영 인식을 목도하게 됩니다.

그러나 이런 끔찍한 상황에서도 작은 희망은 있습니다. 사용자, 즉 기업주가 정부가 내놓은 법과 지침을 지키지 않는 겁니다. 이상한 소리지만 이게 합법이기도 합니다. 예를 들어 정부는 파견법을 통해 노동자의 권리 따위는 신경 쓰지 않고 저임금으로 인력을 수급받도록 해놨습니다만, 기업주가 우리는 파견 따위 필요 없고 우리 회사 일꾼들은 모두 직접 채용한다는 방침을 밀고 나가면 되겠죠. 더 쉬운 예를 들어볼까요? 2017년 최저임금은 시간당 6470원입니다. 하지만 기업주가 사규로 우리 회사는 최저임금이 시간당 1만 원이라고 정해두면 어떨까요? 이게 불법일까요?

자본주의 사회에서 기업은 큰 역할을 합니다. 기업의 행보가 사회 구성원의 살림살이를 책임지고, 나아가 사회의 정의와 윤리에도 영향을 끼칩니다. 어떨 때는 뉴스에서 보이는 세상이 나와는 상관없어 보입니다. 인사 담당자나 사장님들은 관전하듯 바라보는 노동과 인권 문제가 내가 속해 있는 직장, 우리 회사에서는 어떻게 적용될 수 있는지 이 글을 읽으며 한 번쯤 생각해보시길 바랍니다.

사규

회사의 규범이나 규칙을 '사규'라고 합니다. 어떤 분들은 취업규칙이 사규라고 하는데, 취업규칙은 노동부가 근로기준법 및 관련 법령에 따라 기업들이 준용해야 할 기준을 제시한 것이라 사규라고 할

기업과 직원

수는 없습니다. 정확한 등가성은 없지만 취업규칙을 사규라고 하는 것은 눈에 보이는 실체이기 때문이겠죠. 이런 측면에서 회사의 정관 또한 사규라고 할 수 있습니다. 또 뭐가 있을까요? 기업의 모토도 사규라고 할 수 있겠죠. '우리는 악한 기업이 되지 않겠다'는 구글의 모토는 어쩌면 구글이 사라지지 않는 한 임직원들이 무슨 일을 하든 행동 규범으로 영향을 끼칠 테니까요.

그런데 말입니다, 여러분의 직장에는 사규가 있습니까? 혹시 취업규칙은 캐비닛 구석에 처박혀 있고, 회사의 정관은 필요할 때마다 법무사 사무실에 전화해 요청하지는 않습니까?

고용노동부에서는 '표준 취업규칙'을 배포하고 있습니다. 이 문서를 다운로드해서 회사의 여건에 맞게 수정하고 필요 사항을 첨삭해서 사규로 만드는 편이 가장 용이할 것입니다. 표준 취업규칙은

📅 **취업규칙 – 필수**

취업규칙(안)	작성시 착안사항
제18조(육아휴직) ① 회사는 만 6세 이하의 초등학교 취학 전 자녀(입양한 자녀를 포함한다.)를 가진 남녀 사원이 그 영유아의 양육을 위하여 육아휴직을 청구하는 경우에는 이를 허용한다. 단, 계속 근로한 기간이 1년 미만이거나 같은 영유아에 대하여 배우자가 육아휴직 중인 경우에는 허용하지 않을 수 있다. ② 육아휴직 기간은 1년 이내로 한다. ③ 회사는 육아휴직을 이유로 해고나 그 밖의 불리한 처우를 하지 않으며 특히 육아휴직기간에는 해고하지 아니한다. ④ 회사는 사원이 육아휴직을 사용할 경우 고용보험법령이 정하는 육아휴직급여를 받을 수 있도록 증빙서류를 제공하는 등 적극 협조한다.	[필수] 취업규칙의 필수적인 사항으로 모성보호 및 직장과 가정의 양립 차원에서 법으로 강제되는 제도임 ☞ (참고) '08.1.1부터는 만 6세 이하의 초등학교 취학 전 자녀(입양한 자녀를 포함한다.)를 가진 근로자의 청구 시 육아휴직을 부여하여야 함 (남녀고용평등법 제19조 참조) - 다만, 법령상 육아휴직을 허용하지 않아도 되는 근로자(계속 근로한 기간이 1년 미만, 같은 영유아에 대하여 배우자가 육아휴직 중인 근로자)에 대한 육아휴직 부여할지 여부 등은 사업장 사정에 따라 달리 정할 수 있음

취업규칙(안)	작성시 착안사항
제2절 배치·전직 및 승진 **제16조(배치, 전직, 승진)** ① 회사는 사원의 능력, 적성, 경력 등을 고려하여 부서의 배치, 전직, 승진 등 인사발령을 하며, 사원은 정당한 사유 없이 이를 거부할 수 없다. ② 회사는 제1항의 인사발령을 함에 있어서 합리적인 이유 없이 남녀를 차별하지 아니한다. ③ 승진 등 인사발령과 관련하여 필요한 사항에 대하여는 별도의 규정으로 정한다.	◈ 인사이동 관련 규정은 필수적 기재사항은 아니지만 내용상 근로기준법 등 관련법률에 위반되지 않도록 할 필요 [선택] 투명한 인사운영을 위해 규정하는 경우가 많으며 사업장 사정에 따라 별도의 인사규정으로 정하는 것도 가능 ☞ (참고) 전직, 전근, 승진 등 인사발령을 함에 있어 합리적인 이유 없이 특정 성(姓)을 불리하게 대우하지 않아야 함(남녀고용평등법 제10조 참조)

취업규칙 조항별로 '필수'와 '선택' 사항을 알려주고 착안 사항에 대해 설명합니다. 예를 들어 육아휴직은 반드시 필수 사항에 포함해야 하는 것이고, 승진과 관련된 사항은 선택 사항으로 회사의 인사규정에 따라 작성하도록 하고 있습니다.

이렇게 노동법과 관련 법령을 토대로 만든 사규는 회사에 따라 부족한 면이 있을 수도 있습니다. 예컨대 연구개발에 중점을 두는 벤처기업에서는 연구개발을 담당한 연구원의 특허권에 대한 권리와 보상 규정이 아주 중요하겠죠(이럴 때는 발명진흥법에 따라 '직무 발명 보상 제도'를 추가해놓으면 큰 도움이 됩니다. 직무 발명 보상 제도는 직원의 업무상 발명에 대해 발명 아이디어를 사업화하지 않더라도 회사가 보상하게 되어 있습니다).

다음의 밑줄 친 조항 정도만 사규에 신설하고 부속서 형태로 세부적인 절차를 정립하셔도 좋습니다.

제15조(위원회의 소집 및 운영) ① 위원회는 제14조의 의결사항이 있을 경우 위원장이 소집한다.
② 위원장은 회의를 소집하고자 하는 경우 원칙적으로 회의개최 7일전에 회의일시, 장소, 의제 등을 각 위원에게 통보한다.
③ 위원회는 재적위원 과반수의 출석과 출석위원 과반수의 찬성으로 의결한다. 다만, 징계에 관한 사항은 재적위원 3분의 2이상의 찬성으로 의결한다.
④ 위원장은 표결권을 가지며 가부동수일 때에는 결정권을 가진다.
⑤ 위원회의 회의는 공개하지 아니하며 회의내용과 관련된 사항은 누설하여서는 아니 된다. 다만, 위원회의 의결로 공개할 수 있다.
⑥ 위원회의 의결사항이 특정위원에 관한 사항을 의결할 때에는 당해위원은 그 전의 의결에 참여할 수 없다.
⑦ 위원회의 운영방법 등 기타 필요한 사항에 대하여는 별도의 규정으로 정할 수 있다.
⑧ 종업원이 직무에 속한 발명을 한 경우 직무발명에 대한 보상을 위원회 의결을 통해 실시한다.
1. 회사는 직무발명을 고취·보상하기 위해 심의운영위원회를 운영한다.
2. 종업원은 직무발명 발생 시 비밀을 유지하고 문서로 회사에 알린다.
3. 회사는 출원 유보 시에도 보상을 실시한다.
4. 본 규정은 발명진흥법에 따라 적법하게 실시하여야 한다.

제2절 배치·전직 및 승진

제16조(배치, 전직, 승진) ① 회사는 사원의 능력, 경력, 적성을 고려하여 부서의 배치, 전직, 승진 등 인사발령을 하며, 사원은 정당한 사유 없이 이를 거부할 수 없다.
② 회사는 제1항의 인사발령을 함에 있어서 합리적인 이유 없이 남녀를 차별하지 아니한다.
③ 승진 등 인사발령과 관련하여 필요한 사항에 대하여는 별도의 규정으로 정한다.

제3절 휴직 및 복직

제17조(휴직) ① 회사는 다음 각 호의 어느 하나에 해당하는 사유로 사원이 휴직원을 제출하는 경우에는 휴직을 승인할 수 있다. 이 경우 제3호의 휴직 외에는 무급을 원칙으로 한다.

구조조정이라는 치명적 상황

기업이 크든 작든 구조조정이 많이 일어나고 있습니다. 어쩌면 기업 인사 관리에서 최대의 위기 상황일 텐데요, 제 경험상 거의 모든 기업이 구조조정 이후 정상화되지 못합니다. 여러 이유가 있겠지만, 기업의 전부라고 해도 무방한 인력이 구조조정 과정에서 상처받고 그 상처를 회복하지 못하기 때문이 아닌가 싶습니다. '구조조정은 이렇게 해야 잘하는 거다'라는 말씀은 감히 못 드릴 것 같고, 사례 하나만 전해드릴 테니 반면교사로 삼으시면 좋을 것 같습니다.

최근 기업 구조조정에 대한 컨설팅 의뢰가 있었습니다. 이 기업은 10년간 흑자를 내다가 직전년도에 처음으로 손실을 보았는데 주주들의 손익 개선 압박으로 구조조정을 해야 하는 처지였습니다. 이 기업의 CEO가 처음 물은 것은 '매출액 대비 적당한 인건비의 비율'이었습니다. 주주 중 한 분이 '매출액 대비 30퍼센트가 적절'하다며 감원을 요구했기 때문이었습니다. 매출액 대비 인건비 비율은 창업 기업이 사업 계획을 작성하면서 판관비(판매·관리·유지에 드는 비용)를 어림잡기 위해 사용합니다. 통계청의 산업 동향 조사 등을 살펴보면 각 업종별로 매출액 대비 인건비 비율이 나옵니다만, 사업을 시작하는 초기에 동종 업계의 상황과 유사하게 인건비를 추정할 때나 가치가 있습니다.

결론적으로 이 기업의 주주가 말한 30퍼센트는 얼토당토않은 수치입니다. 통계적으로 보더라도 일반적인 제조업은 20퍼센트 이하

기업과 직원

수준이나 서비스업의 경우에는 50퍼센트 가까이 인건비에 사용하기도 합니다. 제가 만난 기업은 서비스 업종이었으니 30퍼센트에 맞추라고 주문한 주주는 침대가 작으면 다리를 잘라서 맞출 사람이었던 것이지요.

이 회사에 들어선 순간 직원들의 분위기가 무겁다는 걸 느꼈습니다. 동석한 인사팀장은 CEO와의 대화 중에 계속 끼어듭니다. 인사팀장 자신이 감원 대상일 수 있다는 공포에 허둥지둥하는 것으로 보였습니다. 직원들에게 혹시 감원에 대한 공지가 있었느냐고 물었더니 2~3개월 전부터 몇 차례 있었다고 합니다.

미국 드라마를 보니 양을 죽일 때는 공포를 모르게 순식간에 잡아야 한다고 하더군요. 공포 속에 죽은 양은 육질이 나쁘다고 하면서요. 반드시 해야 하는 구조조정이라면 최대한 빠르게 진행해야 합니다. 그러나 경영진이 계속 감원에 대한 정보만 흘리고 엿가락 늘어지듯 조치한다면 직원들은 피가 마르죠.

결론부터 말하면, 이 기업은 구조조정을 할 필요가 없었습니다. 손실 금액이 그리 크지 않았고, 10년간 유보금이 쌓여 있는 상태였거든요. 오히려 임원진과 주주 간의 갈등이 문제였는데, 당기순손실이라는 작은 불씨 하나로 펑하고 터졌던 것이었습니다. 구조조정을 해야 하는 상황이라고 말하는 기업들의 속내를 들여다보면 이렇듯 구조조정의 필요가 없음에도 사람부터 자르려는 곳들이 많습니다.

저는 이 기업의 컨설팅 의뢰를 받지 않기로 했습니다. 10년간 쌓아온 감정의 골을 컨설팅한다는 게 쉬운 일도 아니고, 이미 직원들은 회사에서 마음이 떠난 상태였으니까요. 이럴 때는 어떤 컨설팅을 하든 투자 대비 효과가 쉽게 나지 않을 겁니다. "귀사의 해고는 긴박한 경영상의 이유로 보기 어려우니 감원을 해야겠다면 1년치 연봉을 해고에 따른 위로금으로 생각하시는 게 좋겠다"라는 말씀만 드리고 나왔습니다.

위대한 기업의 시작, 다른 기업

'Think different'라는 광고 카피를 보셨을 겁니다. 스티브 잡스 생전에 애플에서 사용했던 광고 카피이자 기업의 슬로건이었죠. 창조경제라는 애매모호한 화두가 높은 곳에서 뚝 떨어져 난감한 시기입니다. 그런데 기업이 해야 할 일은 창조 이전에 '학습'입니다. 다른 기업이 잘하는 점이 있다면 반드시 따라해야 하고, 거의 모든 기업이 그렇게 하더라도 잘못한다면 다른 길을 선택해야 하는 것이죠. '다름'을 '생각'하는 기업이라면 위대한 기업이 될 수 있는 핵심 DNA를 갖추었다고 볼 수 있습니다. 또한 그런 회사의 노사 문화는 다릅니다.

다른 기업과 다른 노사 문화, 사람 경영을 하는 것이 그리 어려운 일은 아닙니다만, 사장님들이 남들 안 하는 일을 애써 하고 싶지 않아 외면하고 있는 것이죠. 어떻게 다르게 경영하는지 몇 가지 사례를 보겠습니다.

회사에서 신입사원 면접하시죠? 혹시 면접비를 주십니까? 저는 1990년대 중반에 딱 한 번 받아보곤 못 받아봤습니다. 제가 아는 J 사장님은 언제나 면접에 참여하는 구직자들에게 면접비를 챙겨줬습니다. 오래전 얘기이긴 한데, 흰 봉투에 만원권 한 장을 넣어 "교통비밖에 안 되지만 성의로 생각하고 받아주세요"라며 깍듯하게 인사하고 면접자들을 배웅했습니다. 왜 그랬을까요? J 사장님은 이렇게 답했습니다.

"우리 회사는 소비재를 만듭니다. 작은 중소기업이지만 인터넷 가격 비교 사이트부터 포털 사이트까지 우리 회사 이름을 검색하면 무수한 글이 뜹니다. 면접 오는 분들은 구직자이면서 또한 우리 회사의 고객입니다."

면접 얘기가 나왔으니까 드리는 말씀인데, 면접에 참여한 분들에게 사전 안내는 충분히 하시나요? 이 정도 안내면 어떨까요?

"저희 회사는 좋은 인재를 영입하고자 하는 욕심이 있습니다. 면접을 통해 충분히 검증하려는 순수한 의도와 달리 주의를 기울임에도 자칫 불쾌한 질문이 나올 수 있습니다. 이럴 때는 즉시 답변을 거부하거나 불쾌감을 표현해주시기 바랍니다. 저희는 회사의 업무로 면접을 진행하는 것이지 누구를 괴롭히는 나쁜 기업은 아닙니다."

노동법이 계속 바뀌면서 예전에 있던 월차휴가는 사라졌고, 연차휴가도 미사용분에 대해 수당을 지급하지 않아도 됩니다. IMF 사태 이전에는 월차휴가도 있었고, 연차휴가를 못 쓰면 수당으로 줬다는 얘기를 하면 젊은이들이 놀라곤 합니다. 그럼에도 아직 연차수당을 지급하는 회사들이 있습니다. 사용하지 못한 연차휴가에 대해 수당을 지급하는 회사들에 왜 그러느냐고 물어보면 대단한 답변이 돌아오지 않습니다. 하지만 그 당연함에 숙연해지죠.

"휴가도 못 가고 일한 사람한테 일한 값은 줘야 할 거 아닙니까?"

대학 교수들의 안식년처럼 장기근속 휴가를 주는 기업도 있습니다. 직원들 결혼식에 고급 리무진을 빌려주는 회사도 있더군요. 작은 회사라 기숙사를 제대로 갖추지 못했다고 주택을 임대해 직원들을 거주하게 하고, 가사도우미를 불러 생활에 불편함이 없도록 지원하는 기업도 있습니다.

표 준 취 업 규 칙

2012. 12.

◆ 이 자료는 주40시간제가 적용되는 제조업체를 가정하여 작성한 것이므로 동 자료를 참고하여 사업장의 취업규칙을 작성·변경할 때는 근로기준법 등 노동관계법령에 위배되지 않는 범위 내에서 사업장의 규모나 업무의 특성에 맞게 변형하여야 합니다.

◆ 또한, 이 자료는 현재까지 개정된 노동관계법령을 반영하였으므로 그 이후의 법령 제·개정에 대해서는 각 사업장에서 제·개정 내용을 확인하여 취업규칙에 반영하여야 합니다.

◆ 아울러 취업규칙을 작성·변경할 때에는 반드시 근로자 과반수(과반수 노동조합이 있는 경우는 그 노동조합)의 의견을 반영(청취 또는 동의)하여야 하며 회사의 홈페이지, 게시판, 사무실 등에 게시·비치하여 근로자들에게 알려야 합니다.

과거 엄길청 교수님의 특강에 갔다가 재미있는 일화를 들었습니다. 어느 회사 사장님은 사람을 무척 좋아했다고 합니다. 그래서 무슨 일이 있거나 회사에 부족한 점이 있으면 바로 거기에 맞는 사람을 뽑았다고 하죠. 그러다 보니 회사에 직원이 너무 많아 관리가 안 되었고, 사장님은 결단을 내리셨답니다.

"사람들을 관리할 수 있는 사람을 또 뽑아!"

우스갯소리였지만 많은 생각을 하게 되었습니다. 사람에 대한 애정이 없는 경영이 무슨 소용이겠어요. 기업은 자본의 집합체인 동시에 인간의 집합체이기도 한 걸요. 그런 의미에서 노동부의 표준 취업규칙을 꼭 한 번 다운로드해 보시기 바랍니다.

세 줄 요약 

❶ 기업의 사규에는 문서화된 취업규칙이나 정관뿐 아니라 고유의 문화와 철학도 포함됩니다.

❷ 어떤 사규도 노동 관련 법령에 앞서지 않습니다.

❸ 징계와 해고를 시행할 때도 노동법과 관련 지침에 따라 시행해야 합니다.

변할 수 있을까요?

살아남는 종은 강한 종이 아니고, 또 똑똑한 종도 아니다. 변화에 적응하는 종이다.
– 찰스 다윈

컨설팅을 필요로 하는 기업들은 컨설턴트가 신의 사자이길 바라는 것 같다. 출구를 찾기 힘든 현실을 장밋빛 미래로 바꾸어줄 것이라는 믿음을 만족시키기 위해서는 신의 권능을 빌려야 할지도 모른다. 어떨 때는 컨설턴트가 디오게네스라도 되는 양 자신에게 한마디 말로 깨달음을 달라고 조르기도 한다. 부담스럽고 난감한 일이나 언제나 그들이 들어온 답을 짧게 반복하기 미안해 나는 내 경험을 말해주며 그들이 스스로 답을 찾길 권한다. 부끄럽지만 나 또한 그랬고 지금도 아는 답을 헷갈려 하며 답안지에 쓸까 말까 망설이는 인생을 산다.

극한 심리적 불안으로 괴로워하던 나는 심리 상담을 받기 위해 상담소를 찾았다. 심리상담사와 한 시간여의 상담을 마치고 문을 나서다가 나는 문밖까지 배웅 나온 그녀에게 물었다.

"저는 변할 수 있을까요?"

그녀는 왜 안 물어보나 기다렸다는 듯이 내게 답했다.

"본인이 변하길 원한다면요."

원한다면 변할 수 있다.

수출은 대박일까?

'All or nothing!'이란 말이 있습니다. 우리말로는 '모 아니면 도!' 정도로 표현하면 될까요? 또 언제부턴가 '대박'이라는 표현을 많이들 쓰시는데, 주로 시장의 특수성이나 새로운 유행 등에서 자신이 한 꼭지를 움켜쥐었다며 저절로 돈이 굴러들어올 거라고 믿는 분들이 이런 표현을 많이 쓰시죠. 이런 분들 중에서 대박을 실현하신 분들을 본 적은 없습니다만.

기업 경영의 세계가 철저히 손익 중심인 것 같지만, 의외로 판타지가 넘실대는 영역이 바로 '무역'입니다. '모 아니면 도!' '바이어만 만나면 우리 상품은 대박!'을 외치는 분들을 심심찮게 볼 수 있는 곳이죠. 박근혜 대통령의 '통일은 대박!'이라는 발언, 기억나시나요? 대박은 가끔 '무지'와 동의어로 쓰이기도 합니다.

내수 시장 따위는 필요 없다며 국내에서 검증되지도 않은 제품을 곧바로 수출부터 하겠다는 당찬 포부를 밝히는 사장님들도 있습니다. 또 이번에 100만 달러 넘게 수출할 것이라기에 결제 조건을 물어보니 "바이어랑 다리를 놔준 분이 저랑 친해요. 그분께서 다 알아서 해주실 거예요"라고 순진무구하게 답하시는 사장님들도 꽤 봤습니다.

수출입에 대한 기본기를 갖추지 않고서야 대박은커녕 쪽박만 차기 십상입니다. 아는 만큼 보이고 보는 만큼 안다는 말이 있잖아요. 특히 무역의 세계는 이 말이 잘 들어맞는 곳입니다.

수출

무역은 수출과 수입으로 나뉘지만 수출을 먼저 얘기해야겠죠. 이게 돈 버는 거라고 생각하시는 분들이 많으니까요.

1. 내수 시장에 대한 우선 점검

반드시 국내 시장을 석권하고 해외 진출을 하시라는 뜻은 아닙니다만 국내 마케팅 채널에 빈틈이 많고, 아직 진출하지 못했거나 있는지도 몰랐던 시장이 있다면 그곳을 먼저 공략해야 합니다.

최근의 마케팅 채널은 온라인과 오프라인을 나눠서 봐야 할 정도

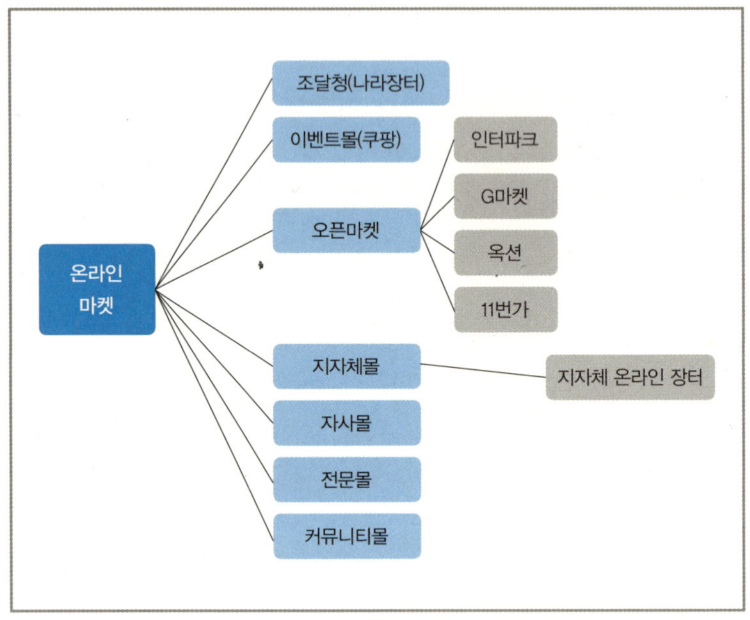

로 온라인 시장이 확대되어 있습니다. 옥션이나 G마켓 같은 오픈마켓, 쿠팡 같은 이벤트몰, 특정한 상품을 전문적으로 판매하는 전문몰, 딴지마켓처럼 커뮤니티 유저들의 충성도가 높은 커뮤니티몰, 조달청이 운영하는 나라장터 종합쇼핑몰까지 채널의 범위는 넓지요.

오픈마켓은 백오피스back office(후선 지원 업무) 툴이 잘되어 있어서 시장 동향을 분석하기에도 좋으니 반드시 입점해야 할 것이고, 옥션에 제품을 등록해서 파는데 G마켓에서 판매하지 못할 이유도 없습니다. 일반적으로 4대 오픈마켓이라고 불리는 판매처는 다 등록해야죠. 전문몰 입점은 시장을 선도하는 선각 소비자들을 통해 회사의 브랜드 파워를 키울 수 있으니 빼놓을 수 없고요. 조달청 나라장터 종합쇼핑몰에 입점한다면 관공서는 물론 전국의 수많은 학교, 경찰서 등 생각하지 못한 잠재 고객과 만날 수 있으니 이 또한 포기해서는 안 될 일이죠.

온라인은 이쯤 하고 국내 오프라인 마케팅 채널로 넘어가볼까요? 최근에는 마케팅 채널을 구축할 때 과거의 유통 경로 설정과 달리 총판이나 대리점 정책 위주로 수립하지 않습니다. 온라인 마켓의 성장과 국가 간 무역장벽이 무너지면서 수많은 제품이 쏟아지다 보니 우리 회사의 제품만 죽어라 팔겠다는 유통회사를 찾아보기 힘들거든요. 그래서 총판distributor의 위상이 그저 과거의 대리점reseller보다 물건을 조금 더 많이 가져가고 공급가를 좀 더 깎아주는 수준이 되었습니다. 최근 용산전자상가의 몰락은 시나브로 다가온 유통체계의 변화를 한눈에 보여줍니다. 이제 오프라인 마케팅 채널은 과거와 달리 제조사가 좀 더 발품을 팔아야 하고, 시장에 대한 이해를 바탕으로 대리점 정책과 직판 체계, 적절한 특판을 골고루 구성해야 합니다.

자사 제품의 국내 마케팅 채널을 구축하기 위해 노력해본 기업들은 채널별 특성은 물론 시장 전체를 보는 안목을 갖게 되지요. 이렇듯 내수 시장에서 쌓은 내공은 자연스럽게 수출에서도 저력을 발휘합니다. 내수 시장만 공략한 기업일지라도 대리점에 대한 정책, 제품에 대한 품질QC 및 보증QA, 소비자 불만족 대응 등의 노하우는 수출에서도 똑같이 발휘되거든요. 해외 바이어나 브로커가 얼토당토

수출은 대박일까?

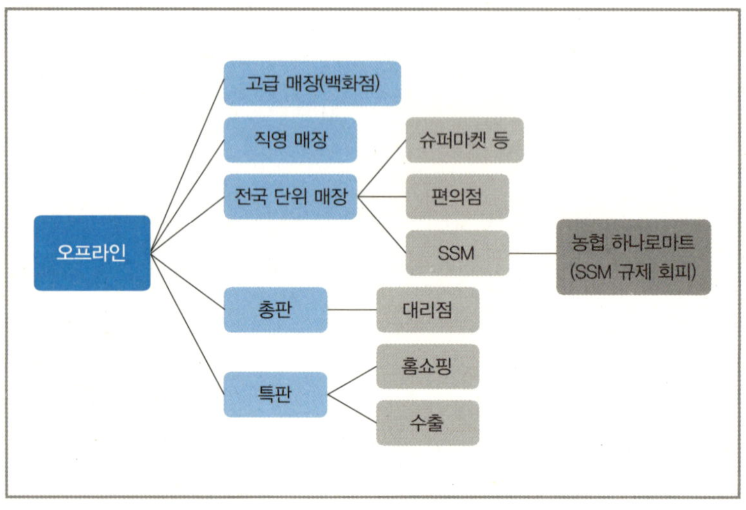

않은 요구를 할 때 내수 시장에서 잔뼈가 굵은 기업들은 능숙하게 그 요구를 거부하거나 오히려 다른 거래 조건을 제시하며 상황을 타개하는 반면, 내수 시장에서 충분히 공부하지 못한 초보 기업들은 속절없이 마진을 내주고 손해를 감수하는 이유도 여기에 있습니다.

국내 대기업의 OEM 납품이나 대형 할인매장 및 SSM, 홈쇼핑 등 어마무시한 유통기업들과 사업을 해보신 분들이라면 '수출'이라는 환상에 어느 정도 면역력을 갖고 있다 해도 무방할 겁니다. 수출을 새로운 시장으로 삼은 기업이라면 오프라인 마케팅 채널은 충분히 개척된 상태인지 다시 한 번 점검해보시기 바랍니다.

2. 필수 사전 학습

창업을 문의하시는 분들께 저는 어떤 교육이든 좋으니 창업 교육을 한 번은 꼭 들어보시라고 권합니다. 소상공인지원센터나 구청에서 하는 교육 등 무료 교육도 많거든요. 어떤 사람도 완벽한 상태로 창업을 하지 않습니다. 이런 교육을 통해서 단 한 가지라도 보완할 수 있는 걸 배운 후에 창업한다면 수많은 실패의 위험에서 조금이나마 자신을 지킬 수 있을 테니까요.

마찬가지로 수출 경험이 아주 없는 기업이라면, 담당 직원은 물론 사장님도 수출 관련 교육을 들어보시길 권합니다. 한국무역협회에서 운영하는 무역아카데미의 교육 과정을 참고하시면 도움이 될 것입니다. 또한 FTA가 속속 체결되면서 '원산지 증명'이 주요 이슈가 되고 있기 때문에 지역 상공회의소에서 여는 원산지 증명 교육은 반드시 들어보시길 권합니다(대한상공회의소와 달리 지역 상공회의소는 소수의 인원이고 원산지 증명 담당자와 교육을 통해 미리 연을 맺어놓으면 실무적으로 많은 도움을 받을 수 있거든요).

그리고 수출 초기에 겪게 되는 시행착오를 줄이기 위해 조금 불편하더라도 정부 지원 사업을 활용하실 필요가 있습니다. 기업에서 시행착오는 결국 금전적 손해로 돌아오기 마련이니 실수로 잃어버리는 돈을 정부 지원금으로나마 최소화해보자는 이야기입니다. 대표적인 사업으로는 중소기업청이 매년 시행하는 중소기업 수출 기업화 사업을 들 수 있겠습니다. 수출 초보 기업이 대상이기 때문에 경쟁률은 높지만 수출 금액이 없거나 적은 기업에게 유리한 사업입니다. 무역에 대한 교육, 홍보물(카탈로그) 제작, 포장 디자인 개발 등의 지원 사업을 받을 수 있으니 이것저것 준비할 게 많은 수출 초보 기업에게는 훈련도 되면서 실질적인 도움이 될 것입니다.

다만 적은 예산(수출 초보 기업 2000만 원)에서 여러 가지 지원을 하다 보니 기업 입장에서는 중소기업 수출 역량 강화 사업에서 개발한 포장 디자인 등이 아쉬울 수도 있는데요, 한국발명진흥회에서 지원하는 비영어권 브랜드 개발 사업과 같은 타 기관의 개별 지원 사업을 신청하셔서 디자인 부분을 강화할 수도 있습니다. 중국, 일본 등 영어권이 아닌 시장에 집중하시는 분들께 추천드립니다.

3. 수출 초보 기업 사례와 조언

1) 다시 써야 하는 회사 소개서

회사 소개서는 대부분 기업 연혁으로 시작하죠. 사장님 인사 말씀까지 들어가 있으면 참으로 유장한 소개서가 되는데요, 수출 초보 기업은 브랜드 가치 제로에서 다시 시작한다고 해도 과언이 아닙니다. 회사보다는 상품을 먼저 앞세워야 합니다. 그것도 직설적으로 바이어에게 제시할 수 있는 '이익'이 존재한다는 걸 보여야 합니다. 회사에 대한 얘기를 하고 싶다면 이 또한 상품을 뒷받침하는 내용에 중점을 둬야 합니다. 제품 생산 능력이 한 달에 몇 개라고 쓴 뒤에 공장 면적, 주요 설비, 노동자의 수 등을 보여주는 식으로 말이죠.

기존의 한국어 회사 소개서 PPT를 그냥 통째로 번역을 맡기는 건 현명한 행동이 아닙니다. 그리고 회사 소개서 하나만 갖고는 수출을 할 수 없습니다. 제품 신뢰도를 보여줄 수 있는 문서, 예컨대 백서white paper나 간단하지만 제품 특성을 한눈에 볼 수 있는 사양서specification sheet 등도 준비해야 합니다. 이런 문서를 처음 작성할 때는 막막하실 수도 있을 텐데, 글로벌 기업 중 우리 회사와 동종 분야에서 활동하는 유명 기업의 자료들을 읽어보고 벤치마킹해보시기 바랍니다.

2) 번역

가끔 이런 말을 듣습니다.

"외국어 잘하는 분이라고 해서 부탁드렸는데, 바이어가 제품 소개서를 보더니 막 웃더라고요."

"전문 번역 회사라 믿고 맡겼는데, 네이티브가 보더니 발번역이라고 하던데요."

이런 일은 비용을 아끼기 위해 번역을 비전문가에게 맡기거나 번역의 품질을 회사가 재확인하지 않았기 때문에 일어납니다.

해결 방법은 이렇습니다. 번역을 의뢰할 곳 몇 군데에 견적을 요청하시면서 적은 양의 샘플 번역을 요청하시고요, 견적서 제출 시 번역자의 인적 사항을 함께 제출해달라고 하세요. 그리고 샘플 번역들을 비교 검수해서 가장 좋은 결과물을 보여준 곳과 계약하되 번역자를 견적서 제출 시 샘플 번역을 했던 번역자로 지정하는 것입니다.

3) 시장 조사

들을 때마다 헛웃음이 나는 소리가 "중국 인구가 몇 명인데 한 개씩만 팔아도 대박!"이라는 말입니다. 중국 시장이 큰 시장이라는 사실 자체를 무시해서가 아닙니다. 제품 특성에 따라 중국에서 안 팔리는 물건도 있고, 또 법에 의해서 수입이 금지된 품목도 있거든요. 수입 금지 품목이 아니더라도 국가가 공공재로 규정하고 국영 기업이 직접 공급하는 품목은 여러 가지 승인을 통과해야만 판매할 수도 있습니다. 이런 비관세 장벽은 FTA로도 해결되지 않습니다. 예를 들어 통신 관련 제품이라면 대부분 국가가 독점적인 국영 통신사를 운영한다는 점을 감안해야 합니다.

시장 조사라면 드라마 《미생》을 통해 홍보 효과를 톡톡히 보고

📅 KOTRA 보고서

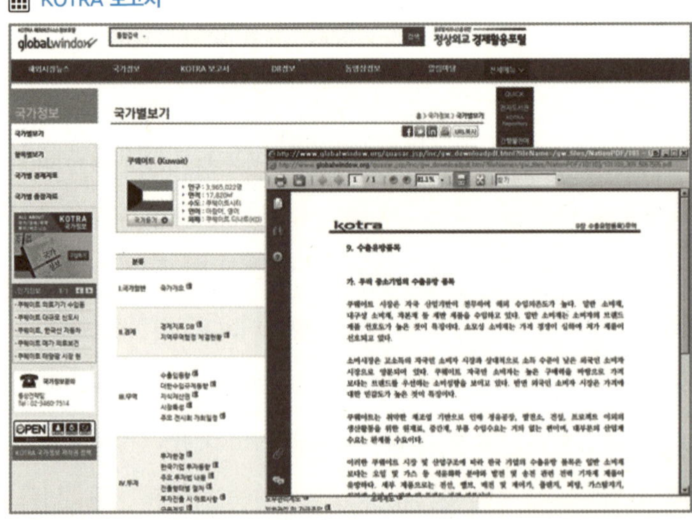

있는 KOTRA를 빼놓을 수 없죠. 말도 많고 욕도 많이 먹지만 그래도 무료로 각국의 정보와 시장 동향을 볼 수 있는 곳이 KOTRA입니다. 수출 전에는 반드시 KOTRA의 관련 보고서를 읽어보시기 바랍니다.

KOTRA에서 시장의 거시적 정보를 얻었다면, 수출의 실무적인 부분에서 문제가 되지 않도록 통관에 대한 정보도 확인해봐야 합니다. 여러 가지 경로로 정보를 얻을 수 있겠지만 우체국에서 운영하고 있는 통관 정보를 한 번 살펴보는 것만으로도 도움이 될 것입니다.

4) 수출은 정말 하고 싶은데 돈이 없다면

수출은 정말 하고 싶은데 돈이 없다는 넋두리를 굉장히 자주 듣습니다. 그런데 이런 분들을 위해서일까요? 다행히 해외에서도 인터넷을 통한 오픈마켓이 급성장했습니다. 바로 이베이ebay죠.

이베이는 한국의 옥션과 G마켓을 소유하고 있기도 합니다. 이베이를 소개해드리면 어떻게 영어로 제품을 판매할 수 있겠느냐며 포기하는 분들이 있는데 이베이의 판매자 전용 백오피스에는 아예 자주 사용하는 영어 표현들을 선택할 수 있게 해놨습니다. 현재 활동 중인 개인 판매자 중에는 환갑을 넘긴 분도 있고 전업주부도 있습니다. 영어를 잘하면 잘할수록 좋겠지만 중·고등학교 시절에 배운 영어만으로도 충분히 운영할 수 있습니다.

흔히 판매자들이 '장판샷' '창고샷'이라고 부르는 허접한 사진과 이미지로 도배된 국내 오픈마켓과 달리 이베이에는 텍스트 위주의 소개가 많습니다. 국내 오픈마켓의 화려한 제품 소개에 익숙한 분들이라면 당황스러울 수도 있는데요, 이베이에서 가장 중요한 것은 피드백과 DSRDetailed Seller Rating입니다. 피드백은 말 그대로 상품평인데 소비자에게 나쁜 평negative feedback을 받게 되면 판매자 등급도 낮아지고 심지어 판매할 수 있는 수량도 제한받습니다. DSR은 세분화된 상품평이라고 볼 수 있는데, 상품 소개의 정확도, 고객 응대, 배송 기간, 배송비 등에 대한 평가가 세부적으로 표시되기 때문에 한 줄 상품평보다 더 상세하게 판매자의 신용을 알 수 있죠.

해외 제품 배송은 비용도 많이 들고 쉬운 일이 아닌데, 다행히 우

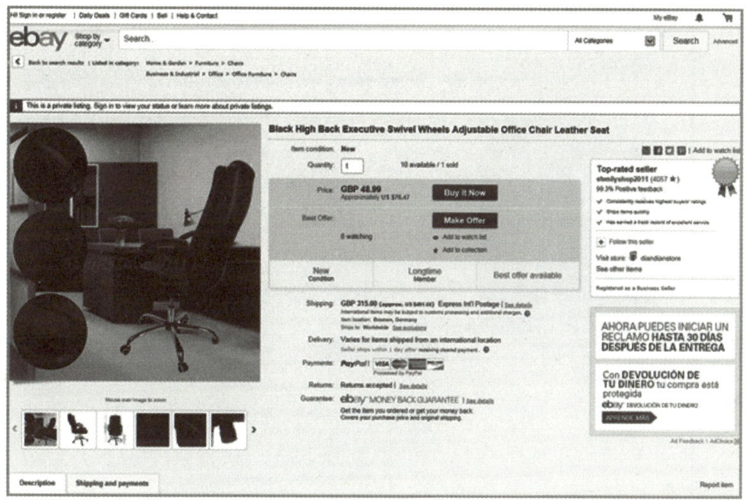

리나라 우체국 EMS는 세계적인 수준이고 호주, 영국, 미국 같은 나라들과는 업무 협약이 잘되어 있어서 한국에서 배송한 지 3일 만에 호주 소비자가 물건을 받는 일도 대수는 아닙니다.

핸드드라이어를 제조하는 기업의 영업 담당자가 이베이에서 물건도 잘 안 팔리는데 상품을 계속 올리시기에 그 이유를 물어보니 소비자 개별 판매를 위해서가 아니라 유통하는 분들을 낚기 위해서라고 합니다. 이처럼 홍보의 수단으로 이베이를 활용하는 방법도 있습니다.

사실 전 세계 바이어들에게 내 제품을 홍보할 수 있는 더 좋은 수단은 알리바바alibaba에 제품을 등록하는 것이죠. 바이어를 만나기 위해 비행기를 타고 비싼 호텔에 묵으면서 쓰는 영업 비용도 중소기

수출은 대박일까?

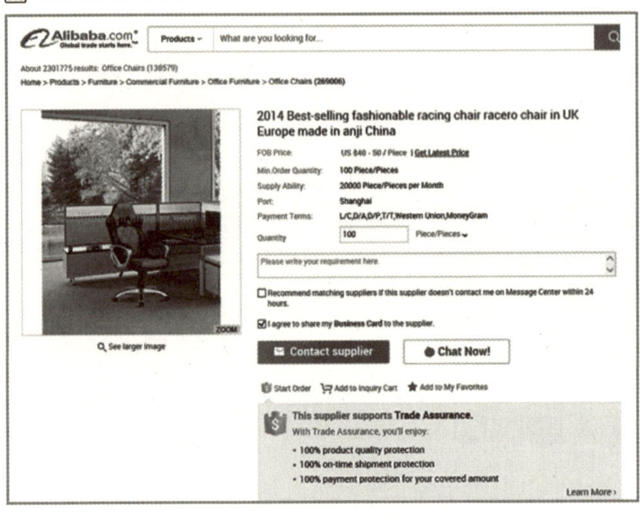

업에는 큰 부담입니다. 알리바바는 수요자와 공급자를 만나게 해주는 만남의 장이기도 하지만 우리 회사가 수출을 하기 위해 필요한 경쟁사 정보를 얻을 수 있는 데이터베이스이기도 합니다. 유사한 제품의 가격 동향도 파악할 수 있고, 제조사들이 MOQ를 얼마 정도로 잡고 있는지 알아볼 수도 있습니다. 그뿐 아니라 알리바바에 꾸준히 제품을 올려두면 의외로 커스터마이징customizing 요구가 들어오기도 합니다. '당신 회사의 제품에서 이런 부분을 추가해서 납품 가능하겠는가'와 같은 요청이 있다는 것이죠. 연구개발 능력이 있는 제조사에게는 이런 커스터마이징 요청이 좋은 기회입니다. 만들어서 쌓아놓고 언제 이 재고가 다 팔릴까 노심초사 고민하지 않아도 되는 주문 제작이니까요.

5) 무역사절단, 해외 전시회, 수출 상담회

일을 함에 있어 '흥'이 없으면 그 사람은 그저 일중독자일 뿐 일을 즐기는 사람은 아닐 겁니다. 없는 흥도 일부러 만들어보려고 직원 포상도 하고, 워크숍도 하고 그러는 건데요, 하지만 흥에 너무 취해 있다 보면 업무의 본질을 잊고 내실마저 챙기지 못하는 일이 생깁니다. 수출에서 이런 오류가 발생하는 지점이 바로 무역사절단, 해외 전시회, 수출 상담회 같은 행사입니다.

정부가 지원하는 이런 사업에 참여하게 되면 초보 사장님들은 자신이 성공한 사업가처럼 느껴져 두 발이 점점 지면에서 떠오르기 시작하는데요, 이런 사업을 진행하는 일부 공무원들은 행사 자체의 성과를 포장하는 데에만 정신이 팔려 있어서 개개의 참여 기업이 수출 실적을 낼 수 있는 기회를 만들어줘야 한다는 목적의식을 잃어버리기도 합니다. 무역사절단으로 해외 전시회로 수출 상담회로 온 세계를 누비며 세일즈를 하고 있다고 착각하는 사장님들은 해당 행사의 기획 의도나 운영 방향을 간과하곤 합니다. 지난해 만났던 사장님은 이렇게 말씀하시더군요.

"수출 상담회가 열린 후 상담 실적표를 내라고 해서 실적이 없다고 냈더니 공무원이 화를 내면서 최소 50만 달러 정도는 적으라고 하더군요. 사실 내 제품을 설명하려고 해도 참석한 바이어는 그리 열의도 없고 정말 무역을 하는 사람인가 싶은 의심도 들었어요. 한국에 돌아와서 제가 참여했던 수출 상담회가 몇 천만 달러의 실적을 올렸다는 신문 기사를 보니 기가 막히더군요."

　해외에서 열리는 행사는 정부 보조금이 있더라도 어쩔 수 없이 기타 경비가 많이 듭니다. 속된 말로 본전은 뽑아야 하지 않겠습니까? 주최 측의 공식 일정도 존중해야겠지만, 내가 수출을 하는 것이 우선이니 불필요한 행사는 참여하지 마시고 개별적으로 미리 바이어 미팅 일정을 잡고 출국하는 편이 좋습니다. 궁금해 하던 제품이 자기 나라에서 전시회를 열고 CEO가 직접 온다고 하면 바이어가 발 벗고 쫓아오기 마련입니다. 만일 사전에 이런 미팅 일정을 잡지 못했다면 최소한 바이어 물망에 오를 만한 기업들에 '내가 당신들 나라에서 이런 행사에 참여하니 우리 부스에 방문해주길 바란다'는 이메일 정도는 쭉 뿌려두고 가시길 바랍니다. 직접적인 거래가 없더라도 주기적으로 전시회 개최 안내 메일을 보내는 기업에 바이어는 호기심과 신뢰를 갖기 마련이거든요.

세 줄 요약 

❶ 수출을 위한 기본을 갖춰야 합니다. 견적서, 제품 소개서, 회사 소개서를 하나하나 준비하지 않으면 바이어는 우리 회사와 제품에 지속적인 관심을 보이지 않습니다.

❷ 수출을 하기 전에 반드시 시장 조사를 해야 하며, 각국의 기본적인 정보는 KOTRA나 우체국의 통관 정보에서 확인합니다.

❸ 온라인 마켓의 발달 덕에 수출도 이베이나 알리바바를 통해 적은 비용으로 할 수 있습니다.

수입할 때 알아야 할 것들

디지키Digi-key Electronics라는 회사가 있습니다. 전기·전자공학 관련 기업에 종사하시는 분들이라면 한 번쯤은 들어봤을 만한 업체인데요, 예전에 제가 운영하던 회사에도 디지키의 카탈로그가 몇 개씩 오곤 했습니다. 택배 기사님들이 도대체 뭐하는 회사기에 대한민국 택배 업계를 비수기에 이렇게 바쁘게 할 수 있냐고 물었던 기억이 나네요.

국내 중소기업의 몰락은 결국 그 생태계를 황폐화시켰습니다. 국내에서 부품·소재를 제조하는 기업은 물론이고 해외에서 부품과 소재를 수입하여 공급하던 대리점들의 폐업으로 이어졌죠. 그러다 보니 소량의 부품이라도 달러가 아니라 국내 은행에서 송금하듯 손쉽게 거래할 수 있는 디지키의 성장은 당연한 것이었습니다.

요즘 각광받는 드론처럼 벤처기업은 단순히 소프트웨어만 개발

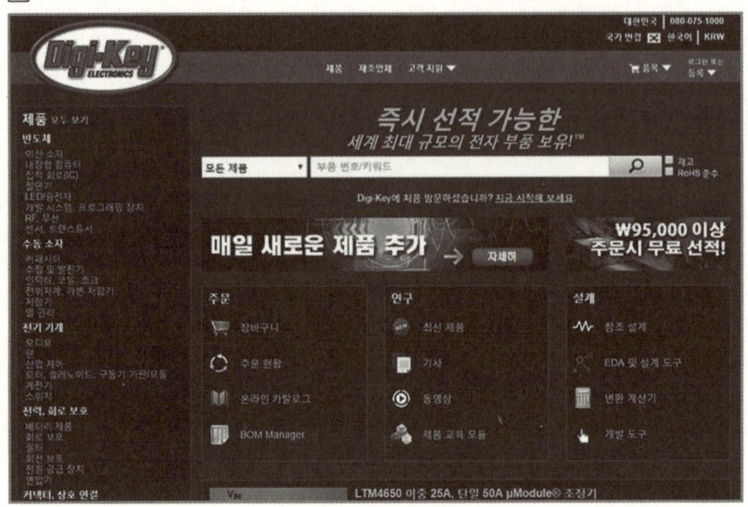

하는 게 아니라 하드웨어 제조도 하는데요, 하드웨어 제조 기반의 벤처기업이 사업을 시작하고 제일 먼저 맞닥뜨리는 애로 사항이 부품을 구하기 어렵다는 것입니다. 스스로 수입을 해서 해결하지 않는 한 뾰족한 답이 없는 경우가 많죠. 이 장의 내용이 이런 변화된 환경에서 분투하는 기업들에 작은 도움이라도 되었으면 합니다.

갑에서 일했던 사람이 을이 되어 일을 하면 처음에는 화날 일도 많지만 의외로 갑의 가려운 곳을 잘 긁어줍니다. 을에서 일했던 사람이 갑의 위치가 되면 을의 처지를 이해해서 갑질을 자제하죠(항상 그렇다는 건 아닙니다만). 이렇듯 경험을 통해 상대방을 충분히 이해하고 있다면 본연의 업무에 큰 도움이 됩니다.

수입도 마찬가지입니다. 수출을 해본 사람이 상대 판매자의 입장을 잘 이해하고 더 효율적으로 관계를 조율할 수 있습니다. 수입을 해본 사람은 수출을 잘할 수 있고, 수출을 해본 사람은 수입을 잘할 수 있다는 것. 당연한 얘기지만 비즈니스 모델을 설계할 때 수입과 수출을 따로 떼어 보고 한쪽에만 치중하는 오류를 범하지 않으셨으면 해서 드리는 말씀입니다.

기업에서 수입을 하는 이유는 크게 세 가지입니다.

1. 국내 시장에서 경쟁력이 있는 제품을 수입해 마진을 붙여 판매하는 유통
2. 국내에서 수급이 불가능한 원재료(소재, 부품 등)를 조달하는 구매
3. 우리 회사의 주력 상품 외 제품의 라인업을 보강하기 위한 OEM

원래 두 번째와 세 번째는 중소·벤처기업에서 자주 일어나는 일은 아니었습니다. 하지만 두 번째로 언급한 해외 원재료 조달은 갈수록 그 중요도가 커질 것으로 예상됩니다. 그리고 세 번째 경우는 제가 중소·벤처기업들을 컨설팅할 때 새로운 사업 방향으로 많이 제안하는 것입니다. 기업의 욕심과는 달리 소비자의 요구를 모두 만족하는 제품 라인업을 중소기업 수준에서 모두 직접 개발하고 제조해 갖추기는 어렵습니다. 이럴 때는 OEM(주문자가 요구하는 제품과 상표명으로 완제품 생산)을 선택하는 것이 기업의 부담은 줄이면서 시

수입할 때 알아야 할 것들

장 변화에 유연하게 대처할 수 있는 방법입니다.

그럼 지금부터 차근차근 초보 무역 기업들이 알아야 할 기본적인 내용을 살펴보도록 하겠습니다.

결제 조건

T/T_{Telegraphic Transfer}(전신환), L/C_{Letter of Credit}(신용장. 은행이 거래처의 요청으로 신용을 보증하기 위하여 발행하는 증서), 에스크로_{escrow}(제3자가 상거래가 원활히 이루어지도록 중계하는 매매 보호 서비스) 등 여러 가지가 있지만 의외로 T/T 거래가 많습니다.

관세청이 매년 발행하는 무역 통계 자료를 보면 수입 중 1만 달러 미만의 거래가 총 거래의 79.5퍼센트를 차지하고 있습니다. 소규모 무역인 경우 첫 거래 시 대부분 국가의 수출자_{seller}는 수입자_{buyer}인 나에게 'T/T in advance(선금 일시불)'을 요청합니다. 돈 떼일까 걱정돼서 그러는 거죠.

L/C는 국내 은행이 수입 대금을 대신 내줄 정도의 신용(담보) 능력이 있을 때에만 사용 가능합니다. 기업의 영업 상황이 양호하고 재무 구조가 좋을 때만 개설할 수 있죠. L/C는 은행이 구매 자금을 대신 내주는 거라고 보면 됩니다. 은행 입장에서는 대출을 해주는 것과 같은 이치죠.

에스크로 서비스인 페이팔_{Paypal}은 이베이 등 전자 상거래 결제 방식으로 유명하죠. 본 거래 직전에 샘플 주문sample order이나 시범 주문trial/initial order을 할 때 활용하시면 아주 유용합니다. 외국에서 수출하는 기업 입장에서는 South Korea라는 잘 모르는 나라의 누군가에게 물건을 판다는 게 위험하게 느껴지니 발주 시 현금 일시불을 요구하기 때문입니다. 우리 입장에서도 마찬가지입니다. 기껏 선불로 송금했는데 벽돌이 든 상자가 들어오면 난감하잖아요. 그럴 때 페이팔을 씁니다. 페이팔이라는 에스크로 서비스를 통해 수입에서 발생할 수 있는 위험을 피하는 거죠. 개인이 해외 직구할 때만 쓰는 서비스는 아니랍니다. "어차피 첫 거래니 페이팔 계정을 알려주면 거기로 입금하겠다"고 얘기하면 상대방에게 '아, 내가 거래하려는 회사가 생초보는 아니구나'라는 인상을 줄 수도 있습니다.

무역에서 상대방이 국제적 상식을 갖춘 파트너인지 생초보/돌아이인지는 수시로 검증해봐야 합니다. 그건 수입하는 우리도 수출하는 상대방도 마찬가지입니다. 그래서 무역을 하기 전에 반드시 공부하시라고 한 건데요, 상대방은 내가 쓰는 단어 하나에서 바로 수준을 파악합니다. 클럽에서 같이 춤출 상대방을 고를 때 국민체조나 하고 있는 사람하고는 부비부비할 생각이 들지 않는 것처럼요.

거래 조건

견적quotation이나 오퍼시트offer sheet(물품의 매도 사실을 확실히 확인하기 위한 문서)에는 가격과 MOQ 등이 나옵니다. 이걸 꼼꼼히 살펴보고 확인해둬야지 나중에 그런 줄 몰랐다고 항의해봐야 힘만 빠집니다. 국제 거래이다 보니 분쟁을 조정하는 데 시간과 비용이 많이 들거든요.

1. 가격의 정확한 인식

가격은 반드시 운송 조건incoterms과 함께 표기됩니다. EXW(공장 인도. 매도인의 영업장 구내에서 화물을 인도), FOB(수출항 본선 인도. 매도인이 선박의 적재부터 본선상의 화물 인도의 끝까지를 책임지고 이후는 매수자가 책임), CIF(운임 및 보험료 포함 인도. 수출업자가 화물을 선적하고 운임

📅 **운송 조건**

Incoterms	차량 적재	수출 통관	수출항까지 운송	수출항에서 양하	수출항에서의 양륙비	수입항으로 운송	수입항에서의 양륙비	수입항에서 차량에 적재	목적지까지 운송	보험	수입통관	수입관세
EXW	아니오	아니오	아니오	아니오	아니오	아니오	아니오	아니오	아니오	아니오	아니오	아니오
FCA	예	예	예	아니오	아니오	아니오	아니오	아니오	아니오	아니오	아니오	아니오
FAS	예	예	예	예	아니오	아니오	아니오	아니오	아니오	아니오	아니오	아니오
FOB	예	예	예	예	예	아니오	아니오	아니오	아니오	아니오	아니오	아니오
CFR	예	예	예	예	예	예	예	아니오	아니오	아니오	아니오	아니오
CIF	예	예	예	예	예	예	예	아니오	아니오	예	아니오	아니오
CPT	예	예	예	예	예	예	예	예	예	아니오	아니오	아니오
CIP	예	예	예	예	예	예	예	예	예	예	아니오	아니오
DAF	예	예	예	예	예	예	아니오	아니오	아니오	아니오	아니오	아니오
DES	예	예	예	예	예	예	아니오	아니오	아니오	예	아니오	아니오
DEQ	예	예	예	예	예	예	예	아니오	아니오	예	아니오	아니오
DDU	예	예	예	예	예	예	예	예	예	예	아니오	아니오
DDP	예	예	예	예	예	예	예	예	예	예	예	예

료와 보험료도 부담), CPT(운송비 지급 인도. 수출업자가 목적지까지 화물을 인도하면서 운송비 부담) 등을 표기하는데, 이는 상호 간 비용과 의무에 대한 국제적 약속입니다.

예를 들어 국내 수입상이 샘플 제품을 DHL로 수입하는 경우 CPT 조건이 가장 합리적이겠죠(참고로 FOB는 국내에서 수출 신고 시 기본 조건으로 보고, 수입 신고 시에는 CIF를 기본 조건으로 봅니다). EXW와 같이 구매자가 모든 비용을 부담하는 조건은 현실적으로 보기 힘듭니다.

견적 가격이 미화 50달러이고 국내에서 사는 건 55달러라고 했을 때 수입을 처음 해보시는 분들은 '훨씬 싸구나! 얼른 수입해야겠다'라고 생각하실 수도 있는데요, 제품 가격 50달러 외에 운송비 shipping cost와 핸들링 차지handling charge도 판매자에게 확인해보셔야 합니다. 수량이 적은 경우 운송비 외에 핸들링 차지를 별도로 더 받는 판매자도 있기 때문입니다.

2. MOQ에 대한 이해와 대응

MOQMinimum Order Quantity는 최소 구입 수량입니다. MOQ는 공장에서 필요한 원·부자재의 최소량, 생산 설비의 가동 효율성, 컨테이너 적재 최대 수량 등에 의해 어쩔 수 없이 만들어지는 것이지만, 안타깝게도 일부 해외 판매자들은 재고stock를 유지하지 않고 바이어의 구매 주문이 있을 때만 생산하는 경우도 많습니다. 그렇다 보니 터무니없이 많은 수량이 MOQ로 책정되는 경우가 많은데, 그럴 때

수입할 때 알아야 할 것들

는 'break down된 견적서'를 요청해보세요. 판매자가 일정 재고를 유지하고 있거나 과하게 지른 견적이라면 수량을 재조정한 견적서를 받을 수 있습니다. 물론 이건 국내 기업과의 거래에서도 필요한 과정이죠.

또한 샘플 주문, 시범 주문을 진행하면서 미래 구매 예상량forecast을 주고 대응이 가능한지 확인해보시는 것도 좋습니다. EOLend of line(단종)이 잦고 생산 능력이 없거나 떨어지는 판매자들을 미리 걸러내는 지혜가 필요하니까요. 특히 국제적 브랜드를 확보하지 못한 '일단 만들어 팔자' 식의 개발도상국 중소기업들은 단종이 잦습니다. 거래가 이루어졌을 때는 단종 계획이 있다면 즉시 알려달라고 요청해두세요.

리드 타임

리드 타임lead time은 주문 접수 시 제품을 제작해서 선적할 때까지의 시간을 의미합니다. 무역의 특성상 수출자가 내가 언제 물건을 창고 문 앞에서 받을 수 있을지 알려줄 수 없죠. 대부분 수출자는 FOB를 기준으로 거래를 제시하기에 리드 타임은 '물품을 배에 싣는 시간'까지로 보는 것이 관례입니다.

지속적인 거래가 필요한 경우라면 내가 원하는 시기에 재고를 채워놓기 위해 리드 타임을 제대로 조사할 필요가 있습니다. 계절 아이템, 기획 아이템처럼 일정 기간이 지나고 나면 판매가 어려운 아이템인 경우 반드시 판매자에게 확인을 받아두어야 합니다. 크리스마스 프로모션을 위해 발주했는데 2월에 물건이 들어온다면 황당하니까요. 대부분의 판매자들은 겉보기와 다르게 재고를 쌓아놓고 기다리지 않는다는 점, 판매자 또한 완제품 제조를 위해 원자재를 구입해야 하기 때문에 거기에서 트러블이 생기면 리드 타임이 길어질 수 있다는 점을 항상 염두에 두어야 합니다.

T/T 송금

은행에서 송금하면 송금 관련 수수료가 있습니다. 하나는 국내 거래 은행에서 송금할 때 드는 수수료로 주로 송금자가 부담합니다. 또 하나는 경유 은행에 대한 수수료인데, 모든 은행이 국가 간 일대일로 연결되지 않기 때문입니다. 간혹 은행 직원이 "이 수수료를 어느 측에서 내시겠습니까?"라고 물으면 당연히 판매자 측에서 낸다고 하세요. 착하디착하게 이것까지 내주실 필요는 없습니다. 이런 걸 '수익자 부담의 원칙'이라고 하지요. 반대로 내가 수출을 했고 미달러화 통장으로 대금을 받기로 했는데, 원래 입금될 금액보다 조금 적게 들어왔다 싶으면 이 수수료가 부과되었다고 보면 됩니다.

그런데 만약 판매자가 T/T 송금은 받고서 물건은 안 보내주면 어떡하나요? 이럴 경우 금액을 나누어서 송금하는 것도 하나의 방법입

수입할 때 알아야 할 것들

니다. 절반은 발주 시에 주고, 절반은 제품 받고 나서 하자 확인 후 주는 식으로 계약을 요구하는 겁니다. 아래와 같이 쓰시면 됩니다.

50% by T/T in advance and 50% by T/T 7 days after receipt

관세

관세와 수입부가세는 다릅니다. 관세는 부과되지 않을 수 있지만, 부가세는 정상 통관에서는 반드시 부과됩니다. 관세 부과는 품목별로 각각 다른데, FTA가 체결되어 있지 않더라도 양국 간 개별 협정에 따라 관세를 물지 않는 품목도 있습니다(대만산 컴퓨터 부품 등). 반면 높은 관세를 매기는 품목도 있고요.

관세 또한 부가세처럼 환급 대상이기는 하지만 시원하게 환급되지 않기 때문에 관세가 높은 품목이라면 신중하게 검토하셔야 합니다. 관세를 원가로 봐야 할 수도 있거든요.

수입부가세

수출의 경우에는 면세가 되기 때문에 부가세를 신고할 필요가 없죠. 해외에서 내 물건을 산 바이어가 그 국가에서 부가세를 내니까요. 하지만 수입을 하면 부가세가 부과됩니다. 수입한 사람이 대한민국에 살고 있으니 10퍼센트의 부가세가 부과되죠. 정상적으로 통관되면 관세청UNI-PASS에서 간편하게 전자 세금계산서를 발급할 수 있습니다. 부가세 신고하실 때는 잊지 말고 UNI-PASS에 접속하세요.

A/S와 클레임

개발도상국들에 비해 우리나라는 사후 지원과 관리 책임을 성실히 이행하는 제조 기업들이 많습니다. 뭐, 요즘에는 천민자본주의의 영향으로 많이 퇴색되기는 했지만요. 개발도상국 기업들은 팔고 나면 땡인 경우가 있습니다. 절대 사후 관리가 국내 기업과 같을 거라고 짐작하지 마세요. 이에 대비하기 위해서는 수입 전에 샘플·시범 주문을 해 제품을 제대로 파악하고, 업체와 자주 연락하여 업체의 성향을 잘 파악해야 합니다. 사례를 한번 보겠습니다.

1. 단종

기껏 수입해서 내수 시장 개척한다고 출혈해가며 가격 경쟁하고, 광고해서 제품 론칭하고, 이제 좀 팔아볼까 하고 발주했더니 단종EOL이랍니다. 항의하면 'I am sorry'로 일관합니다. 규모의 경제를 중시하고 계약 생산이 많은 개발도상국에서는 제품 유형에 상관없이 언제든 있을 수 있는 일입니다.

2. 제품 개선 요구

제품의 취약점을 보강해달라고 연락하면 MOQ를 1만 개로 해서 구입하면 해줄 수 있다고 답장이 오죠. 이럴 줄 알았더라면 미리 샘플 좀 꼼꼼히 살펴볼걸….

3. 클레임

무리한 '마켓 클레임(시장 상황이 안 좋아 못 팔겠으니 환불해달라)'도 아니고 제품의 하자로 인한 정당한 환불 요청이었지만 아무런 대답이 없습니다.

4. A/S

단순 소비재가 아니라 어느 정도 복잡한 완성품이라면 A/S용 부속을 수입자가 사야 하는 경우도 있습니다. 그것도 MOQ에 맞춰서 말이죠. 국내 시장을 개척하는 우리 회사의 입장을 이해하고 1퍼센트라도 스페어 지원을 해주는 외국 회사라면 좋은 판매자를 만난 것이니 관계를 이어가시는 게 좋습니다. 그러면 1퍼센트의 여분을 얻어내려면 어떻게 해야 할까요?

내가 갑buyer이라고 윽박지르거나 너희 제품을 어떻게 믿느냐고 떼쓰는 건 좋은 방법이 아닙니다. 우선 판매자 측에게 QAQuality Assurance(품질 보증)에 대한 자료를 요구합니다(어지간한 기업이 아니고서야 QA 자료도 부족하고 허점도 많습니다). 이후 적정한 수준의 대비 물량이 필요함을 알려주고 향후 A/S 발생 건수에 따라 추후 조율하자는 식으로 신사적으로 접근하는 것이 장기적인 우호 관계에 도움이 되죠.

제품에 따라서는 A/S를 받아주더라도 제품의 일대일 교환이 이뤄지려면 시간이 오래 걸리니 수입하는 입장에서는 부품을 비축하고 있다가 직접 수리하는 편이 나을 수도 있습니다. 가전제품이나 IT 관련 완제품이 이런 경우에 해당하겠죠. 수입 전에 A/S에 대해 상세하게 협의해두셔야 합니다.

5. 자기 제품도 모른다

무역 담당자와 생산자, 엔지니어가 다 따로 있기 때문에 조금만 심도 있는 제품 문의를 하면 회신이 늦어지거나 엉뚱한 회신이 올 수 있습니다. 이런 거래처라면 사고의 위험성이 도사리고 있다고 생각하셔야 합니다. 특히 중화권의 마케팅 기지인 홍콩의 판매자들 중에는 유통업만 하는 분들이 많기 때문에 기술적으로 심도 있는 질문을 할 때에는 원 제조사original manufacturer의 확인을 요청한다고 구체적으로 업무 지시를 해줘야 화병을 막을 수 있습니다.

수입할 때 알아야 할 것들

해외 생산자에 대한 이해

해외 생산자는 나와 다르다, 한국과 다르다는 생각을 언제나 하셔야 합니다. 외국의 독특한 문화와 한국의 다른 생각이 만나서 감정적인 싸움이 일어나는 경우도 많거든요. 실제 무역 업무를 해보신 분은 아시겠지만, 박한 마진과 치열한 경쟁 때문에 시장은 온·오프라인, 국경을 가릴 것 없이 언제나 전쟁터입니다.

따라서 생산자의 정책과 태도를 꼼꼼히 확인한 후 수입을 진행해야 합니다. 절대 국내 생산자들과 같을 거라고 짐작하지 마시고, 재차 확인해서 사고를 미연에 방지해야 합니다. 무역의 특성상 사고가 난 다음에는 해결할 방법이 거의 없으니까요.

같은 품목이라면 여러 제조사를 만나보고 제품 정보를 꼼꼼히 확인해야 합니다. 특히 중화권(중국, 대만, 홍콩) 판매자들의 경우 알리바바에 회사 정보와 판매 제품이 많이 올라와 있으니 소싱이 필요한 경우에는 반드시 검색해보세요. 알리바바를 이용하실 때는 구매 의향buying inquiry을 오랜 기간 등록하면 오퍼를 가장한 스팸 때문에 업무가 마비될 수 있다는 점을 유의하세요. 'Gold supplier'라고 표시되어 있다고 해서 기업의 신용 상태가 좋은 것은 절대 아니라는 점도 아셔야 합니다.

리스크 테이킹risk taking

1. 수입 대금 문제 발생

뭐니 뭐니 해도 돈을 떼이는 게 가장 큰 문제겠죠. 예방 차원에서 AP Bond(선수금반환보증서. 수출자의 은행이 발행하며 L/C의 반대 개념)의 발행을 요구하는 방법도 있고, 무역보험공사의 수입보험에 가입하는 방법도 있습니다. 그러나 이 두 가지 대응책은 실제로 난관에 봉착했을 때 써먹을 수 있는 카드가 아닌 경우가 허다합니다. AP Bond가 뭐냐며 무시하는 생산자도 있고, 보험 가입이 불가한 경우도 있습니다. 무역보험공사에서는 재무제표 평가를 칼같이 하기 때문에 수출자의 신용이 좋아도 수입하는 내 회사의 재무제표가 나쁜 경우에는 가입을 안 받아줍니다.

따라서 최상의 방책은 '자금 결제 분할'과 '수입 수량 최소화'입니다. 자금 결제 분할은 처음에는 안 되더라도 거래 횟수를 늘리면서 계속 시도할 필요가 있고, 수입 수량 최소화는 현금으로 회전되지 않는 악성 재고를 줄이고 적정 재고를 유지한다는 측면에서도 중요합니다.

2. 관세 이외에 대두되는 통관의 문제(선 인증 후 통관)

정상적인 통관을 하더라도 일부 품목은 HS코드(국제통일상품분류

수입할 때 알아야 할 것들

체계에 따라 무역 거래 상품을 총괄적으로 분류한 품목 분류 코드)에 따라 강제 인증을 통과해야 하는 경우가 있습니다. 특히 식품, 의약품, 전기·전자제품 등의 품목은 기준이 강화되면 강화되었지 약화되는 경우는 없습니다. 반드시 강제 인증이나 시험을 거쳐야 하는 품목인지 확인하고 수입을 진행하시기 바랍니다.

이런 비관세 장벽이 있는 경우에는 물건을 수출하는 상대국 생산자의 지원이 없으면 수입이 불가능합니다. 시료, 시험성적서, 국내 인증과 호환되는 타국 인증 문서 등이 지원돼야 하거든요. 이런 범위의 물품이더라도 반드시 수입이 필요하다면 관련된 지원과 발생 비용에 대해 충분히 협의해야 합니다.

정리

무역이라는 광범위한 업무 분야를 모두 기술하기에는 지면도 부족하고, 자칫 길어진 글이 독자분들께 스트레스를 주지 않을까 싶어 이만 정리하겠습니다. 그 전에 서두에 말씀드렸던 세 가지 수입 상황에 대해 다시 정리해보겠습니다.

1. 유통을 위한 수입 시 고려할 점

완제품을 수입해서 유통해야 하는데 제품이 IT 제품이라면, 전략적인 동반자 관계를 맺고 상호 간에 충분한 공감대를 형성해야 합니다. 제품을 판매한 후 사후 관리 등의 부담이 아주 크거든요. 중계 무역을 전문적으로 하시는 분들이 IT 제품을 별로 좋아하지 않는 것도 이런 이유에서입니다(《미생》 시즌 2에서 장그래가 내비게이션 수출을 제안했을 때 과장님도 이런 지적을 합니다).

새로운 시장을 대신 열어주는 동반자임을 강조하여 수출자 측에 독점적 판매exclusive sales 권리를 달라고 협상해야 합니다. 독점권을 확보하지 못하면 죽을 고생해서 시장을 개척한 공로도 인정받지 못하고 더 큰 상사나 유통사 좋은 일만 시켜주는 꼴이니까요.

2. 부품 조달을 위한 수입 시 주의할 점

EOL(단종) 가능성을 수시로 확인해야 합니다. 부품 하나 때문에 완제품을 단종시킬 수는 없으니까요. 또한 부품의 성능이 완성품의 성능을 좌지우지할 수 있으므로 MTBFMean Time Between Failure(평균 고장 간격) 등의 자료도 확보해야 합니다. 통신, 군수 등 특수 산업의 납품 시에는 MTBF 자료 및 여러 기술 자료를 제출해야 하는데, 부품 쪽 자료가 지원되지 않으면 고생하니까요.

국제 표준 및 특허에 대한 자료도 받아두시는 게 좋습니다. 국제 표준화 그룹에 들어 있는 부품 회사라면 추후 많은 도움을 받을 수 있으니 우호적인 관계를 유지해야 하고요. 부품 회사가 타 기업의 특허를 침해해서 공급이 중단되는 상황에도 미리 대비해야겠지요.

3. OEM을 위한 수입 시 생각해볼 점

우리 회사는 USB 메모리를 만드는 회사인데 구형 PC에서 최근의 USB 3.0을 지원하는 확장카드를 공급해달라는 요구가 있다면 어렵게 확장 카드를 만드느니 OEM 수입을 통해 소비자의 니즈를 충족시키는 편이 낫습니다. PC 내장형 확장 카드를 하나 만들기 위해서는 PCB를 몇 천 장 떠야 하고 가이드형 브래킷의 금형을 만들어야 하고 최종적으로는 KC인증까지 받아야 하니 그 시간과 비용이 말할 수 없이 크거든요. 대신 동종 제품을 만드는 해외 기업의 제품을 OEM 하면 소비자에게 더 많은 제품군을 선보일 수 있고 기업의 사업 영역도 확대할 수 있습니다.

OEM 수입의 경우 제품을 검증하고 소비자의 니즈를 파악해 시장을 정확히 예측할 수 있어야 하기에 기업의 전문 분야에 맞는 라인업 확장 위주로 기획하시기 바랍니다. 간혹 수입 맛을 안 사장님들이 자기 기업의 전문 분야가 아닌 물품을 수입했다가 손해를 보기도 하더군요.

국내 중소 제조기업의 몰락과 중화권 제조기업의 세계 시장 석권이 맞물려 중화권을 포함한 개발도상국에서의 수입 비중이 매우 커지고 있습니다. 어느 국가를 상대로 하더라도 무역은 항상 어렵지만, 특히 개발도상국에 초점을 맞추고 잔소리를 한 이유도 여기에 있습니다. 간혹 일부 내용에서 개발도상국을 낮게 평가하기도 했습니다만, 그들도 그동안 많이 발전해왔고 비즈니스는 회사 대 회사의 일이니만큼 선입견을 가지실 필요는 없습니다.

그리고 무역을 이야기하면서 영어 표현을 쓰지 않을 수 없었는데, 무역에서 사용하는 영어 단어가 익숙하지 않은 분들이 자작한 단어나 문장보다는 업계에서 사용하는 용어를 계속 눈에 익히시는 게 좋을 것 같아 조금 적어두었습니다.

세 줄 요약 

❶ 좋은 물건이라고 덥석 구매하지 말고 최소 구매 수량, 결제 조건, A/S 정책을 꼼꼼히 점검하고 수입을 진행해야 합니다.

❷ 무역 대금, 보험, 운송료, 상품의 품질 문제 등을 감안해 처음부터 큰 규모로 수입을 진행하지 말고 결제 대금과 구입 수량을 서서히 늘려나가야 합니다.

❸ 여러 종류의 세분화된 모델을 판매해야 하는 기업이라면 OEM으로 개발 및 제조 비용의 부담을 줄일 수 있습니다.

푸어

나는 자신을 동정하는 야생동물을 보지 못했다.
얼어 죽어 나뭇가지에서 떨어진 새조차 자신을 동정하지 않는다.

– D. H. 로런스, 〈자기 연민Self pity〉

하우스 푸어. 집 하나를 차지하면(두 개나 세 개면 더 좋고) 거기가 곧 행복의 고지일 거라 생각하고 부단히 기어오른 그 봉우리에는 빚이 먼저 와서 기다리고 있었다.

워킹 푸어. 성실과 근면이 아버지가 물려준 부끄러운 나의 계급을 한 단계 올려주리라는 믿음으로 달려온 사람들의 기나긴 노력은 공교롭게도 아파트 경비원으로 마무리된다.

에듀 푸어. 빚을 내서라도 대학을 마치고 스펙을 차곡차곡 쌓으면 금빛보다 휘황찬란한 파란 줄이 달린 보안 카드를 목에 걸고 맨해튼은 아니어도 강남이나 여의도 한복판에 당당히 서 있으리라 생각했지만 채권 추심 직원만 앞에 서 있다.

갖가지 이름의 '푸어'가 만들어지고, 그 푸어들의 비명과 눈물이 아비규환과 같다. 그러나 그들은…

“내가 삼남매 키우며 살았던 단칸 셋방을 생각하면 너희는 천국인 줄 알아라.”

“게으름은 나라님도 구제 못 한다더라. 어차피 썩어질 몸뚱이, 움직여 돈을 벌어야지.”

“배워서 남 주랴.”

지식과 지혜를 구분하지 못하고 폭식하듯 앎을 먹어 치우며, 무식이 곧 무능이라 타인을 손가락질했다. 천국에 살았던 사람들, 아니 자신만의 천국을 위해 살았던 사람들, 바로 곁에 있던 지옥 따위는 생각지도 않았던 사람들, 그들은 무저갱으로 추락한다. 그들의 자기연민을 보면 로런스의 속삭임이 들리는 듯하다. 오로지 인간만이 자기 자신을 동정한다.

적정 IT기술

'적정 기술'이란 말을 들어보셨나요? 저개발국을 원조하는 과정에서 적은 비용, 간단한 원리로 삶의 질을 높이는 기술을 고민하게 되었는데 이러한 기술을 '적정 기술'이라고 합니다. 형광 물질을 이용해 전기 없이도 빛을 내게 하는 간단한 구조의 등이나 사람의 힘만으로 지하수를 끌어올리는 수동펌프 같은 것들이죠.

이번 장에서 이야기할 '적정 IT기술'도 이와 비슷합니다. 많은 중소기업이 대기업에 비해 부족한 IT 환경을 한탄하지만, 간단한 기술과 원리만 익히면 큰 비용을 들이지 않고도 나름 쓸 만한 IT 업무 환경을 만들 수 있습니다. 하지만 대부분 엄청난 투자 비용을 들여야만 한다고 오해하고, IT는 너무 어려워 엄두도 못 내겠다며 지레 포기해버리곤 하죠.

IT, 그렇게 어렵지 않습니다. 더 좋은 업무 환경을 최소한의 비용으로 갖추자는 것이지 엄청난 고급 기술로 인류를 선도하자는 것도 아니니까요.

데이터 관리

데이터 복구 업체에 찾아와서 얼마가 들어도 좋으니 제발 데이터 좀 살려달라고 애걸복걸하는 분들이 있습니다. 엄청나게 빠른 최신 CPU와 거대한 용량의 메모리로 무장한 아무리 비싼 컴퓨터라도 그 안에 들어 있는 데이터의 가치와는 비교할 수 없다는 것을 단적으로 보여주는 예죠.

1. 하드디스크 드라이브는 언제 고장 날지 예측할 수 있습니다

직장인들의 입을 통해 도는 도시 전설 중에는 중요한 제안서 작업 중 파일이 들어 있는 하드디스크가 날아가서 결국 제안 일자에 제안서를 못 내고 담당 직원이 잘렸느니, 전 직원이 토요일 밤에 호출되어 밤샘을 했느니 하는 괴담이 있는데요, 우리가 사용하고 있는 HDD는 S.M.A.R.T Self Monitor and Analysis Report Tech라는 기술로 디스크의 상태를 확인하고 고장 가능성을 예측해볼 수 있습니다. 백문이

ID	특성 이름	현재	최악	임계값	원시값
01	읽기 오류율	100	100	16	000000000000
02	처리량 성능	135	135	54	000000000060
03	스핀 업 시간	119	119	24	000300C100C1
04	시작/정지 횟수	100	100	0	0000000008EE
05	재할당된 섹터 수	100	100	5	000000000001
07	탐색 오류율	100	100	67	000000000000
08	탐색 시간 성능	138	138	20	00000000001F
09	사용 시간	100	100	0	00000000072F
0A	스핀 재시도 수	100	100	60	000000000000
0C	사용 횟수	100	100	0	00000000054E
C0	전원차단에의한 자기 헤드 대피 횟수	99	99	0	0000000008F4
C1	로드/언로드 사이클 수	99	99	0	0000000008F4
C2	온도	171	171	0	002E00080023
C4	재할당 이벤트 수	100	100	0	000000000001
C5	보류 중인 섹터 수	100	100	0	000000000000

불여일견이니 한번 볼까요?

크리스털 디스크 인포Crystal Disk Info라는 공개 소프트웨어로 컴퓨터에 장착된 두 개의 디스크를 검사해봤습니다. C 드라이브는 문제없으나 D 드라이브는 '주의'가 표시되네요. D 드라이브의 문제는 '재할당된 섹터 수'의 발생으로, HDD를 장시간 사용하면 발생하는 흔한 노후화 증상입니다. 이 정도로는 HDD 액세스에는 아직 문제가 없으니 자료를 백업하고 새로운 HDD로 교체해야 하겠습니다.

2. 백업은 수단과 방법을 가리지 말고 해야 합니다

데이터 백업은 어떻게 하시나요? 일주일에 한 번씩 외장 하드디스크에? 구글드라이브나 통신사가 제공하는 네트워크 공간에 수시로? 백업에는 왕도가 없습니다. 본인이 할 수 있는 최선의 방법으로 지속적으로 해야 합니다.

그런데 일반 컴퓨터가 아닌 서버들은 어떻게 백업을 할까요? 데이터 양도 엄청 클 텐데 말이죠. 서버들은 자동으로 정해진 기간마다 레벨 백업이란 것을 합니다. 최초에는 모든 데이터를, 그다음에는 증가한 데이터만 추가로 백업하는 방식이죠. 이렇게 하면 두 가지 장점이 있는데, 하나는 매번 대용량 백업을 하지 않기 때문에 저장 공간이 생각과 달리 엄청나게 크지 않아도 된다는 점입니다. 또 하나는 이전 백업과 최근 백업에서 필요한 파일을 골라서 복원할 수 있다는 점입니다. 예컨대 1월 1일에 만든 사업계획서 파일을 1월 15일에 작업하다가 실수로 내용을 모두 지우고 저장했다면 파일 자체는 살아 있지만 내용은 하나도 없겠죠? 그럴 때 1월 1일 백업에서 내용이 지워지지 않은 파일을 골라 복원하는 거죠.

서버에서 하는 백업이 참 편해 보이죠? 그런데 실은 일반 윈도우 운영체제에서도 제공하는 기능입니다. 제어판에 있는 시스템 및 보안 메뉴의 '백업 및 복원' 기능을 사용하면 위에서 제가 설명한 모든 백업 기능을 일반 PC에서도 쓸 수 있습니다.

저는 매일 점심시간인 정오 12시를 백업 시간으로 운영체제 스케

줄에 설정해놓고 쓰고 있습니다. 백업 시간을 너무 이른 아침으로 하거나 저녁으로 정해놓으면 컴퓨터가 꺼져 있어서 백업이 수행되지 않을 수 있고, 또 업무 시간 중에는 여러 프로그램을 실행시켜 많은 작업을 하니 점심시간이 가장 적절하더군요.

3. 데이터 관리를 위한 적정 기술의 임계점

RAIDRedundant Array of Inexpensive Disk라는 용어를 들어보셨을지도 모르겠습니다. 쉽게 설명하자면 여러 개의 HDD를 묶어서 가상의 볼륨을 만든 후 기존에 HDD를 한 개 사용할 때보다 효율을 높이는 건데요, RAID는 여러 가지 구성 방식이 있어서 Stripe(RAID 0) 방식으로 구성하면 속도를 높이고 Mirror(RAID 1) 형태를 선택하면 데이터 보존성을 높입니다. Hot spare라는 기능을 사용하면 고장 난 HDD를 스토리지가 자동으로 대체해서 RAID가 더 안전하게 돌아가게도 합니다. 또 JBOD Just a Bunch Of Disks는 서로 다른 용량의 HDD를 묶어서 단순히 저장 공간을 크게 하기 위해 쓰기도 합니다.

RAID를 구성할 때는 별도의 컨트롤러를 컴퓨터 확장 슬롯에 꽂아 쓰는 경우도 있고, 스토리지 장비에서 딥스위치로 설정하기도 합니다. 윈도우 디스크 관리자의 동적 디스크 기능을 이용하면 추가 장치 없이 컴퓨터 안에 있는 디스크만으로도 구성할 수 있습니다.

그런데 의외로 RAID를 사용하다가 데이터를 날리는 경우가 많습니다. 때로는 RAID의 기술별 차이를 모르는 무지 때문에, 때로는

RAID를 지원하는 스토리지의 문제로, 때로는 HDD의 펌웨어 문제로…. IT를 잘 아는 사람일수록 IT 기술이 완벽하지 않다는 것을 잘 압니다. 그런데 말입니다, 비싼 스토리지 장치를 사서 RAID를 구성한 이유가 귀찮은 백업이 하기 싫어서였다면 데이터 관리의 패착은 여기서 시작되었다고 봐야 합니다.

안정성이 높은 HDD를 사고, RAID 전용 반도체가 들어 있는 수백만 원대의 전용 컨트롤러를 서버에 꽂아 DAS Direct Attached Storage(컴퓨터에 직접 연결된 스토리지)를 구성하든, 사용해본 사람들의 리뷰가 가장 좋은 NAS Network Attached Storage를 사고 기가비트 이더넷 스위칭 허브까지 연결했든 그 이유가 '나는 백업 같은 하찮은 일은 하기 싫다'였다면 분명 잘못된 판단입니다. 비싼 저장장치, 편리한 소프트웨어, 최신 기술보다 앞서는 것은 백업을 체계화하고 수시로 점검하고 관리하는 기본자세입니다. 이제 제가 적정 기술이란 단서를 달았던 이유를 아시겠죠?

외장 하드디스크일지라도 매일같이 백업하고 있고, HDD의 상태를 수시로 점검하면서 2차적인 백업(네트워크 드라이브 등)까지도 신경 쓰고 있다면 데이터 관리는 적정하다고 할 수 있겠습니다.

네트워크 관리

인터넷과 LAN 기반의 네트워크 환경은 이제 거의 모든 기업의 보편적인 업무 환경이 되었습니다. 하지만 네트워크는 공부해보려 해도 Protocol, Gateway, DNS 등등 어려운 단어가 너무 많고 이해하기 어려운 게 사실입니다. 그렇다고 포기할 필요는 없습니다. 아무리 어려워 보여도 차근차근 기본을 갖춰나가면 최고의 성능을 낼 수 있습니다.

1. WAN을 두 개로 늘리자

ISP Internet Service Provider들이 중소기업이나 소호SOHO를 위한 네트워크 상품을 준비하기도 전에 일반 사용자 서비스가 고속화되다 보니 작은 중소기업들은 일반 개인 사용자나 가정과 같은 인터넷 서비스를 사용합니다. 그런데 하나의 지역 백본에 여러 사용자가 모여 있다 보니 업무용으로 쓰기에는 속도가 느린 경우도 있고, 증설 공사나 장애 복구 작업이 있을 때에는 인터넷 연결이 되지 않아 일손을 놓아버리는 경우도 생깁니다. 자본이 충분해서 다수의 기업용 전용회선을 이용한다면 이런 불편함을 겪지 않을 텐데요, 통신비로 몇 만 원 지출하는 것도 부담스러운 소기업이라면 다수의 통신회선과 백본들을 잘 활용할 수 있는 로드밸런서load balancer는 그림의 떡이죠.

이런 소기업들이 사용할 수 있는 공유기가 두 개의 인터넷 회선을 연결하는 2WAN 공유기, 듀얼 공유기입니다. 두 개의 인터넷 회선을 연결해서 사용하기 때문에 인터넷 액세스 속도도 개선되고, 무

엇보다 좋은 것은 두 개의 인터넷 연결을 쓰다가 한 개 회선에 통신 장애가 발생해도 다른 회선은 살아 있으니까 계속 인터넷 액세스가 된다는 점이죠.

당연한 얘기지만 WAN1으로 사용할 인터넷 망과 WAN2로 사용할 망은 서로 다른 통신 사업자의 회선이어야 합니다. 같은 ISP의 인터넷 서비스 회선을 두 개 연결하면 결국 같은 백본을 쓰기 때문에 해외 망 접속 시의 장점이 사라지고(통신 사업자별로 해외 인터넷 연결 구조가 다릅니다), 상위 네트워크에 장애가 발생했을 때 2회선 모두 접속할 수 없기 때문에 의미가 없죠.

2. 도대체 우리 회사 LAN은 왜 이 모양인가!

LANLocal Area Network의 전송 속도는 10Mbps에서 100Mbps를 거쳐 현재는 1000Mbps까지 향상되었습니다. '로컬'이라는 말대로 100미터 이내의 거리에서 만들어지는 네트워크 환경을 말하죠(실제로 UTP 케이블을 최대한 길게 해서 통신이 되는 거리를 시험해보면 기기마다 차이는 있지만 최대 120미터 정도입니다).

보통 LAN 장애는 케이블(랜선), 스위치switching hub, 라우터에서 일어납니다. 이 중 라우터와 관련된 부분은 위에 언급한 2WAN 공유기로 해결할 수 있고, 그 아래 단계인 스위치와 랜 설비 부분만 잘 점검한다면 LAN의 문제점은 꽤 많이 해결할 수 있습니다. UTP 케이블의 손상, RJ-45 잭과 케이블의 접촉 불량, 아웃렛wall jack(벽면 단자) 불량, 스위치의 포트 불량 등은 간단하게 운영체제의 ping 명령어만 사용해도 찾을 수 있습니다.

```
ping -t -l 1500 게이트웨이 주소
```

이렇게 전송 바이트 수를 키워서 ping을 보내면 "요청 시간이 만료되었습니다"라는 메시지가 나올 때가 있는데, 위에서 말한 UTP 케이블 및 여러 가지 물리적 전송 구간의 접촉 불량 상태가 있을 때 나타납니다.

스위치의 연결 구조도 문제가 되는데요, 애초에 사용자 수를 예측해 넉넉한 포트 수의 스위치를 설치해야 하는데 그때그때 필요할 때마다 급하게 스위치에 스위치를 계속 직렬로 연결하다 보니 LAN 속도가 나빠집니다. L3(라우터, 로드밸런서, 공유기 등) 밑에 L2 스위치 하나만 두는 단순한 형태의 구성으로 바꾸면 스위치 직렬연결cascade에서 나타나는 문제는 사라집니다.

이외에도 악성코드, 바이러스, 랜섬웨어, P2P 등이 비정상적인 네트워크 트래픽을 발생시켜 문제를 일으키기도 하는데, 물론 회사 내에 공지를 충분히 하고 같은 백신 프로그램을 쓰는 것도 중요하지만 대체로 컴퓨터를 잘 관리하지 않거나 막 다루는 사람들이 문제를 일으키는 경우가 많으므로 수시로 관리해줘야 합니다. 따라서 스위치를 구입하실 때는 '매니지드managed' 기능이 있는 스위치를 구입하시길 권장합니다. 각 포트별 데이터 전송량 통계 등을 확인할 수 있기 때문에 비정상적으로 많은 트래픽을 발생시키는 PC를 찾을 수 있습니다.

사내에 네트워크 장비를 구축하지 않고 입주 시설에서 할당받아 쓰는 회사도 있는데, 이런 경우 임대인이나 서비스 제공자가 적절한 보안 조치를 취하지 않았다면 우리 회사 네트워크로의 침투가 용이하기 때문에 반드시 '우리 회사에 해당하는 포트를 가상 LANVirtual LAN으로 구성해서 타 사용자와 구별되게 해달라'고 요청하셔야 합니다.

네트워크 관리의 마지막 적정 기술은 바로 이겁니다.

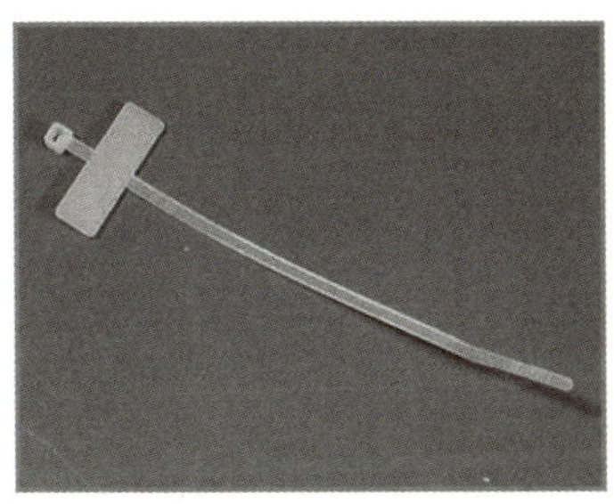

일명 '네임 타이' 또는 '나비 타이'라고 불리는 케이블 타이인데요, LAN 케이블에 이름표를 달아놓을 때 씁니다. 처음에 케이블을 설치할 때 이렇게 라벨링을 해놓으면 추후 장애 대응이 한결 손쉬워집니다. 더불어 선번장을 주요 네트워크 장비 옆에 비치해두고, 네트워크 구성도와 특이 사항(포트 포워딩을 구성한 경우 등)을 기재해두면 거의 완벽한 적정 기술을 구현했다고 볼 수 있습니다.

기타

기업의 IT 환경은 굉장히 다양한 요소로 구성되어 있지만, 중요한 정보의 보존과 업무 능률 향상을 위해 데이터와 네트워크 위주로 알아봤습니다. 이외에도 중소기업에서 IT 하면 꼭 떠오르는 몇 가지 문제점을 간략히 짚어보고 마무리하겠습니다.

1. 우리는 ERP를 잘 쓰고 있는가?

기업 규모에 따라 다르겠지만 제조업의 경우 조금 무리해서라도 ERP Enterprise Resource Planning(전사적 자원 관리 시스템)를 도입해 사용합니다. 사서 쓰는 경우도 있고, 사용료를 주고 쓰는 경우도 있고, 정부 지원금으로 구축한 경우도 있는데, 과연 우리 회사가 ERP를 잘 쓰고 있는지 확인하고 싶다면 다음 두 가지 질문에 답해보면 됩니다.

1. 현 재고량과 일치하는 원자재 수불부가 정확하게 출력되는가?

2. 재무제표를 즉시 출력할 수 있는가?

원자재 수불부는 재고 이력입니다. 연간 원자재의 입고와 출고, 재고를 파악할 수 있는 장부입니다. 만약 정확한 원자재 수불부를 제시하지 못한다면 그 기업은 의도치 않게 분식회계를 한 것으로 비칠 수도 있고, 내부적으로는 원가 관리를 정확히 못 하고 있다고 평가될 수밖에 없습니다. 또한 ERP가 기업의 제조 및 경영 활동과 동떨어져 있어 불필요한 비용이 지출되고 실무자가 이중으로 작업해야만 한다는 사실을 보여줍니다.

보통 회계에 대해 오해하시는 것 중 하나가 '회계사가 기업의 재무제표를 만들어주지 않는가?'인데요, 회계사는 감사를 할 때 기업이 제시하는 재무제표를 확인하고 적정성을 판단할 뿐이지 재무제표를 만들어주지는 않습니다. 특히 재무제표 중 손익계산서는 기업의 영업 상황을 판단하는 중요한 근거가 되기에 연말이 아니라 매월 확인해야 하는 것이죠.

ERP가 아닌 엑셀과 같은 스프레드시트만으로도 정확한 관리를 하는 기업이라면 적정 기술을 보유했다고 할 수 있겠습니다. 반면 위의 두 가지 질문 앞에서 ERP를 바라보며 한숨만 나온다면 시스템을 개선해야 합니다.

2. 사장님, 컴퓨터 바꿔주세요

IT는 아무리 쉽게 설명한다고 해도 사실 어려울 수밖에 없습니다. 그래서 마지막 주제는 정말 쉽게 접근할 수 있는 주제로 정해봤습니다.

직원이 "사장님, 컴퓨터 바꿔주세요"라고 요구하는 이유는 크게 두 가지죠. 하나는 사장님이 컴퓨터라는 비싼 장비에 돈을 쓰지 않으려고 하는 경우이거나 사장님이 컴퓨터 자체를 잘 몰라서 업무 환경을 컴퓨터 없이 돌아가게 해놓은 경우입니다. 연세 많으신 소기업 사장님들이 이메일보다는 팩스를 선호하시고 대부분 컴퓨터 업무 비중이 적은 업종이라 우리 회사 컴퓨터가 낡았다는 생각을 못 하고 있어서죠.

우선 컴퓨터를 오래 쓰시려는 사장님들께 꼭 드리고 싶은 말씀은 아무리 비싼 컴퓨터라도 장부상 정률상각이 되기 때문에 생각보다 가치가 없습니다. 따라서 4년이 넘은 노트북을 쓰신다면 바꿔주셔도 됩니다(노트북은 데스크탑보다 하드웨어 안정성이 높은 편이라 오래 쓰시는 분들이 많죠).

현재 회사의 업종이나 하는 일이 컴퓨터를 쓰지 않아도 크게 지장이 없다고 생각하시는 사장님들께는 단지 업무에 지장이 없어 보일 뿐이지 더 좋은 성과와 능률을 낼 수 있는 기회를 저버리고 계신 것이라고 말씀드리고 싶습니다. 대기업에서 중소기업으로 이직한 지인이 가장 답답하고 힘든 것이 사내 인트라넷이 없고, POP3 메일

클라이언트(아웃룩)를 쓰지 못하는 등 IT 환경이 업무 능률을 뒷받침하지 못하는 점이라고 하더군요.

중소기업은 대기업처럼 전문 SI업체를 불러 컨설팅을 받고 유지·보수 계약을 체결해 꾸준히 자금을 지출할 수 없는 경우가 많습니다. 그렇다고 아예 손 놓고 있다 보면 직원들의 업무 능률을 스스로 저해하는 꼴이 될 수 있습니다. 천 리 길도 한 걸음부터라는 말이 있잖아요. 우리 기업의 수준에 맞는 관리에 힘쓰고 작은 투자라도 시작해보면 분명 달라진 환경과 내부 역량의 성장을 확인하실 수 있을 것입니다.

세 줄 요약 

❶ 백업은 자동 백업과 수동 백업, 클라우드 백업 등 여러 가지 방법을 같이 사용해서 혹시 있을지 모를 데이터 손실을 방지해야 합니다.

❷ 사무실 네트워크 속도 향상을 위해 듀얼 WAN 공유기, 매니지드 스위치를 쓰고, 케이블 타이를 이용해 랜선에 연결 지점을 적어두면 관리가 용이합니다.

❸ 우리 회사가 ERP를 제대로 활용하고 있는지 확인하려면 손익계산서, 원자재 수불부가 즉시 출력되는지 확인해보세요.

고객 만족, 무엇이 중요한가?

'땅콩 회항'으로 유명한 대한항공 조현아 부사장의 갑질은 쉽사리 국민 머릿속에서 지워지지 않을 것 같습니다. 지갑을 꺼내들 때만큼은 잠시 왕 같은 고객이 될 수 있을지 몰라도 다시 자신의 일터로 돌아갔을 때는 고객을 섬기기 위해 하루 종일 머리를 조아리고 살아가는 게 우리들입니다. 땅콩 회항 사건 당시 승무원들이 느꼈을 모멸감에 많은 사람이 자기 일처럼 공감하고 분노를 느꼈던 이유도 여기에 있을 것입니다.

땅콩 회항 사건은 대한항공이라는 국내 최고의 항공사 브랜드가 단번에 무너져버린 사건이기도 합니다. 조현아 부사장은 고객 만족을 위한 최상의 서비스를 주장하며 승무원들을 몰아붙였지만 무지하고 천박한 인식으로 도리어 다수의 고객에게 불쾌감을 주었고 결국 기업 브랜드에 대한 불신을 초래했습니다.

사업을 하는 분들이라면 이 사건을 통해 생각해볼 부분이 있습니다. 바로 고객 만족입니다. 대한항공이라는 거대 기업도 실패한 고객 만족이란 무엇이며, 현재 우리 회사의 고객 지원, 기술 지원 등이 '만족'이라는 성적표를 받을 수 있는지 점검해볼 필요가 있습니다.

고객 만족의 주체, 직원

수입·유통업을 하는 A사에서는 경리 직원의 잦은 퇴사가 문제가 되었습니다. 경리 직원에게 고유의 업무 외에도 전화 상담을 맡기게 된 것이 원인이었죠. 사장님의 생각은 이랬습니다.

'세무사무소에 기장 대리도 맡기고 있으니 경리 직원의 업무량이 많지도 않고, 회사에서 여직원이라고 해봐야 경리 직원밖에 없으니 나긋나긋한 목소리로 친절하게 전화 상담을 할 수 있는 사람은 경리 직원뿐이다.'

이 회사 사장님은 고객 상담을 위해 전화기 앞에 앉아본 경험이 없는 분이란 사실을 바로 알 수 있죠. 고객이 전화 상담을 통해 원하는 것은 문제의 빠른 해결이지 아름다운 여성의 목소리가 아니니까요. 실제로 A사로 문의 전화를 한 고객들은 "아, 거 됐고, 거기 남자 직원 바꿔봐요" "참 답답하네. 기술자랑 통화 좀 합시다" "뭘 알고 전화를 받아야지 어떻게 고객보다 직원이 자기 회사 제품을 더 몰라!"

라며 불만을 표출했습니다.

여기서 A사 사장님은 여러 가지 오류를 보여주고 있는데 한번 짚어볼까요?

첫째, 사장님들이 오해하는 점이 고객 상담은 친절한 목소리의 여성이 해야 한다는 건데요, 아마도 고객 만족에 대한 철학이 일천하다 보니 대기업들이 위탁 운영하는 콜센터에서 자신이 겪은 상담 경험이 전부인지라 그런 편견이 생겼을 겁니다. 오히려 소비자들은 과도한 높임말을 사용하지 않는 평범한 남자 직원의 상담일지라도 자신이 궁금해 하는 것을 신속하게 해결해주는 상담원을 더 좋아합니다. 특히 기술 지원 상담이 필요한 경우에는 상담원이 '기술자'라는 느낌을 받을 때 신뢰와 만족을 표하지요.

둘째, 중소기업이라면 사장이 업무분장과 인사 배치에 대해 덜 고민해도 된다고 생각하는 오류입니다. 중소기업에서는 한 직원이 다수의 업무를 수행하는 경우가 많습니다. 기업의 규모가 작더라도 기업이 반드시 수행해야 하는 업무 분야는 규모와 상관없이 다양하니까요. 따라서 연구개발을 하는 직원이 원자재 구매를 하기도 하고, 생산 공정의 품질 관리까지 업무 분야를 넓힐 수 있습니다. 영업을 담당하는 직원이 마케팅과 상품 기획을 동시에 수행할 수도 있고요. 하지만 경리 직원에게 고객 상담을 맡기는 것은 유관 업무의 확장이라 할 수 없지요.

셋째, 직원의 업무와 역량에 대한 고민이 없는 경영으로 도리어 사장이 혼선을 가중시키게 되는 오류입니다. 고객 상담이 뭐 대단한 일이냐는 안일한 생각을 하고 있는 경영자라면 직원의 역량을 성장시키기 위한 인사 정책 또한 갖고 있지 않을 가능성이 높습니다.

고객 상담 시 다음과 같은 질문이 나왔다고 가정해봅시다. "제품의 수리 기간은 얼마나 될까요? 유상수리인가요, 무상수리인가요? 택배비는 누가 부담해요? 이번에 고장 난 게 소모품이라서 또 갈아야 하는 부품인가요?" 우선 수리비의 유무상 여부와 택배비의 부담 정도는 고객 상담 매뉴얼에 따라 대답해줄 수 있겠죠. 물론 고객 상담 매뉴얼마저 없다면 상담원은 "개발팀에 전화해볼게요" "비용은 지금 알 수 없고 나중에 발송 전에 알려드릴게요"처럼 시원치 못한 답변밖에 할 수 없겠지만요. 단언컨대 수리가 발생한 부품이 소모품인지 아닌지까지 답변할 수 있는 경리 직원은 없습니다. "제가 잘 몰라서요"라는 답변이 나올 수밖에 없습니다.

사장님은 한가해 보이는 경리 직원에게 전화 상담이나 하며 월급 값 하라고 했지만 본인 생각과 달리 경리 직원은 회사의 브랜드 가치를 깎아먹는 데 일조할 수밖에 없었을 것입니다. 그러나 경리 직원이 무슨 잘못이겠습니까? 사장님의 인사 배치가 문제였던 것이지.

직원의 역량은 두 가지로 나뉩니다. 자기 고유 분야의 전문 역량과 이를 기반으로 한 인접 업무 분야의 확장성이죠. 사장님이 경리 직원의 역량을 강화시키고 좀 더 생산성 있게 업무 시간을 활용하길 바랐다면 상담 전화가 아니라 회계, 재무, 인사, 노무, 비서 등의 유관 분야에 대한 교육을 추천하고 다분야의 전문 역량을 갖춘 직업인이라는 비전을 제시했어야 했습니다. "내가 많이 부족하니 자네가

고객 만족, 무엇이 중요한가?

회계는 물론 재무 전반의 CFO로 성장해주길 바라네"와 "맨날 놀지
말고 전화라도 좀 받아"라는 말은 하늘과 땅 차이죠.

경영 전략으로서의 고객 만족

1. 고객 만족에는 돈이 든다

신규 사업을 준비하거나 신상품을 개발하기 위해 기업은 많은 준
비를 합니다. 추정손익계산서를 통해 미래의 손익을 가늠해보고,
시장 분석을 통해 목표 시장과 고객에 대한 접근 방법과 마케팅 전
략을 고민하죠. 이때 간과하는 것이 고객 만족 전략입니다.

상품의 종류에 따라 다르겠으나 제대로 된 고객 만족 서비스를
위해서는 인원의 충원 또한 필요합니다. 소비재(생필품처럼 일반 소비
자가 사는 상품)의 경우 반드시 전화 상담이 뒷받침되어야 하기에 최
소한 한 명의 상담원은 필요하겠죠? 담당자의 휴가, 휴직, 사직에 대
비하려면 최소한 두 명의 인원을 확보해야 합니다.

산업재(광전송 장비처럼 특정 기업 집단에게만 판매하는 상품)라면 고객
층이 한정되어 있으니 전화 상담 비중은 크지 않을 것입니다. 그러
나 출장과 같은 직접 지원은 필수적입니다. 여기에도 최소 두 명의
인원이 필요합니다. 차량유지비와 같은 비용도 무시할 수 없고요.

추정손익계산서에는 반드시 고객 지원 체계 구축 및 유지 비용

이 포함되어야 합니다. 고객 지원을 담당할 인력의 인건비뿐 아니라 시험을 위해 필요한 기자재, 소비자 보호 관련 법령으로 정한 수리 보증 기간 동안 유지되어야 할 부품 및 원재료의 목록과 비용 등도 빠져서는 안 됩니다. 신상품이나 신규 사업을 준비하면서 고객 지원 체계를 구축하고 유지할 수 있는 비용을 사전에 점검해보지 않으면 회사에서 예상했던 이익은 절대 달성할 수 없습니다.

2. 고객 만족 시스템은 방대하다

흔히들 고객 만족을 CS Customer Satisfaction라고 하는데, 과거에는 CS가 Customer Support(고객 지원)의 약자로 쓰였습니다. 그러다가 고객의 충성도에 의한 재판매, 구전 효과 등이 기업에 큰 도움을 준다는 것이 밝혀지면서 '고객 만족'이라는 용어가 정립되었죠.

고객 만족을 위한 노력은 기업의 모든 활동에서 병행되어야 합니다. 우선 애초에 신상품 기획 단계에서부터 고객의 니즈가 반영된 상품이 기획되어야 합니다. 특히 경쟁사와의 차별화 전략을 위해 경쟁사의 고객 지원 체계를 벤치마킹하는 일을 가장 먼저 해야 합니다. 어렵지 않습니다. 경쟁사의 사용자 커뮤니티 운영 상태를 확인한다든지, 경쟁사의 콜센터에 전화를 걸어 고객 응대 수준을 확인하는 등 기초적인 것부터 점검하면 됩니다. 이러한 벤치마킹을 통해 고객 만족 전략을 수립해 소비자에게 '우리는 다릅니다. 그리고 우월합니다'라는 메시지를 계속 전달할 수 있어야 합니다.

특히 산업재라면 매뉴얼부터 트러블슈팅 가이드 같은 다수의 기술적 문서를 통해 회사의 기술력을 보여줄 수 있어야 합니다. 안타깝게도 우리나라는 대기업마저도 이 분야에 취약한 모습을 보입니다. 여기에는 개발을 전담한 연구원이 기술 문서를 작성해야 한다는 우리 기업들의 고정관념도 한몫하는 듯합니다. 매뉴얼의 작성에는 개발자뿐 아니라 현장 지원 기술 인력이나 상담원까지 모두 참여해야 합니다. 그간 고객들의 불만과 문제 해결 과정 경험을 하나로 모아내면 필드의 교과서라 불리는 좋은 매뉴얼을 만들어낼 수 있습니다. 이때 CRM Customer Relationship Management 시스템의 축적된 데이터를 활용할 수 있다면 화룡점정이겠죠.

3. 고객 만족을 위한 여러 가지 방법론

고객 만족 경영이라는 화두는 자칫 감성적이고 의지적인 외침에서 한 발짝도 못 나가고 지지부진해질 수 있습니다. 그래서 중소기업 전반에서 일어나는 고객 만족 경영의 오류와 대응 방안에 대해 말씀드려보겠습니다.

1) 홈페이지가 필요해

정보화 시대에 기업의 홈페이지는 반드시 필요한 요소입니다. 하지만 고객 지원을 위한 Q&A 게시판 운영은 쉽지 않은 일입니다. 지속적으로 스팸 광고를 필터링해야 하는데 회사 내에 담당자가 정해져 있지 않은 경우가 대부분이다 보니 스팸 게시물에 점령되어 제 기능을 못 하게 된 고객 지원 게시판이 많습니다.

그러니 홈페이지를 관리하는 전담 인원이 없을 때는 Q&A 게시판을 열지 마세요. 대신 고객 상담이 가능한 이메일 주소를 공개하고 '우리 회사는 24시간 이내에 질문에 대한 답을 드리는 것을 원칙으로 한다'와 같은 안내를 명시해두면 됩니다. 더불어 상담일지 작성을 통해 모인 질의응답을 분석해서 자주 질문하는 내용과 그에 대한 답변을 FAQ 형태의 읽기 전용 게시판에 올려두면 Q&A 게시판의 부재를 상쇄할 수 있습니다.

블랙컨슈머가 게시한 근거 없는 비방과 해당 게시물의 삭제로 기업과 고객 간에 분쟁이 발생하는 문제를 원천적으로 차단하기 위해 Q&A 게시판을 운영하지 않는 기업들도 있습니다.

📅 **다른 회사의 CRM에 내가 '꼴통'으로 기록되어 있어선 안 되겠죠?**

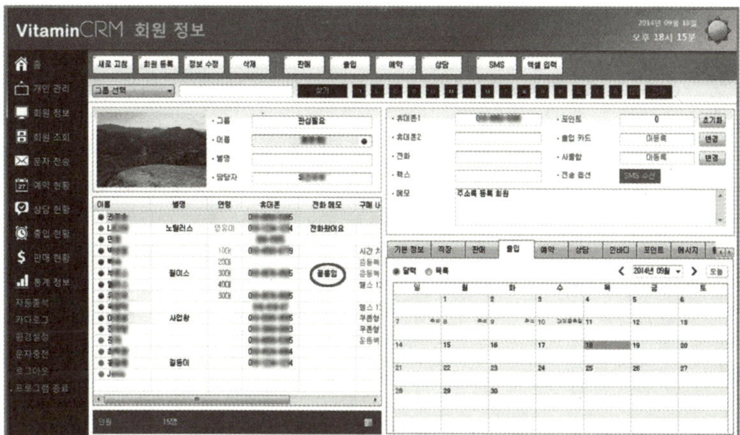

고객 만족, 무엇이 중요한가?

2) 소비자 커뮤니티의 적극적 활용

할리 데이비슨은 아마도 가장 충성도 높은 고객을 보유한 회사일 것입니다. 자기가 좋아하는 제품을 문신으로 새기고 다니는 고객들인데 어찌 그 충성도를 의심할 수 있을까요?

인터넷 카페 형태의 소비자 커뮤니티는 가장 충성도 높은 고객들이 모여 있는 곳입니다. 이 커뮤니티에 정보를 제공하고 꾸준히 커뮤니티에 애정을 보인다면 충성도 높은 고객들은 기업이 하기 힘든 일을 해내기 시작합니다. 시간이 흐르다 보면 마케팅의 가장 순도 높은 성과물이라고 할 수 있는 스토리텔링이 만들어지는 기적도 볼 수 있죠.

C라는 벤처기업은 자신들이 만든 제품이 유독 삼성 컴퓨터에서는 호환성 문제를 일으키는 난감한 상황에 직면했습니다. 고객들은 이 문제를 C사뿐 아니라 삼성 서비스센터에도 문의했습니다. 그런데 삼성 측에서는 C사 제품의 호환성 문제로 일축했습니다. 고객들도 덩달아 '삼성의 컴퓨터가 문제랴 C사 제품에 무슨 문제가 있겠지'라고 생각하며 C사를 닦달했죠. 결국 C사는 문제의 원인을 찾아냈는데, 삼성 컴퓨터 중 일부 모델이 너무 작은 용량의 플래시 메모리를 장착해 일어난 문제였습니다. 물론 C사는 이 문제를 삼성에 따지고 고객 상담 제대로 하라고 압박할 수 있는 처지가 아니었습니다. 이 사실은 C사의 사용자 카페에서 퍼져나갔고, 사용자들은 도리어 C사의 기술력에 감탄하며 열심히 공유해나갔습니다. 그렇게 C사는 난감했던 문제를 고객들의 손을 빌려 간단히 해결할 수 있었습니다.

3) 고객 만족 담당 직원의 고충

'사람을 상대하는 직업이 가장 힘들다'고 합니다. 최근에 본 음료수 CF에서는 퇴근길 엄마의 전화에 "네, 고객님"이라 대답하는 딸의 모습이 나오더군요. 고객 지원 일선에 있는 직원들이 감당해야 하는 감정노동의 고통은 형언하기 어렵습니다. 하지만 안타깝게도 우리나라 기업의 임원들은 이런 경험을 해보지 않은 분들이 많습니다. 그렇다 보니 직원들이 겪고 있는 고충을 잘 이해하지 못하는 경우도 많고, 어떻게 대응해야 할지 몰라 그저 고생이 많다는 말로 넘어가는 경우가 태반이죠. 그러나 위로의 말 한마디로는 직원의 고충이 해결되지 않습니다. 직원들은 업무에서 받는 스트레스를 감당하지 못해 회사에 대한 애정을 잃고 심지어는 사표를 내던지고 뛰쳐나가게 됩니다.

문제의 해결은 아주 간단합니다. 고객 만족 담당 직원들의 순환보직입니다. 현장 기술 지원직은 내근으로 바꾸어 내부 벤치마크 테스트나 문서 작성 등의 업무를 보면서 감정노동의 현장을 벗어난 휴식의 시간을 주는 거죠. 고객 상담 전화에 시달리는 직원들은 연구 보조나 상품 기획 조사 업무 등으로 순환시키며 심적 부담을 덜어주는 형태의 순환보직이 필요합니다. 또 순환보직은 직원들의 시야를 넓혀주기에 장기적으로 회사의 미래를 짊어질 인재들이라면 순환보직을 시행하는 목적을 잘 설명해줄 필요가 있습니다. 영업이나 기술 분야의 직원들이 순환보직을 통해 고객 만족 업무에 배치되어보면 동병상련의 정으로 팀워크가 더욱 단단해지는 효과도 있습니다.

한때 "뭣이 중헌지 알지도 못함서!"라는 영화 대사가 유행했죠? 고객 만족, 무엇이 중요한지 제대로 파악하고 있었는지 이번 기회에 점검해보셨으면 합니다. 타 기업과 다른 차별성, 그 차별성을 통한 상대적 우위를 고객들에게 검증받는 것, 그것이 고객 만족에 대한 또 다른 정의임을 아는 기업들이 많아지길 기원해봅니다.

세 줄 요약 

❶ 고객 만족 경영의 주체는 직원입니다. 제대로 된 인사 관리와 순환보직을 통해 직원의 역량 강화와 스트레스 강도를 조절해주어야 합니다.

❷ 고객 만족 경영에는 돈이 듭니다. 신사업 계획, 신상품 출시 전에는 관련 비용을 미리 산출해서 사업의 손익을 가늠하고 가격 전략을 세워야 합니다.

❸ 불특정 다수에게 공개되는 소비자 커뮤니티보다는 충성도 높은 구매 고객층을 대상으로 하는 소비자 커뮤니티의 운영과 지원이 더욱 효과적입니다.

탐욕의 합법화

탐욕이란 좋은 것이야.
이젠 그것이 합법화되었군.
– 《월 스트리트: 머니 네버 슬립스》

이 사회의 계급화는 더 뚜렷한 계층 간의 차이를 원하고 있다. 충분히 가진 사람들은 인공위성을 만들어서라도 저 아랫것들과 다른 세상을 만들고 싶어 한다. 그러나 그들이 사는 세상은 서민들에게는 젖과 꿀이 흐르는 낙원의 모습으로 느껴지나 보다. 영화 《엘리시움》의 거대한 인공위성은 이미 우리들 머리 위에 있는지도 모른다. 가보지 못한 곳, 보지 못했으나 들어서 갈망하는 곳, 그곳의 모습은 허상이다.

어쩐 일인지 대한민국 최고의 부자가 병석에서 병문안도 받지 못하고 있다. 살아 있다는 전언 외에는 일절 모습을 보여주지 않고 있으니 대중은 그가 포르말린에 담겨 있을 거라고 상상하게 된다. 이미 사망한 가족의 사망신고를 하지 않은 가족에게는 어떤 벌이 내려져야 할까? 탐욕이 합법화된 국가에서 과연 그런 벌이 내려질 수는 있을까?

기업의 성장통

아이들이 성장할 때 갑작스럽고 빠른 몸의 변화는 '성장통'을 겪게 합니다. 성장통이 있었는지도 모르고 지나가기도 하지만 병원을 찾을 만큼 큰 통증에 고생하기도 하죠. 정말 다행히도 성장통은 치명적 질환은 아닙니다. 하지만 인간과 달리 기업은 거의 모두가 성장통을 심하게 겪습니다. 게다가 마땅히 성공을 향해 나아가야 할 성장의 시기에 잘못된 대응을 하면 그만 망하기까지 합니다. 그래서 기업의 성장통은 죽음에 이를 수도 있는 무서운 병입니다.

대부분의 기업들이 더 나아진 매출과 사세 확장 때문에 이 위험한 성장의 시기를 대수롭지 않게 넘기죠. 기업이 이렇듯 안일하게 대응하는 까닭은 성공에 대한 안일한 확신 때문입니다. 자신들의 성장이 위로만 뻗어나가는 그래프마냥 순증으로 이어질 거라는 생각이 경영자와 조직원들에게 자리 잡으면, 현재의 성공을 지키기 위한 조직 시스템의 구축을 등한시하고 앞으로의 더 큰 성장을 위한 투자는 생각하지 않게 됩니다. 기업의 성장 곡선을 대부분 S자형으로 설명하지만 사실은 계단식입니다. 오랜 시간 쌓이고 쌓인 내공과 노력이 기업을 한 단계 위로 올려놓는 것이지요.

2016년 발생한 딴지그룹의 노사 문제는 시사하는 바가 많습니다. 오랜 고난의 시간을 버텨내고 '나꼼수'와 벙커원 그리고 딴지마켓이라는 걸출한 콘텐츠로 한 단계 성장한 딴지일보. 하지만 '이제 직원들 월급 걱정은 하지 않아도 되겠다'라는 안도감에 젖어든 그때, 그간 미뤄놨던 기업으로서의 과제들을 해결할 생각은 하지 못했습니다. 이것이 비단 딴지그룹만의 문제일까요? 갑작스런 매출액 증가, 대규모 투자 유치 성공, '오버나이트 석세스overnight success'와 같은 예상치 못한 대박 등등. 기업은 이런 성공을 통한 급속한 성장의 시기에 업종에 상관없이 같은 실수를 범합니다. 이번 장에서는 이런 상황에서 기업이 챙겨야 할 일들을 정리해보겠습니다.

인사적 측면

창업을 하고 상품을 개발한 후 판매를 통해 이익을 실현하기까지 얼마의 기간이 걸리는지는 기업에 따라 다릅니다. 어떤 기업은 5년이 걸리기도 하고, 어떤 기업은 15년이 걸리기도 합니다. 물론 기간에 상관없이 기본적인 이익을 실현하지 못하고 망하는 기업이 전체 창업 기업의 90퍼센트입니다. 그렇다면 이익을 실현한 기업들은 성공한 기업이라고 할 수 있을까요? 누군가에 의해 성공한 기업이라 평가받는 것, 누군가는 물론 내부 조직원들마저도 우리는 성공했다고 생각하는 것, 모두 잠시의 일일 뿐입니다. 화무십일홍이라고 할까요? 여기서 우리는 기업의 영속성이라는 화두를 만납니다. 지속 가능한 경영을 위해 무엇을 대비하고 챙겨야 할까요? 가장 우선해야 하는 것은 무엇보다 사람입니다.

1. 단거리 달리기에서 마라톤으로

기업이 창업 이후 손익분기점을 향해 매진하는 노력은 심장이 터져라 달리는 스프린터의 그것과 다르지 않습니다. 이때 부족한 자금을 대신해 모든 일을 해내는 기적 같은 힘이 노동력입니다. 스타트업 창립 멤버들에게 '공신'이라는 표현을 쓰는 것은 이런 피나는 노력을 해온 데 대한 예우일지도 모릅니다.

하지만 죽어라 달려 계속 발뒤꿈치를 잡아채는 실패의 늪을 벗어난 기업은 숨고르기를 해야 합니다. 이제는 속도를 줄이고 기업의 앞길에 도사리고 있는 크레바스와 늪지대를 피하며 새로운 기회를 제공할 오아시스도 찾아야 합니다. 이전과 같이 죽어라 달리다 보면 위험도 기회도 보지 못합니다.

창업 초기 멤버들이 보여준 열정과 자발적으로 제공한 과도한 노동력에 의존하지 않는 인사 시스템의 전환이 이뤄져야 할 시기가 바로 이때입니다. 경영자는 정확한 메시지를 전달해야 합니다. '이제부터는 일하는 방식을 바꾸자' '우리는 오래 달릴 수 있는 마라토너가 되어야 한다'는 지침을 줘야 합니다. 조직에 새롭게 충원되는 인력들에게 과거에 우리가 그랬듯 너희도 죽도록 노력하라는 요구를 하는 것은 경영자가 이런 지침을 주지 않았을 때 생깁니다.

2. 새로운 조직, 새로운 인재

가시적인 성장 단계에 진입한 기업에는 성공한 회사, 유명한 회사에서 일하고 싶은 인재들의 이력서가 들어오기 시작합니다. 사장은 앞으로 확대하고픈 사업 분야를 이끌 인재들에 욕심을 내기 시작하죠. 하지만 이런 인재들을 받아들이기에 회사의 인사 시스템은 조악하기 그지없습니다. 그동안 살기 위해, 성공하기 위해서만 달려왔기 때문입니다. 취업규칙, 복리후생, 노사합의체 등을 '그래, 언젠가는 갖춰야지'라는 생각으로 접어둔 채 오로지 현업의 최우선 과제만을 쫓았습니다. 당연히 회사의 인사 시스템은 갖춰진 게 없을 뿐 아니라 돈을 벌고 회사를 성장시키는 데 집중하기 위해 인력 대다수는 사업 부문에 집중되어 있습니다. 하루하루를 어찌어찌 수금하고 짜내고 자금 집행하며 위기를 넘겨온 관리 부서(인사, 총무, 회계 등)는 인사 시스템을 고민하고 큰 그림을 그려볼 생각조차 못 해봤습니다.

이 상태에서 새로운 인력을 충원하면 어떻게 될까요? 기존 인력들은 후배들에게 '노오력'을 강요합니다. 관리 부서에서는 그간 쭉 해왔듯 '많이 벌어오고 조금 쓰라'고 압박합니다. 신입 인력은 밖에서 바라보던 회사의 모습이 과장되었음에 실망합니다. 하지만 처음에는 선배들의 전설에 감화되어 오버클러킹된 CPU처럼 일하고 스텝 부서의 압박이 갑질이란 걸 인지하지 못하고 고개를 숙입니다. 그러나 시간이 지날수록 부서 간 이기주의가 생기고 조직 내에서는 사내 정치 운운하는 정치꾼들이 나타납니다. 이런 이야기를 들으며 어느 회사 이야기인가 싶으신 분도 있겠지만, 사실상 거의 모든 스타트업이 이런 일을 겪습니다.

그렇다면 해결 방법은 무엇일까요? 위대한 경영 컨설턴트의 지도? 아닙니다. 우선 취업규칙을 공람하고 비치하세요. 직원협의회를 만들든 상조회를 만들든 인력 간의 신구 조화가 일어날 수 있는 직원협의체를 발족하세요. 직원들과 충분히 협의해 취업규칙을 보강하고 우리를 성공으로 이끈 창업 정신을 포함한 사규로 발전시키세요. 그리고 신상필벌을 통해 회사를 위한 개인의 자발적 노력이 당연한 것이 아니라 상을 받아야 할 일임을 인식시키는 동시에 직책이 팀장이라고, 부서에서 자금 집행권을 갖고 있다고 조그마한 권력이라도 쥐고 동료의 위에서 군림하는 못난이들에게는 엄중한 책임을 묻는다는 걸 보여주세요.

훌륭한 인사 시스템은 경영 컨설턴트에게 사오는 것이 아니라 사장과 직원들이 함께 만들어나가는 것입니다. 만약 위에 제가 열거한 방법들이 전혀 시행된 적 없는 조직이라면, 아무리 많은 인재를 들여오더라도 남아나는 사람이 없을 것입니다. 손에 꼭 쥔 모래가 아무리 힘을 줘도 손가락 사이로 빠져나가듯 말입니다.

자금 운용

기업들의 현주소를 살필 때마다 경영이란 단어에 어울리는 운영을 하고 있는 회사를 만나기 어려운 게 현실이었습니다. 한진해운 사태를 볼까요? 그게 어디 경영입니까? 욕심 많은 사장이 사리사욕이나 채우려고 운영하는 공단의 소기업보다 나은 점이 보이던가요? 하물며 약간의 기대라도 갖게 되는 꽤 업력이 긴 이름 있는 중소기업의 재무제표를 열어볼 때도 번번이 실망하기 일쑤입니다. 왜 그럴까요?

사장이 경영자로서 최소한의 전문성을 갖추지 못했기에 그리고 내부 관리 부서의 무능과 무지를 검증하지 못했기 때문입니다. 더불어 자금 운용에 대한 적절한 제어장치가 동작하지 않아서이기도 합니다. 이 제어는 법인이라면 주주총회와 이사회를 통해 이뤄져야 합니다. 또한 내부적으로는 대표이사와 관리 부서 간 자금 운용에 대한 업무 배분과 협의가 체계적으로 동작해야 합니다. 이런 체계가 없는 상황, 혹은 시스템이 있어도 동작하지 않는 상황에서는 사장이 즉흥적으로 투자와 자금 집행을 결정하고, 관리 부서는 단순무식하게 현재의 자금 내에서 비용을 통제하는 역할밖에 하지 못합니다.

이런 기업들에서 나타나는 현상은 이렇습니다. 사장은 자신의 즉흥적 판단에 따라 돈을 씁니다. 예를 들어 인테리어 변경, 회사 로고 변경 등 자신의 마음에 들지 않는 것에 대한 변경을 즉흥적으로 지시하죠. 명분은 얼마든지 있습니다. '회사의 아이덴티티에 맞지 않는다' '전문가적 시각에서 봤을 때 이건 좀 아니다' '어차피 회사에 돈이 없는 것도 아닌데'라는 생각에 아무런 부담을 갖지 않습니다. 또 관리 부서는 소위 갑질을 합니다. 현업 부서에서 요청하는 비용을 거부하고, 요구한 예산을 임의적으로 삭감해 집행합니다. 명분은 비용의 통제지만 점점 현업 부서는 사장과 관리 부서와 멀어져갑니다. 이런 현상은 잠깐의 성공에 도취되었다가 망해가는 기업들에서 공통적으로 나타납니다. 하지만 기업 내부에서는 모릅니다.

예산 소요와 전사적 자원 활용을 통한 사업 계획 수립, 사업 자금 집행의 전결 권한, 직원들을 대상으로 한 관리 부서의 회계 보고, 주기적인 사업 현황 점검과 변동비 분석, 순이익에 대한 유보금 결정과 직원 성과급 지급… 당연히 해야 할 일이지만 그간 이런 것 없이도 성공했다는 자만, 여러 가지 의사 결정 시스템의 구축은 조직을 경직시킬 거라는 막연한 불안과 핑계 때문에 이뤄지지 않습니다.

자만, 불안 등을 떨쳐내고 위의 일들의 필요성을 공감한다 하더라도 대체 무엇부터 어떻게 해야 하는 건지 고민하다 한숨만 날 수도 있습니다. 제가 권하는 가장 쉽고 빠른 방법은 외부 회계 감사를 받는 것입니다. 외부 회계 감사 대상 기업이 아니더라도 자발적으로 회계 감사를 받으면서 어림짐작하던 요소들을 구체적으로 정리하고, 다수의 기업을 감사하며 회계는 물론 사업과 조직을 많이 경험한 회계사들에게 자문을 받아보는 거죠. 성장의 시기에 기업은 주먹구구식 돈 관리에서 벗어나 투명한 회계 관리와 거시적이고 장기적인 자본 운영이라는 기술을 습득해야 합니다.

기업에게 기술이란?

스타트업 사장들이 달력을 보면서 한숨 쉬는 이유는 비슷합니다. 매달 직원들 월급날은 왜 이리 빨리 찾아오는지, 휴일이 많은 달에는 물건을 팔 수 있는 날이 줄 텐데 그런 달은 어떻게 버틸지…. 그러다 회사의 매출은 늘고 월급날 걱정은 하지 않아도 되는 시기를 맞았다면 그때부터는 돈을 잘 쓰는 일이 중요해집니다. 나날이 성장하는 매출과 여유로워진 자금 사정에서 '투자'의 방향을 제대로 잡지 못하고 사장이 축재를 하거나 임직원이 똘똘 뭉쳐 헤프게 돈을 쓰기 시작하면 화수분 같던 회사의 통장도 어느 순간 말라버립니다. 성장의 시기에 '투자'의 의미를 제대로 이해하지 못하고 기업을 경영하면 대부분 이런 수순을 밟죠.

그렇다면 성장의 시기에 해야 할 투자 1순위는 무엇일까요? 뭐니 뭐니 해도 연구개발R&D입니다. 물론 대부분의 기업은 사업 초기부터 연구개발의 필요성을 뼈에 새길 정도로 느끼며 운영을 거듭해왔을 것입니다. 별것 아닌 부품이 국내에 없어서 해외에서 어렵게 수입했던 일, 외주 개발에 의존할 수밖에 없어 기획했던 아이디어의 절반도 구현 못 하고 출시 시기까지 늦춰졌던 일, 상식적으로 이해하기 힘든 외주 개발 단가 등등을 경험하면서 말이죠.

그럼 얼른 부설 연구소를 세우고 연구원들을 뽑아야 할까요? 아닙니다. 자동차가 좋다고 운전도 안 배우고 차부터 살 수는 없는 일이죠. 우선은 지식재산권부터 점검하고 갖춰야 합니다. 사업 초기부터 급하게 내놨던 지식재산권들을 정리해보고 지식재산권 출원에 투입된 비용과 등록 과정까지 발생했던 문제를 분석해보세요. 우리 회사의 지식재산권 수준이 어느 정도였는지, 출원 아이디어는 어떤 분야에 해당하고 어떤 임직원이 주도했는지 살펴보세요. 혹시 사장의 아이디어가 대부분이고, 출원은 많이 했으나 포기·소멸된 것들이 많다면 회사의 직원들이 미래의 성장 동력으로 연구개발이 중요하다는 비전을 공유하지 못했다는 방증입니다. 사규를 통해 직무 발명 보상 체계를 직원들에게 설명하고, 전사적인 아이디어 창출을 도모하고 반드시 보상해야 합니다.

더불어 연구개발 예산을 사업 계획에 반영해 꾸준히 투자해야 합니다. 중장기적인 연구개발과 1년 이내의 단기적인 연구개발을 구분하고, 연구개발 활동에 대한 회계 계상을 하거나 관리 부서에서 체계적으로 관리해야 합니다. 연구개발에 대한 예산을 관리 부서의 간섭 없이 지속적으로 쓸 수 있도록 일정 규모로 고정시켜 놓고, 반대로 예산이 있으니까 쓰고 보자는 무절제한 사용을 관리 부서가 통제하는 시스템을 만드는 거죠.

음식점이라면 레시피 개발이 연구개발입니다. 여기서는 특허도 중요하지만 영업 비밀 보호 방안을 갖춰야 합니다. 콘텐츠 제공 서비스업이라면 물리적인 특허가 아닌 인터넷 비즈니스 모델 특허를 갖춰야 합니다. 기업이 영유하고 있는 사업에서 우선 연구개발의 방향을 찾으세요. 그리고 직무 발명 보상과 지식재산권을 기반으로 전 직원의 아이디어를 보상하고, 회사는 착실히 무형의 자산을 키워 나가세요.

사장이 고민할 것

사장은 대부분 한 분야에 통찰력을 갖춘 전문가입니다. 적어도 기업을 일정 궤도까지 끌어올린 사장이라면 그의 경영에 대한 평가는 후할 수밖에 없습니다. 이런 사장님은 기술력과 사업 아이디어가 특출하거나, 기업의 사업과 성장 단계에서 금융 조달 능력이 뛰어났거나, 사업 각 분야에 인재들을 배치하고 최선의 결과물을 도출하도록 이끈 용인술의 대가일 수도 있습니다.

하지만 성장기에 진입한 기업의 사장은 자신의 전문 분야에 안주하고 있으면 안 됩니다. 다양한 분야의 지식을 습득하고 광범위한 업무 분야에 대한 통찰을 갖춰야 합니다. 구체적으로 뭘 해야 할까요?

1. 작은 일에서 져주고 큰 사안에서 이겨라

전 분야에 걸쳐 있던 사장의 의사결정권을 거둬들여야 합니다. 각 분야의 중간관리자에게 전결권을 나눠줘야 합니다. 창업 초기에는 작은 결정 하나로도 회사가 위태로울 수 있지만 이제는 여력이 있습니다. 행여 중간관리자가 잘못된 결정을 하더라도 기업은 충분히 그 충격을 완화할 자본과 조직이 있습니다. 신제품의 브랜드, 사옥의 인테리어, 부서 회식까지 모두 사장이 나서다 보면 중간관리자는 성장할 기회가 없습니다.

반면 회사의 미래를 고민하고, 앞으로 맞닥뜨릴 수 있는 위기와 기회를 고민하는 것은 오롯이 사장의 몫입니다. 회사를 총체적으로 살필 수 없는 직원들은 새로운 혁신과 도전에 반감을 가집니다. 현재의 안락한 삶이 주는 관성이지요. 이때 직원들을 설득해서 다시 과거의 창업 정신을 일깨워줄 수 있는 사람은 사장뿐입니다.

2. 다시 사람을 보라

창업 초기의 어려움을 뚫고 성공 궤도에 오른 A사의 사장은 더 큰 성장을 위해 영업·기술 위주의 회사 조직에 관리 부서를 강화했습니다. 회사의 틀을 잡겠다는 생각이었죠. 이때 관리 부서를 만들면서 영입한 인재들은 주로 최고 학벌에 대기업 출신이었습니다. 그런데 사장의 기대와 달리 이 인재들은 아무런 역할을 못 했습니다. 명문대와 대기업이라는 후광을 빼놓고 보니 새로 영입한 인재들은 스스로 무에서 유를 창조할 수 없는 사람들이었던 거죠. 하지만 사장은 이런 상황을 몰랐고, 현업 부서와 관리 부서는 매일매일 기 싸움에 시간을 소비했습니다.

사장은 이제 스타가 되었습니다. 정부 부처의 무슨 무슨 위원회에도 나가야 하고, 동향의 기업 선후배들이 모인 동창회도 뒤로 미뤄둘 수 없습니다. 무슨 무슨 협회 회장도 해야 하고, 언제나 만나야 할 사람이 많습니다. 직원들은 회사에서 사장 얼굴을 보기 힘들어집니다.

이제 사장을 감싸고 있는 관리 부서는 그 이점을 살려 사내 정치에서 승리하고 갑질을 시작합니다. 창업 공신들은 하나둘 회사를 떠나고, 새로운 인재들은 운 좋게 영입되어도 외부에서 보던 모습과 다른 불합리함에 당황해하며 그저 무기력하게 월급쟁이 생활이나 해야겠다고 타협하거나 아직은 이름값 있는 회사의 사원증을 목에 걸 수 있다는 데 만족하고 맙니다.

A사의 모습은 별이 될 거라 기대했던 많은 유망 기업의 마지막 모습일지도 모릅니다. 성장기 기업의 임직원이라면 자신의 회사가 이 사례와 유사하지는 않은지 한번 비교해보시기 바랍니다.

3. 경영은 미래의 위기를 회피하는 것

미래 위기에 대한 예측과 대비는 경영에서 가장 중요한 부분입니다. 그렇다면 성장기의 기업들에게 다가오는 위기는 어떤 것이 있을까요? 우리의 상품 판매를 급감시킬 경쟁사와 대체재의 출현, 태풍과 지진 같은 자연재해, 금융위기로 인한 정상적인 자금 조달 경로의 경색 등등 참 많이 있습니다. 기업의 저력, 사장의 능력으로 감히 통제할 수 없는 위험 요소도 꽤 많습니다. 그렇다면 확실하게 대비할 수 있는 것을 먼저 챙겨야겠죠.

예측 가능하고 대응할 수 있는 사안은 대비하면 됩니다. 그렇지만 성장기 기업들은 무지하고 무식해서, 또는 '나 하나쯤 어떠랴, 다들 그러는데' '이 정도면 우리는 다른 기업에 비해 잘하고 있지'라고 자위하며 대비를 등한시하곤 합니다.

구체적으로는 노동법 준수, 세법상 탈세의 위험 감지, 지식재산권 및 저작권법 위반 점검 등이 우선 해결해야 할 문제들입니다. 창업 초기의 열정페이 문제 해결, 단순한 예금 관리 수준의 회계를 업무의 전부라고 생각했던 관리 부서의 보강, 언젠가는 한 번쯤 정리해놔야지 했던 소프트웨어의 구입 등입니다. 아무리 마음이 급하더라도 바로 이런 것들을 성장기에 정리해두고 한 발을 내디뎌야 합니다. 취업규칙을 세우고, 외부 회계 감사를 받고, 소프트웨어를 구입하는 아주 기본적인 일을 미뤘다가는 감당할 수 없는 미래의 위기를 자초하게 됩니다.

매년 10만 개의 법인이 창업하고 자영업자까지 합치면 70만 개의 사업장이 창업을 합니다. 그러나 이 중 대다수는 손익분기점에

도달하지 못하고 폐업합니다. 끔찍한 죽음의 계곡을 넘어 성장기에 접어든 기업은 사업 초기에 문을 닫을 수밖에 없었던 수많은 창업 기업들이 그토록 가보고 싶었던 영역에 올라선 영웅들일지도 모릅니다. 그러나 그 영웅들이 노동자의 노동력을 착취하고 탈세를 일삼는다면 그 일그러진 영웅들은 사회의 기업가 정신을 훼손할 뿐입니다. 또한 기업가의 사명은 단지 돈을 버는 것이라는 천박한 배금주의의 양분이 될 뿐입니다.

민주주의에 대한 이념적 고찰과 시행착오, 자본의 탐욕과 신자유주의에 대한 반성 속에서 민주 사회의 중요한 축으로 기업 민주주의가 주목받고 있습니다. 우리가 성장기 기업들에 희망을 거는 이유도 여기에 있습니다. 종래의 기업들이 도달하지 못했던 노사 관계, 기업의 사회적 책임을 나름의 방식으로 해석하고 실천할 수 있는 재치와 아이디어로 새로운 기업 문화를 만들어낼 영웅들의 등장을 기대합니다.

세 줄 요약

❶ 사업 초기의 지난한 시기를 극복하고 한 단계 올라선 기업이라면 이제는 내부 관리 시스템을 강화하는 것이 중요합니다.

❷ 성장기 기업의 사장은 사업 초기에 맡았던 실무 영역을 줄이고, 위임과 전결을 통해 직원 역량을 키우고, 자신의 학습 시간도 확보해야 합니다.

❸ 성장기에 접어든 기업은 더 많은 매출액과 실적보다는 내부 구조의 강화, 미래 위기의 회피를 우선 고민해야 합니다.

연말이 되기 전에 해야 할 일: 재무제표

2016년 우리 사회는 대우조선해양, 롯데그룹 등의 회계 부정으로 기업들의 불투명한 경영과 그 여파가 유관 산업은 물론 경제 전체에 피해를 끼치는 것을 보았습니다. 책에서나 보던 문제가 현실에서 나타나자 기업의 외부 회계 감사 체계를 바꿔야 한다는 비판이 여러 곳에서 터져나오고 있습니다. 하지만 이 또한 언젠가는 잊히지 않을까 걱정이 앞섭니다.

이미 오래전부터 분식 회계와 불투명한 회계 관행에 대한 개선이 필요하다는 인식이 있어왔지만 이명박 정부와 박근혜 정부는 외부 회계 감사 의무 대상 기업의 자산 총액을 계속 후퇴시키는 등의 행보를 보여왔습니다. 과연 정부가 산업과 경제에 대한 통찰이 있는지, 문제의식은 있는지 의심하지 않을 수 없습니다.

회계처리기준 위반에 따른 검찰고발 등 조치

1. 조치내용	회계처리기준 위반혐의에 대한 검찰 기소
2. 주요 위반혐의내용	1. 공소 제기된 위반혐의내용 　1) 진행 중인 프로젝트 예정원가를 축소시켜 매출액 　　과대계상 및 공사손실충당부채 전입액을 감소시켜 　　매출원가 과소계상 　2) 장기매출채권 대손충당금 과소 설정시켜 판관비 　　과소계상 　3) 투자주식 및 대여금 등 채권에 대한 손상차손 　　과소계상 2. 연도별 회계처리기준 위반금액 　- 2012년 : 자기자본 7,211억원, 매출액 5,143억원, 　　　　　 영업이익 4,824억원, 순이익 4,824억원 　　　　　 과대계상 등 　- 2013년 : 자기자본 19,907억원, 매출액 6,266억원, 　　　　　 영업이익 12,695억원, 순이익 12,696억원 　　　　　 과대계상 등 　- 2014년 : 자기자본 29,941억원, 매출액 12,109억원, 　　　　　 영업이익 10,310억원, 순이익 10,033억원 　　　　　 과대계상 등
3. 조치기관	검찰
4. 향후대책	당사는 회계투명성 제고 및 내부감시장치를 강화하여 추후 동일한 상황이 발생하지 않도록 하겠습니다.
5. 조치일자	2016-07-14
6. 확인일자	2016-07-15
7. 기타 투자판단과 관련한 중요사	1. 상기 내용은 거래소의 조회요구(2016년 07월 14일 　17:45)에 따른 확정 공시사항입니다. 2. 추후 진행사항 및 확정사실 등이 있을 경우, 관련

　안타깝게도 대한민국은 대기업이나 재벌뿐 아니라 중소기업에서도 분식회계가 만연합니다. 연매출 몇 억 원 수준의 소기업도 서슴없이 분식회계를 하고, 영농조합법인부터 주식회사까지 분식회계의 유혹에 넘어가는 것을 심심치 않게 볼 수 있습니다.

　재무제표는 기업의 성적표이자 건강검진표이기도 합니다. 기업의 과거와 현재를 속속들이 보여주기에 미래의 모습을 가늠할 수 있는 가장 적절한 수단이기도 합니다. 그렇다 보니 기업들은 자신에 대한 평가를 고려해 분식회계를 합니다. 기업들은 '살기 위해 분식을 한다'고 항변합니다. 융자를 위한 은행의 신용 평가, 정부 보증 기금의 보증서 발급, 정부 출연 자금의 재정 건전성 평가, 면허 업종의 면허 유지를 위해 기업은 손실과 부실한 자산을 숨기고 꾸밉니다.

기업의 영업 상황이 좋으나 세금 내지 않을 목적으로 또는 비자금을 만들기 위해 역분식회계를 하기도 합니다. 역분식회계를 할 정도로 욕심이 많은 기업이라면 무자료 거래를 통한 부가세 탈세 등 위법적이고 부도덕한 일들을 서슴지 않기에 이런 기업들을 산업의 한 축이자 경제를 떠받드는 '사회적 자산'이라고 말하긴 어렵습니다. 참고로 검찰은 2016년 6월 롯데쇼핑의 중국 투자에서 일어난 많은 손실이 '역분식회계를 통한 비자금 조성'일 가능성을 염두에 두고 수사하고 있습니다.

이와는 다르지만 많은 중소기업이 고의성 없는 분식회계, 역분식회계를 합니다. 회계, 세무 등에 대한 지식이 부족하고 제대로 된 내부 관리 시스템이 없기 때문이죠. 사장을 포함한 임원들과 내부 관리 조직은 중요한 내부 관리가 무엇인지도 모른 채 시간을 보내기도 하고, 근거 없는 자신감으로 자신들은 잘하고 있다고 착각하기도 합니다.

이렇듯 대한민국의 많은 기업이 고의로 또는 고의가 없더라도 무지와 무식으로 기업의 상황을 적정하게 표시하지 못하는 재무제표를 내놓습니다. 만약 이런 재무제표들을 통계적으로 분석하여 정부가 경제를 진단하고 정책을 수립한다면 어떻게 될까요? IT에서 흔히 말하는 garbage data(쓰레기 값)가 되어 통계를 망쳐버리는 거죠. 무서운 일입니다.

제가 직접 보고 겪은 잘못된 재무제표의 사례들을 소개해드리겠습니다. 혹시 우리 회사도 비슷하다면 최대한 빨리 잘못된 점을 고치시기 바랍니다.

기업에서 나타나는 잦은 오류들

1. 가계정

가계정temporary account은 일시적으로 사용하는 계정이라는 뜻입니다. 기업이 재무제표에 딱히 정확한 계정을 찾지 못해 가수금, 가지급금으로 표시하는 경우가 있는데, 이는 잘못된 것입니다. 회계연도 중에 일시적으로 생성할 수는 있어도 결산 후에는 정확한 계정으로 표시해야 합니다. 대리점 보증금을 받아놓고 가수금이라고 처리한다든지, 사장님이 접대하러 가신다고 현금 들고 나간 것을 가지급금으로 처리하는 것은 잘못된 결산 처리입니다.

재무제표에서 이런 가계정을 확인하면 기업을 심사하는 전문가들은 기업의 회계 관리가 잘 안 되고 있다고 판단하고, 더 나아가 사장의 경영 능력을 의심합니다. 가계정 하나 있다고 그렇게까지 확대 해석하느냐고 하실 수도 있는데, 단기간에 여러 기업이 경쟁하는 상황, 예를 들어 국고보조금 심사 같은 경우에는 당락을 결정할 수도 있습니다.

2. 부실 자산

외부 회계 감사가 아니더라도 전문가가 기업의 현장 실사를 통해 실제 기업의 영업 상황과 자산의 부실 여부를 확인하는 경우가 있습니다. 이때 여러 가지 재무상태표상의 자산을 확인하는데 재고자산, 부동산 임대차 계약 보증금, 매출채권과 같은 요소들을 살펴봅니다.

재고자산은 상품화될 원자재, 반제품 등이므로 판매 활동이 일어나는 한 감가상각이나 손·망실 처리를 하지는 않으니 기업들이 분식을 위해 최대한 그 수를 늘리려고 하죠. 현장 실사에서는 원자재 수불부와 제품별 파트리스트part list 등을 가지고 재고를 조사해 찾아내는데, 많은 중소기업에서 재고 관리자나 회계 담당자가 상세한 인수인계 없이 퇴사하다 보니 불용 재고가 재고자산으로 등록되어 있는 경우도 많습니다.

부동산 임대차 계약 보증금의 경우 창고나 사무실의 계약금을 실제보다 부풀린 계약서를 제출하기도 하는데, 이 또한 부실 자산입니다. 비자금을 조성하는 것으로 의심받기 때문에 하시면 안 됩니다.

매출채권은 대금을 받지 못한 기간과 거래 업체의 상태에 따라 부실을 판단합니다. 기업을 평가함에 있어 유동성은 중요한 요소이므로 부실한 매출채권을 많이 보유한 회사를 좋게 평가하지 않으니 유의하셔야 합니다.

3. 복리후생비로 둔갑한 접대비

접대비에는 손비 인정 한계가 있기에 또는 임원의 떳떳하지 못한 접대비를 복리후생비로 계상하는 경우가 있습니다. 직원의 급여에 비해 상대적으로 높은 복리후생비 비중이 보이면, 계정별 원장과 법인카드 사용 내역을 확인합니다. 일요일에 골프장에서 사용한 카드 내역 등이 복리후생비로 처리되었다면 실제로는 접대비였음을 알 수 있죠. 나름 머리를 썼다고 생각할 수 있겠지만 금방 들통 날 일입니다.

더 무서운 것은 복리후생비에서 빼내어 다시 정리한 접대비는 손비 인정이 안 되고 결국에는 세금 추징의 이유가 될 수 있다는 점입니다. 김영란법이 시행되긴 했지만 대한민국의 접대 문화가 하루아침에 바뀌리라 생각지 않습니다. 어쩔 수 없이 접대하는 것에 잔소리를 하지는 않겠지만, 세법상 손비 한정 금액까지만 사용하시길 권합니다.

4. 무형자산이 보여주는 기업의 속내

계약을 앞두고 전문 위탁 기관을 평가하는 자리에서 있었던 일입니다. 특허사무소의 재무상태표에 무형자산(소프트웨어)이 표시되어

연말이 되기 전에 해야 할 일: 재무제표

있지 않았습니다. "변리사님? 변리사님은 저작권을 포함한 지식재산권 전반을 지키고 대리하시는 분인데 사무실에서는 불법 복제 소프트웨어를 쓰시는 건 아니겠죠?"라는 심사위원의 말에 특허사무소 대표 변리사님이 진땀을 뺐죠.

연구개발에 모든 역량을 집중한다는 기업의 재무제표에서 개발비나 지식재산권을 찾을 수 없어 추궁했더니 사실은 외국산 장비를 가져와 껍데기만 바꿔서 판매하거나 외국 칩셋 개발사에서 배포한 레퍼런스 보드(연구개발용 데모 키트)에 케이스만 씌운 경우도 있었습니다.

큰 이익으로 유보금의 규모가 크고 주주 배당이 큰 회사가 향후 현재의 지위를 계속 유지할 수 있을는지 의문이 들 때도 전문가들은

📅 **삼성전자의 무형자산 변동 내역(2016.3.30)**

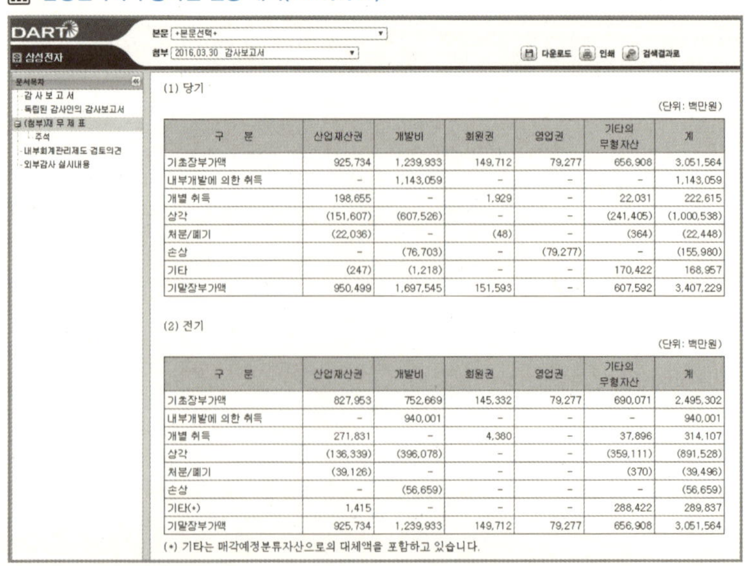

(1) 당기

(단위: 백만원)

구 분	산업재산권	개발비	회원권	영업권	기타의 무형자산	계
기초장부가액	925,734	1,239,933	149,712	79,277	656,908	3,051,564
내부개발에 의한 취득	–	1,143,059	–	–	–	1,143,059
개별 취득	198,655	–	1,929	–	22,031	222,615
상각	(151,607)	(607,526)	–	–	(241,405)	(1,000,538)
처분/폐기	(22,036)	–	(48)	–	(364)	(22,448)
손상	–	(76,703)	–	(79,277)	–	(155,980)
기타	(247)	(1,218)	–	–	170,422	168,957
기말장부가액	950,499	1,697,545	151,593	–	607,592	3,407,229

(2) 전기

(단위: 백만원)

구 분	산업재산권	개발비	회원권	영업권	기타의 무형자산	계
기초장부가액	827,953	752,669	145,332	79,277	690,071	2,495,302
내부개발에 의한 취득	–	940,001	–	–	–	940,001
개별 취득	271,831	–	4,380	–	37,896	314,107
상각	(136,339)	(396,078)	–	–	(359,111)	(891,528)
처분/폐기	(39,126)	–	–	–	(370)	(39,496)
손상	–	(56,659)	–	–	–	(56,659)
기타(*)	1,415	–	–	–	288,422	289,837
기말장부가액	925,734	1,239,933	149,712	79,277	656,908	3,051,564

(*) 기타는 매각예정분류자산으로의 대체액을 포함하고 있습니다.

기업의 무형자산을 살펴봅니다. 재무제표를 통해 기업의 속내와 내부 사정이 불쑥불쑥 드러나기 일쑤입니다. 지금 바로 회사의 재무제표를 살펴보세요.

연말이 되기 전에 해야 할 일들

재무제표를 설계한다는 말은 기업의 경영자와 관리 부서의 인력들이 사업을 분석하고 영업 상황을 주시하여 현금 흐름을 예측하고 사전에 대비한다는 말입니다. 반면 분식회계나 역분식회계는 관리 부실과 무지의 소산이기도 합니다. 앞서 열거했던 기업들의 실수를 우리 회사도 반복하지 않으려면 어떻게 해야 하는지 알아보겠습니다.

1. 가계정 정리

사장이 자신의 지갑과 회사의 금고를 같다고 생각하는 바보가 아니라면 즉흥적인 자금 인출로 인한 가지급금이 있어서는 안 됩니다. 임원들이 필요할 때마다 회사에서 돈을 빼가지 않으려면 급여액을 올리는 것이 답입니다. 임원들은 증빙을 처리할 수 없는 접대비 등을 이유로 가지급금을 가져가는데, 어차피 처리하기 힘든 비용이니 월급을 올리고 본인이 알아서 활동하라고 회계를 투명하게 하는 편이 낫습니다.

가수금은 중소기업에서 회사 자금 사정이 어려울 때 사장이 사재를 통해 일시적인 운영 자금을 넣고 추후 자금 사정이 좋아지면 받아가는 경우에 많이 발생합니다. 사장 입장에서는 회사를 위해 헌신했다고 생각할 수 있지만, 가수금과 가지급금이 수차례 왔다 갔다 하는 상황은 기업의 경영이 구멍가게 수준이라는 방증입니다.

오너가 사재를 출연해 기업을 살리고자 한다면 유상증자를 하는 편이 낫습니다. 자본이 증가하기 때문에 부채비율, 자기자본율과 같은 백분율 성과지표가 개선되는 효과도 있고, 기업의 소유주로서 지분이 증가되기에 향후 기업 공개 및 투자 유치 시 경영권을 유지할 수 있으니까요. 혹시 여러 이유로 유상증자를 하기 어렵다면 '임직원 종단기 차입금'으로 명확히 구분하고 금전 대차 계약서를 작성해야 합니다. 상환의 시기와 이자도 합리적으로 정해야 하고요.

2. 자산 실사

기업의 재무제표는 외부에서 기업을 평가하는 기준이 되기도 하지만, 내부의 조직원이 회사의 현재 상태와 개선점을 찾는 나침반 역할을 하기도 합니다. 그래서 관리 부서는 경영진에게 재무제표를 바탕으로 주요 이슈를 보고해야 하며, 영업과 제조 등의 현업 부서에도 재무제표를 공개하고 회사의 경영 방향이 정해진 이유를 설명해야 합니다. 고장 난 나침반으로 항해하는 배가 암초로 향할지, 무풍지대에서 멈춰서 말라 죽을지 모를 일이죠.

제대로 된 재무 상황을 파악하기 위해서는 주기적으로 자산 실사를 해야 합니다. 현재 보유하고 있는 재고자산 중 사용할 수 없는 부품이나 원자재가 있는지 파악해야 하고, 사급 생산을 위해 외주 가공 업체에 나가 있는 재고의 현황을 직접 확인해서 재고자산이 누락되지 않았는지 확인해야 합니다.

금형이 있다면 기구물 제작을 위해 외주 업체에 나가 있을 텐데 외주 업체의 이전, 도산 등에 대비해 금형의 철저한 관리를 요구해야 하고, 현장에 금형의 소유자가 우리 회사임을 알 수 있는 안내문이라도 걸어두고 와야 합니다(외주 생산업체의 금형이 사라져버린 바람에 딱 한 가지 부품이 없어서 완제품을 생산 못 하는 황당한 일이 업계에서는 흔히 일어납니다).

3. 전년 재무제표의 오류 개선

대부분 중소기업들이 내놓는 재무제표는 세무대리인이 만들어 준 재무제표로, 기업에서는 각 계정별 전표와 원장이 없는 경우도 많습니다. 그렇다 보니 회사 내부의 인원들이 보기에 이상하게 느껴지는 계정들이 있을 텐데요, 이런 계정들에 대해 계정별 원장을 요구해서 확인하고 세무사무소에서 잘못 계상한 것들에 대해서는 똑같은 실수를 하지 않도록 해야 합니다.

앞서 사례에서 보았듯이 접대비와 복리후생비가 그렇습니다. 직원들은 한 달에 한 번 회식을 할까 말까인데 막대한 복리후생비가 손익계산서에 나온다면 확인해봐야겠죠. 제조원가 명세서로 잡혀야 할 비용이 판관비로 잡혀 있는지도 반드시 확인해야 합니다. 이런 오류가 많고 금액이 커지면 제조원가 자체가 잘못 파악되고, 그것을 기반으로 한 매출총이익도 허수가 되어버리니 '제조원가를 낮춰야겠다'는 전략 등이 바보 같은 짓이 되고 맙니다.

또한 개발비와 경상연구개발비 등의 구분을 통해 회사의 연구개발 노력이 중장기적인 것과 단기적인 일상의 연구개발 활동으로 구분될 수 있어야 합니다. 기업이 기술 개발을 위해 쏟는 노력을 정확한 수치로 인지해야 마케팅 전략과 영업, 고객 지원 체계의 안분이 가능하기 때문입니다.

4. 국고보조금의 처리

중소기업들은 국고보조금을 많이 활용할 수밖에 없는데, 대부분 국고보조금을 단순히 '잡이익'으로 처리하고는 합니다. 그러나 국고보조금의 형태에 따라 정확하게 구분해놔야 추후 국고보조금이 없는 경우의 자금 조달 등을 계획할 수 있습니다. 예를 들어 출연 자금을 받은 경우에는 개발비 계정에 대응해야 하고, 수출 상담회 참석 후 사후 정산을 통해 부스 임차료의 일부를 정부로부터 받았다면 홍보비 계정에 국고보조금 지원 내역을 명시해야 합니다.

다시 한 번 말씀드리지만 재무제표는 외부의 평가를 위해서도 중요하지만, 회사 내부 경영진과 직원들이 회사의 현황을 제대로 이해하고 미래에 대비하기 위해서도 중요한 자료입니다. 재무제표를 통해 국고보조금이 어떤 분야에 쓰이고 있는지, 기업이 성장해 국고보조금 지원이 사라지면 얼마의 자금을 조달해야 할지 등을 파악할 수 있습니다.

우리나라 대부분 기업이 채택하고 있는 결산월은 12월로, 1월 1일부터 12월 31일까지 사업 내역을 반영합니다. 따라서 내년 1, 2월에는 올해의 매출, 매입 등을 수정할 수 없지요. 당연한 얘기지만 내년이 되어서 작년에 왜 회계 처리를 그렇게 했을까 후회해봐야 늦다는 겁니다.

연말이 되면 가수금, 가지급금의 정리, 제대로 된 재고자산의 정리, 매출채권의 회수 등 해야 할 일이 많습니다. 올해의 잘못된 자금관리와 회계 처리로 만들어진 재무제표는 내년 한 해 동안 계속 기업 평가를 따라다니는 족쇄가 될 테니까요. 면허 업종이라면 재무제표의 실자산 평가를 통한 면허 정지 등의 위험을 꼼수가 아닌 실력으로 돌파하기 위해서라도 4분기를 허투루 보내서는 안 됩니다.

세 줄 요약

❶ 가수금과 가지급금은 일시적인 계정으로, 결산 재무제표에 표시되면 안 됩니다.
❷ 국고보조금은 잡이익이 아니라 해당 계정에 맞게 상계 처리해야 합니다.
❸ 연말에 재고자산의 실사를 미리 실시해서 기업의 자산에 정확하게 반영하세요.

멋지게 살고 싶었다

고민하지 말고 집에 가서 쉬어.
내일 아침에 일어나봐.
거리 천지에 남자투성이야.
모두 나보다는 나을 거야.
– 〈첨밀밀〉

옛 애인을 잊지 못하고 번민하던 여자는 현재의 애인을 찾아와 눈물 흘린다. 경찰에 쫓겨 도피 중이던 남자는 그 여자를 안아 다독이며 말한다. 세상 어느 남자도 나보단 나을 테니 이젠 마음 편하게 다른 남자를 찾아보라고.

멋진 남자가 되고 싶었다. 멋진 남자가 되는 방법은 많은 것 같았으나 어느 순간 멋진 사장이 되는 것 빼곤 별다른 선택지가 없었다. 인생을 헛되이 보낸 것 같지 않은데 어느 순간엔 그랬다. 사장이 된 이유를 물어보면 뒷간에서 밑 닦을 만큼 많은 돈을 벌고 싶다는 사람들을 제외하곤 '멋지게 살고 싶었다'라는 이유가 가장 많았다.

H 사장은 담백한 남자였다. 그는 사장에게 있어야 할 능력이란 능력은 모두 갖춘 듯했고, 기백이 넘치는 기업가 정신은 미국이나 유럽 부럽지 않을 정도로 신기술과 신제품을 쏟아내었다. 많은 사람이 그의 성공을 기원했으나

기업의 성공은 염원만으로 이루어지는 것은 아니었다. 그는 실패했다. 다만 그는 실패의 과정에서도 그만의 담백함을 잃지 않았다. 마지막 월급을 챙겨주며, 끝까지 남고 싶다는 직원들에게 좌초하는 배에는 선장 하나만 남아 있으면 된다며 등 떠밀어 내보냈다. 선배처럼 형처럼 생각했던 사장을 채권자들이 줄지어 앉아 있는 사무실에 홀로 두기 미안해 직원들은 퇴사 후에도 음료수를 사 들고 계속 사무실을 찾았다.

사무실까지 정리하고 난 뒤 사장은 직원들 집에서 동가식서가숙하며 재기를 노렸다. 하룻밤 신세 지고 직원 집을 나오던 아침, 따라 나온 직원은 그에게 조카들 과자나 사주라며 5만 원을 쥐여주었다. 그 5만 원이 직원이 타고 있는 실업급여라는 걸 H는 모를 리 없었다. 아는 듯 모르는 듯 묘한 미소로 화답하며 고마움을 표시한 H는 길을 나섰다.

지금 H가 재기에 성공했는지는 알 수 없으나 그가 또 어떤 고난을 만났더라도 극복했을 것이라 믿는다. 그 멋진 남자의 주변에는 그만큼 멋진 놈들이 득실거리고 있을 테니까.

연말이 되기 전에 해야 할 일: 사업계획서

그동안은 당연하게 지나쳤는데 곰곰이 생각해보면 이상한 일일 때가 있습니다. 기업에서는 사업계획서 작성과 승인이 그러합니다. 우리나라 기업들은 대부분 12월 결산 법인이라서 보통 1월 1일부터 12월 31일까지가 1년간의 사업 기간인데, 신기하게도 많은 기업이 12월에 사업계획서 작성을 시작해 1월에 검토해서 수정하고 2월이나 돼서야 승인을 합니다. 심지어 경영진이 3월까지 사업계획서를 승인하지 않을 때도 있는데, 1월 한 달 사업계획서를 재검토하고 가다듬는 것까지야 이해할 수 있지만 시간과 싸워야 하는 기업이 2~3개월이나 허비하는 것은 정말 이상한 일이죠.

왜 이런 일들이 일어날까요? 여러 가지 이유가 있겠지만, 우리 기업들의 사업계획서가 다분히 요식 행위에 그친다는 이유가 큽니다.

기업 현안을 분석하고 더 나은 사업을 위해 계획을 짜는 게 아니라 읽기 좋고 보기 좋은 사업계획서를, 그것도 임원들께서 만족할 만한 사업계획서를 만들기 위한 작업을 하다 보니 사업계획서 본연의 목적을 잃어버리는 것이죠.

만일 한진해운이나 대우조선해양이 사업 환경 분석과 사업 계획을 제대로 하는 기업들이었다면 오늘 같은 위기에 처하지는 않았을 겁니다. '사업 계획? 그런 거 없이도 사업 잘만 했는데?'라고 생각하는 분들이라면 위 기업들이 겪고 있는 절망적 상황도 함께 생각해보시기 바랍니다.

이번 장에서는 사업계획서 작성 요령 그리고 구태의연한 사업계획서를 작성하며 우리 기업들이 놓치고 있는 것들을 살펴보도록 하겠습니다.

스타트업의 사업계획서 작성

창업 기업이 사업계획서 작성에서 애를 먹는 이유는 짧은 업력에 따른 근거 데이터의 부족, '계속 기업'으로의 성장에 대한 의문에 신뢰할 만한 답변을 내놓아야 한다는 고민 때문입니다. 쉽게 얘기하면 사업계획서에 뭐 넣을 것도 변변히 없는데 '너희 회사가 정말 크게 성장할지 어떻게 믿느냐?'라는 날카로운 질문에 감탄사가 절로 나올 만한 대답을 내놔야 하는 절박한 처지라는 거죠.

연말이 되기 전에 해야 할 일: 사업계획서

창업 기업의 사업계획서 작성은 그래서 더 힘들고 어렵습니다. 하지만 사업계획서 작성이 어렵다는 것은 사업 계획 자체가 부실하다는 방증이기도 하니 사업계획서를 작성하면서 부족한 사업 계획을 보강하고 비즈니스 모델도 검증해보시기 바랍니다.

1. 직원 보고용 사업계획서

창업 초기 기업은 무엇보다도 인력으로 돌아갑니다. 부족한 재원으로 해내야 할 일이 많기에 결국 스타트업에 참여한 초창기 멤버들의 열정을 에너지원으로 삼을 수밖에 없습니다. 만약 조직원들에게 우리 사업이 성공할 것이라는 믿음이 없다면 맨파워를 100퍼센트 끌어낼 수 없습니다. 기업의 비전에 대한 공감이 없다면 직원들은 '열정 같은 소리 하고 있네'라며 뒷담화나 할 뿐입니다.

따라서 직원을 대상으로 한 사업계획서가 따로 있어야 합니다. 타당하고 신뢰할 수 있는 사업 계획을 먼저 내부에 보여줘야 하기 때문이죠. CEO는 직원들에게 보고할 사업계획서를 따로 만들어야 합니다. 투자 유치를 위해, 자금 조달을 위해 어쩔 수 없이 만들어낸 화려함과 과도한 의지를 뺀 담백한 사업계획서를 따로 만드세요. 만약 당신이 스타트업 CEO의 삶을 선택했다면 제일 먼저 설득해야 할 사람은 벤처캐피털의 심사역이 아니라 바로 동지들입니다.

2. 거짓이나 과장이 아닌 세련된 표현으로

흔히 회사를 소개할 때 조직 구성도를 넣습니다. 하지만 스타트업에 사람이 많지 않고 이름만 들어도 알 만큼 굉장한 프로필을 가진 영웅을 영입하기도 쉽지 않습니다. 그렇다 보니 있으나 마나 한 초라한 조직도를 삽입하게 되는데요, 이럴 때는 상근 인력은 아니지만 외부 자문 인력을 조직도에 함께 넣으면 조직의 빈약함도 보강할 수 있고 기업의 맨파워에 대한 신뢰도 높일 수 있습니다. 물론 아무나 넣을 게 아니라 회사에 투자한 엔젤 중에 전문성을 갖춘 사람들을 소개해야 효과가 좋습니다. '재정 고문: 회계사 홍길동' '기술 고문: 변리사 장길산' 이런 식으로 말이죠. 더불어 이름 뒤에 '(주주)'라고 적어주면 금상첨화겠지요.

허위, 과장이 드러난 사업계획서는 기업에 치명적입니다. 하지만 이미 가지고 있는 자원도 제대로 표현하지 못하는 것은 세련되지 못한 거죠. 스타트업에 초기 투자하는 엔젤은 투자 금액 못지않게 기업에 도움을 줄 수 있는 전문가로 구성할 필요가 있다는 점 역시 기억하세요.

3. 우리의 우수한 기술, 어떻게 말할 수가 없네

어떤 스타트업도 자신의 기술이 허접하다고 하지 않습니다. 누구나 뛰어난 기술, 대박이 날 기술이라고 목청 높여 말하지만 그 근거를 제시하는 것은 쉽지 않습니다.

스타트업에서 기술은 무엇보다도 중요한 기업 평가 요소이므로 기업 자신의 일방적 주장이 아닌 객관적인 자료를 내놓는 것이 좋습니다. 물론 많은 스타트업이 지식재산권의 종류, 출원번호 등을 정리해서 사업계획서에 넣습니다만, 좀 더 기술을 돋보이게 하려면 이 정도에서 그칠 게 아니라 타 기업과의 비교 내용도 넣어줘야 합니다. 예컨대 국내에서 이름만 들어도 아는 대기업이 갖고 있는 특허가 네 개, 세계적으로 유명한 다국적 기업이 보유한 특허가 다섯 개인데 우리 회사가 갖고 있는 특허는 여섯 개로 적어도 우리 사업 분야의 기술력에서는 어느 기업과 비교해도 꿀리지 않는다는 걸 보여주는 것이죠.

📅 **사업계획서에서 상술하지 못한 내용은 부록으로 첨부해도 됩니다.**

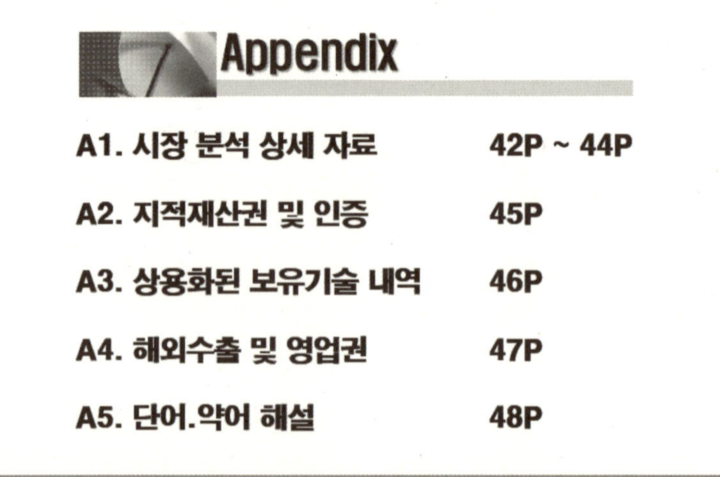

한편 사업계획서에 자신의 고유 기술을 설명하다 보면 사업계획서가 엉뚱하게도 기술소개서가 되어버릴 수 있는데, 기술 설명은 되도록 간략히 하고 상세한 내용은 '부록'으로 편집해서 넣는 편이 좋습니다. 사업계획서도 일종의 서술이기에 흐름을 끊지 말아야 하거든요. 기술뿐 아니라 특정 부문에 서술할 내용이 많다면 사업계획서에서 장황하게 설명하지 말고 과감하게 부록으로 재배치하는 게 낫습니다. 그래야 가독성이 좋아집니다.

4. 기술만큼이나 중요한 시장을 말하라

신기술 개발 자체가 목적인 연구소와 달리 기업은 이윤을 창출해야 합니다. 기업에게 돈을 대는 자본은 당연히 자신이 투자한 회사가 벌어들일 이윤에 집중합니다. 그리고 그 과정에서 기업 경쟁력의 근간이 되는 기술을 제대로 알고 싶어 합니다. 하지만 기술이 상품화되는 과정, 이 상품이 시장에서 갖게 되는 지위를 획득하기 위한 전략을 함께 알고 싶어 하지 기술 자체에 모든 것을 걸지는 않습니다. 따라서 사업계획서에서는 반드시 목표 시장의 규모 예측, 경쟁자 분석 그리고 구체적인 마케팅 방안을 보여줘야 합니다.

시장 규모 예측에는 평면적인 구역 예측뿐만 아니라 시간의 흐름에 따른 소비자의 변화도 함께 기술해야 합니다. 흔히 사용하는 STP Segmentation, Targeting, Positioning 기법은 평면적인 것인데, 이런 규모 예측뿐 아니라 기술 수용 주기 모델 등을 이용한 시장 개척 단계에

연말이 되기 전에 해야 할 일: 사업계획서

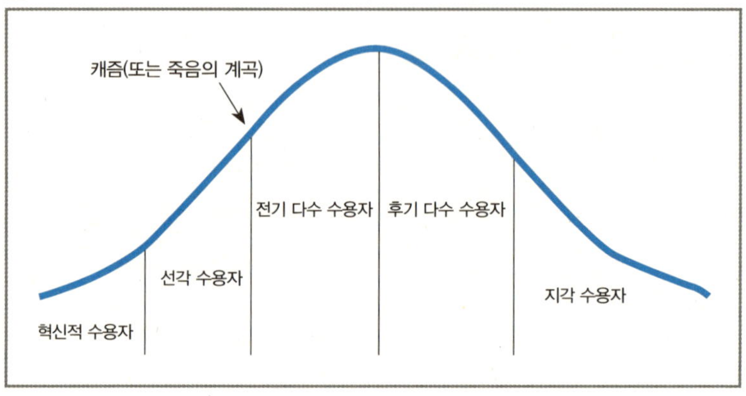

따른 변화도 함께 설명한다면 기업이 내놓는 사업계획서의 신뢰도는 한층 상승할 것입니다.

경쟁자 분석을 사업계획서에 반드시 포함하는 이유는 스타트업 기업이 향후 어느 정도 성장할 수 있는지를 견주어보기 위해서이기도 합니다. 그런데 스타트업 중에는 경쟁 기업 분석을 하지 않거나 귀찮아하는 경우가 많은데, 그 이유 중 하나가 우리 회사 기술과 비슷한 기술이 없다는 것입니다. 그럴 때는 대체재를 생산하는 기업을 선택하거나 그마저도 없다면 미래의 불특정 기업의 출현이라도 예상해서 경쟁에 대한 분석을 해야 합니다. 경쟁자 분석이 없다면 기업의 사업 계획 자체가 평가 절하될 수 있기 때문입니다.

경쟁자를 분석할 때는 기업의 기술 수준, 생산 능력, 자본 규모, 주요 시장 영역 등을 비교하여 구체적으로 분석하는 것이 좋습니다.

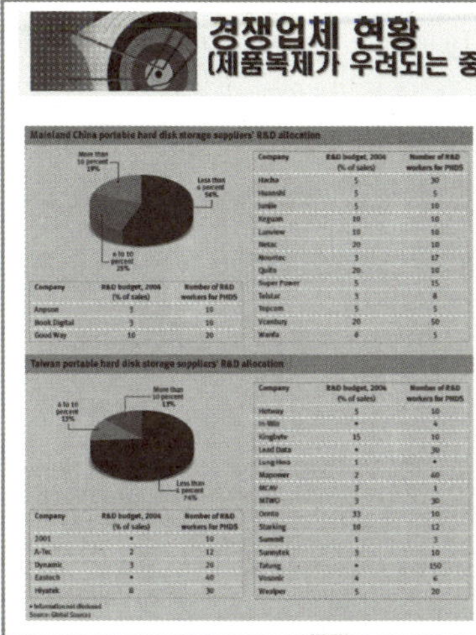

계속 기업의 사업계획서

사업계획서를 한두 번 쓴 것도 아니고 초짜 기업도 아닌데 오랜 기간 사업을 영위한 기업에 무슨 잔소리할 게 있겠느냐고 생각하실 수도 있지만, 아무리 정밀한 기계도 수시로 오차 보정을 해야 하듯 계속된 기업도 자신의 행동 양식과 시스템을 다시 한 번 들여다볼 필요가 있습니다.

1. 제대로 된 사업계획서의 조건

보통 사업계획서 작성 시기가 되면 담당 부서인 기획팀 등에서

연말이 되기 전에 해야 할 일: 사업계획서

공지가 나옵니다. 여기서는 작성 형식과 필수 작성 요소, 제출 기한 그리고 심의 일정 등이 통보되죠. 그 이후에는 부서별로 한숨 한번 쉬고 누군가에게 몰아주거나 아니면 바쁜 현업을 하다가 마감 며칠 전에 급하게 모여 밤샘을 합니다. 흔하게 볼 수 있는 우리 기업들의 모습이죠. 뜯어고칠 게 참 많습니다. 하나하나 짚어보죠.

첫째, 사업계획서 작성 전 먼저 기업의 문제를 스스로 진단하고 목표를 정해야 합니다. 웃프지만 대부분 사업 계획의 절대 목표는 매출액입니다. 하지만 매출액이 기업의 모든 것을 판단할 수 있는 근거는 아니거든요. 만일 매출액만으로 기업을 평가할 수 있다면 KOSPI 시장 같은 거 만들 필요도 없겠지요. 그냥 매출액 순위 통계만 있으면 될 테니까요.

그럼에도 기업이 매출액을 절대 목표로 삼는 것은 매출액이 커지면 더 많은 이익이 날 것이라는 막연한 추측 때문입니다. 하지만 매출액을 올리기 위해서 설비 투자를 병행해야 한다든지 더 많은 인력을 채용해야만 한다면 원하는 이익은 실현되지 않을 수 있습니다. 이때는 그토록 원하는 매출액 증대를 위해 우선적으로 설비 투자에 따른 자금 조달 방법, 완공 시기, 운영 방법 등이 사업 계획의 중심이 되어야 합니다. 서비스업이라면 인력 투입을 늘렸을 때 관리 방법, 외주 활용, 인력들이 조직 내에 안착하기 위한 인사 시스템이 사업 계획의 중심이 되어야겠죠.

혹시 미욱한 사장이 단순무식하게 매출액을 올해보다 더 늘리라고 지시했다면 무조건 "Yes, sir!" 할 게 아니라 매출액을 올리기 위한 방편으로 설비, 인력 등에 대한 사업 계획을 제시해야 합니다. 그 근거로 현재의 공장 가동율, 수율, 인력의 평균 재직 기간, 인사 시스템상의 문제 등을 같이 보고하고 해결 방안을 제시해야 합니다.

그렇습니다. 제대로 된 사업계획서를 작성하기 위해서는 최고경영자가 제시한 목표가 합당한지 검토하고 수정하고 보완하는 내부 협의가 필요합니다. 이 과정이 없는 조직은 흔히 말하는 팔로우십 followship이 없는 기업입니다. 사장이 무서워서 달성하지도 못할 목표를 향해 뛰어들었다가 죽도록 고생만 하고, 사장의 문책에 속으로 '네가 하라고 했잖아'라며 울분만 쌓아가는 것보다는 소통을 위한 선제적 조치를 취하는 것이 옳습니다.

둘째, 사원들의 불만, 부서 간의 갈등을 내놓고 충분한 의사소통을 통해 사업계획서상의 목표와 방법론을 도출해야 합니다. 이때는 그저 감정을 분출하는 게 아니라 철저하게 근거 있는 문제 제기가 이루어져야 합니다. 대부분의 기업에서 나타나는 갈등이 관리 부서와 현업 부서 사이의 반목인데요, 이런 갈등을 해소하기 위해서는 서로 간의 성과와 반성을 공유해야 합니다.

예를 들어 관리 부서가 영업 실적 저조로 발생한 자금 경색 위기를 자금 조달을 통해 회피했다면 그 성과를 제시하는 것이 좋습니다. 또한 매년 직원들의 근태를 통계적으로 분석해보니 마케팅팀의 연차 사용일이 가장 적었다면, 관리 부서로서 문제를 미리 파악하지 못했음을 사과하고 현업 부서에 이 문제를 해결할 수 있는 의견을 달라는 식으로 적극적으로 소통하는 겁니다.

사업계획서 작성에 있어서 조직 내 충분한 소통은 무엇보다 중요합니다. 이 소통이 단순히 감정적이고 의지적이어서는 안 되기에 정확한 데이터를 가지고 대화에 임해야 합니다. 영업부에서 내놓은 매출액 목표에 대해 적다, 많다 수박 겉 핥기 식으로 평가하기보다는 고정비가 많이 포함되어 있는 기업의 판매관리비 지출 규모를 통해 매출 목표를 대입해보고 회사 운영에 문제가 없는지 검토하는 것이 옳겠지요. 그렇다면 매출액 목표 설정 전에 관리 부서와 영업 부서는 충분한 회의를 거쳐야 합니다.

셋째, 최고경영자의 적극적인 참여가 있어야 합니다. 사장은 직

📅 **판관비를 기반으로 매출액 목표의 타당성을 검토하는 과정**

경영본부- 자금집행 – __판관비 지출__

총매출 목표 : 4,000,000,000원　　　　**판관비 예상금액 : 807,160,000원**

(금액단위 : 천원)

급　　여	547,200
보　험　료	38,400
복리후생비	48,000
수도광열비	3,472
지급임차료	22,048
차량유지비	7,520
교육훈련비	11,520
광고선전비	30,000
합　　계	708,160

- 그 外 항목들 : 104,000,000원 예상
- 장기근속사원 성과급 지급에 의한 급여 증가
- 인원충원으로 인한 급여·복리후생비증가
- 급여증가에 따른 보험료 증가
- 사무실확장에 의한 수도광열비 ·지급임차료 증가
- 차량 증가로 인한 차량유지비 증가
    ↔ 여비교통비 감소 (교통비.식대)
- 직원능력개발을 통한 교육훈련비 증가
- 국내 ·외 홍보활동을 통한 광고선전비 증가

원들이 가져온 사업계획서를 보고 '폰트가 마음에 들지 않는다' '단어가 적확하지 않다' 같은 지적이나 하려고 그 자리에 있는 게 아닙니다. 전년 사업 계획의 목표 대비 실행 결과의 분석, 미래 위기/기회의 단서, 견지하고자 하는 경영 철학과 회사의 문화 등에 대해서 사업계획서 작성 전에 충분한 메시지를 줘야 합니다. 이 메시지를 직원들에게 제대로 전달해야 사업계획서가 귀찮은 요식 행위라는 편견이 조직원들의 머릿속에서 사라질 수 있습니다. 아무리 늦어도 11월까지는 이 메시지를 전달할 수 있도록 준비하세요. 리더십 leadership은 군림하는 헤드십headship과는 다릅니다. 사장의 리더십에서 소통의 능력이 부족하다면 그건 헤드십이라고 봐야 합니다.

2. 시나리오 플래닝

흔히들 '플랜 B'라는 말을 쓰는데요, 차선책이라는 의미도 있지만 어떤 일을 하든 여러 대응 수단을 마련한다는 의미도 있습니다. 시나리오 플래닝이라는 것도 불확실한 미래에 대한 대비책을 여러 개 두겠다는 의미입니다. 대부분 중소기업의 사업계획서는 올해보다 몇 퍼센트 상승한 매출액이라는 가정(의지?)하에 작성되지만, 시나리오 플래닝은 최악의 상황, 최상의 상황, 전년과 동일한 조건별로 사업 계획을 수립하는 것이죠.

하지만 시나리오 플래닝이 알려진 이후 이 또한 관행이 되어서 Ctrl＋C, Ctrl＋V로 수치만 조금씩 바꿔 작성하는 매너리즘에 빠져 있는 것을 자주 봅니다. 물론 한창 바쁜 연말에 여러 상황을 예상해서 사업 계획을 수립한다는 게 부담이 되다 보니 그렇게 되었으리라 생각합니다.

제가 시나리오 플래닝이 두렵거나 귀찮은 분들께 제시하고 싶은 점은 딱 하나입니다. '최악의 상황'에 대한 사업 계획을 반드시 따로 작성해보세요. 예컨대 '매출액이 전년 대비 반 토막 난 상황에서 회사를 어떻게 운영할 것인가?'와 같은 전제로 말이죠. 막연히 사장님이 지시하는 매출액을 목표로 사업 계획을 짜고 일하는 기업과 기업이 통제할 수 없는 악재로 인해 매출액이 반 토막 난 상황을 대비한 기업은 위기 상황에서 어떻게 행동할까요?

사업 환경은 갈수록 척박해지고, 예상치 못한 돌발 변수는 계속 늘어납니다. 세상은 기업에 혁신을 요구하는데, 우리 회사는 무엇을 어떻게 해야 하나 싶지요. 우선 사업계획서 작성의 프로세스부터 바꿔야 합니다. 그러려면 프로세스의 개선을 위한 시간이 필요합니다. 현재까지 해온 일들을 되돌아보고, 유의미한 통계와 데이터를 가지고 조직 내부의 인재들이 치열하게 토의한 결과를 바탕으로 사업계획서를 작성하려면 한 달 정도의 시간으로는 부족합니다. 우리 회사가 다른 회사보다 앞서길 바란다면 다른 기업들이 허우적대고 있는 관성의 늪에서 빠져나오는 게 최우선입니다.

❶ 스타트업 기업은 사업계획서를 통해 의지만 강조하지 말고 신뢰 가능한 객관적 근거를 최대한 제시해야 합니다.

❷ 매출액과 같은 정량적 목표를 제시할 때는 그 타당성을 생산 비용 조달, 판관비의 적정성으로 검산해야 합니다.

❸ 무조건 희망적이고 의지적인 사업계획서를 내놓기보다는 사업 상황별 시나리오 플래닝을 해야 하며, 정 어렵다면 반드시 최악의 경우를 산정한 사업 계획이라도 작성해야 합니다.

예비 창업자가 알아야 할 것들

이 책을 쓰면서 '나는 누구를 위해 글을 쓰는가?'라는 질문을 스스로에게 던져보곤 했습니다. 처음에는 사장님들께 조언을 하기 위해 썼는데, 막상 기업의 중요한 일을 사장만 하는 것은 아니다 보니 관리자급 이상의 직장인이 반드시 알아야 할 내용도 추가했습니다. 글을 쓰면서 혹시 제 글을 통해 미래의 사장님들이 나름의 철학과 탄탄한 지식을 갖춘다면 기업이 바뀌고 세상이 바뀌는 계기가 되지 않을까 하는 큰 꿈을 꿔보기도 합니다. 그래서 책을 내놓을 때는 꼭 사장을 꿈꾸는 분들을 위한 글도 넣어야겠다고 생각했습니다.

제가 만난 예비 창업자들은 창업을 준비하는 단계에서 갖고 있는 지식과 정보의 수준이 대부분 미약했습니다. 이는 창업을 준비하는 분들을 비난할 일이 아닙니다. 우리 사회의 기업 경영 수준 자체가 낮기에 통용되는 지식과 정보 자체가 쓸모없거나 오류투성이이기 때문이죠.

어찌 보면 창업은 쉬워 보입니다. 게다가 요즘에는 '창업팔이'라고 욕먹는, 창업을 쉽게 하도록 도와주겠다는 이들도 많지요. 하지만 쉬운 창업은 반드시 감당할 수 없을 만큼 고통스러운 이자를 물어야 합니다. 어떻게든 이를 악물고 잘못된 시작을 감내하려 노력해도 쉽지 않습니다. 첫 번째 단추를 잘못 채운 옷은 결국 벗고 나서 다시 입는 수밖에 없습니다. 옷이야 벗었다 다시 입을 수 있지만, 적어도 대한민국이라는 사회에서 창업의 실패는 모든 것을 잃는 일입니다. 잔인한 이야기지만 재기의 기회는 없다고 생각하는 게 맞습니다.

이번 장에서는 창업자라면 꼭 알고 있어야 할 것들을 정리해보겠습니다.

추정손익계산서의 필요성

먼저 자신이 창업하고자 하는 사업의 수익과 비용을 따져서 이익이 어느 정도 나는지 추정해봐야 합니다. 누군들 이런 기본적인 준비를 안 하겠느냐 싶으실 텐데요, 제가 상담했던 동물병원 창업 사례를 한번 살펴보시죠.

예비 창업자가 제게 보내온 추정손익계산서를 보니 예측하는 매출액 규모에 비해 직원 수와 수의사 수가 의외로 적었습니다. 그래서 이것저것 확인해보니 공동 창업자인 수의사 두 명이 12시간씩 교대하는 형태로 계획을 짰고 직원들도 유사하게 근무 시간을 잡았더군요. 그래서 매출액의 규모에 맞는 인건비를 따져보지 않으면 창업자가 몸으로 때우다가 건강을 잃고 가정이 피폐해질 뿐이라고 답변해드리고 예비 창업자분도 현실적으로 인원 계획을 다시 잡기

📅 수많은 비용 항목의 빈칸을 채워보세요.

Ⅳ. 판매비와 관리비	
직 원 급 여	
상 여 금	
잡 비	
퇴 직 급 여	
복 리 후 생 비	
교 통 비	
접 대 비	
통 신 비	
수 도 광 열 비	
세 금 및 공 과 금	
감 가 상 각 비	
지 급 임 차 료	
수 선 비	
보 험 료	
차 량 유 지 비	
경 상 연 구 개 발 비	
운 반 비	
교 육 훈 련 비	
도 서 인 쇄 비	
사 무 용 품 비	
소 모 품 비	
지 급 수 수 료	
광 고 선 전 비	
건 물 관 리 비	
판 매 수 수 료	

로 했습니다. 흔하게 나타나는 창업 계획의 오류인데, 창업자가 노력하고 또 노력해서 고생 좀 하겠다는 열정은 높게 살 수 있지만, 현실적으로 불가능한 계획은 추정손익계산서 작성 단계에서 반드시 배제해야 합니다.

실제로 사업을 운영해보지 않았다면 예측과 추정의 한계는 반드시 발생합니다. 이 한계를 극복하기 위해 제가 권하는 방법은 유사한 업체의 손익계산서를 가져다가 금액 부분을 지우고 우리의 사업 계획에 따라 매출과 비용을 상세히 기재해 손익을 따져보시라는 겁니다. 예비 창업자들이 작성한 추정손익계산서에서는 비용의 세분화와 시뮬레이션이 부족한 게 대부분이거든요. 판매와 관리에 드는 비용 구분을 급여, 활동비, 임차비와 같이 간단하게 몇 개만 쓰지 마시고 정말 사업을 진행할 때 어떤 비용들이 발생하는지 미리 확인해보시기 바랍니다.

개업 시기

추정손익계산서를 만들면서 사업을 충분히 시뮬레이션 해보면 필요한 투자(설비, 집기, 보험 등)와 운영 비용이 계산되었을 것입니다. 창업에 필요한 자본금이 결정된 셈이죠. 예를 들어 초기 투자에 1억 원, 첫 원재료 구입에 3000만 원, 개업 직후의 손실 기간을 거쳐 손익분기점 도달까지의 운영 자금이 7000만 원이라면 총 2억 원의

예비 창업자가 알아야 할 것들

자본금이 필요하다는 결론이 나왔을 것입니다.

　이제부터는 자금을 모아야 합니다. 자신이 갖고 있는 종잣돈이 부족하다면 초기 사업에 투자해줄 엔젤 투자자를 찾아야겠죠. 그런데 이 단계에서 내가 갖고 있는 자본금이 1억 원이니까 나머지 1억 원은 어떻게든 되겠지라는 생각으로 덜컥 사업을 시작하는 것은 현명하지 못한 행동입니다. 창업 전에 아무리 시뮬레이션을 했다고 해도 자금은 항상 부족한 법입니다. 게다가 창업하자마자 돈을 긁어모을 것 같았지만 손익분기점은 신기루처럼 손에 잡히지 않습니다. 그래서 거의 모든 창업자가 사업을 시작하고 나서 얼마 지나지 않아 필연적으로 빚을 낼 수밖에 없죠. 하물며 부족한 자본금으로 사업을 시작하면 최초에 세운 사업 계획마저도 제대로 실행하지 못합니다. 그러니 자본금을 확보하지 못한 상태에서는 절대 창업하지 마세요.

　사업 시뮬레이션을 충분히 해서 추정손익계산서도 만들어봤고 자본금도 목표한 만큼 모았습니다. 그렇다면 사업자 등록을 해야겠죠? 언제가 좋을까요? 되도록 1월에 내도록 하세요.

　여기에는 여러 가지 이유가 있습니다. 우선 기업에 대한 외부 기관들의 재무 평가가 이뤄지는 방식을 알아야 하는데, 주로 백분율 지표로 평가되는 재무 평가는 이제 사람이 하지 않습니다. 대부분 컴퓨터 소프트웨어를 이용해 순식간에 이뤄집니다. 이게 무슨 소리냐면, 사업 첫해의 적은 매출액, 사업 초기에 필연적으로 발생하는 당기순손실과 자본잠식을 컴퓨터는 감안해주지 않는다는 얘기입니다. 많은 전문가들이 창업 초기 기업에 한해서, 심지어 창업 5년 이내의 기업에 대해서는 재무 평가를 하지 않거나 평가 비중을 줄이자고 하지만 이놈의 컴퓨터는 말귀를 못 알아듣지요. "사업 첫해는 제가 11월에 개업해서 매출액이 적은 겁니다. 어떻게 두 달 만에 손익분기점에 도달하나요?" 사람이라면 당연히 알아들을 수 있는 충분한 항변이지만 컴퓨터는 못 알아듣습니다. 그러므로 두고두고 사업 첫해의 재무 평가 요소를 설명하는 귀찮음과 억울함을 겪지 않으려면 1월에 창업하는 게 좋습니다. "어떻게 창업 첫해부터 이렇게 실적이 좋습니까?"라는 기분 좋은 반대급부도 생기고요.

사업자 등록을 연초에 하시라고 권유하는 또 다른 이유는 사업 시작 후 예상치 못했던 자금 부족 상황에서 최대한 빨리 자금을 수급할 수 있는 적기가 연초이기 때문입니다. 중앙정부는 물론 지자체가 내놓는 수많은 융자금과 국고보조금이 연초에 몰려 있습니다. 연말에 정부 기관을 찾아 어려움을 호소해도 예산이 남아 있지 않으니 제아무리 훌륭한 목민관이라도 도울 방법이 없습니다.

법인 설립

의외로 창업할 때 법인 설립을 하려는 분들이 많습니다. 개인 회사보다는 주식회사라는 말이 멋있어 보여서라는 아주 단순한 이유 때문이기도 하고, 주식회사로 시작하면 개인사업자보다 정부 지원이 더 많다는 잘못된 정보 때문이기도 합니다(정부 출연 자금 집행 기관에 문의해보니 개인사업자와 법인사업자의 차별은 없다고 합니다).

하지만 딱히 이유가 없다면 개인사업자로 시작해서 사업의 틀을 갖춘 뒤 법인사업자로 전환해도 됩니다. 처음부터 법인으로 시작하면 관리 부담이 크거든요. 창업 초기 영업, 자금, 개발 등 다수의 업무를 수행해야 하는 사장 입장에서 사무 관리 분야가 넓어지는 것은 지양해야 할 일이죠.

반면 반드시 법인 형태로 사업체를 설립해야 하는 경우도 있습니다. 예를 들어 농림축산식품 분야의 사업체라면 정부의 국고보조금이 법인(영농조합법인, 영어조합법인, 농업회사법인 등)에 한해 지원되는 경우가 많고, 사업의 특성상 지역민들과 연대하지 않고서는 사업이 어려우니까요.

또 하나, 반드시 법인격의 주식회사가 필요한 경우가 바로 '동업'입니다. 의외로 창업 상담 중에는 동업에 대한 문의가 많은데요, 적은 자본금이지만 둘이 합치면 종잣돈도 넉넉해지고, 혼자서 모든 부담을 지지 않는다는 점도 창업이라는 어려운 길을 가는 데 든든함을 주겠지요. 하지만 동업을 결정했더라도 동일하지 않은 자본금 출자, 추후 경영상 분쟁, 성과에 대한 배분 등이 염려되기 때문에 상담을 요청해 오시는데요, 고민할 필요 없이 법인 설립을 해야 합니다. 더 많은 자본금을 출자할 수 있는 사람이 더 많은 권리를 갖는 형태로 가면 될 일이고, 성과에 대한 배분도 둘이서 치고받고 할 게 아니라 상법상 정해진 배당을 따르면 됩니다. 더 많이 출자한 사람이 대표를 맡으면 되니까 누가 대표를 할 것인지의 문제도 해결됩니다.

법인 설립 과정에서 나타나는 지속적인 문제가 가상의 주금 납입(실제 주금을 납입하지 않고 빌린 돈 등으로 잠시 자본금을 넣었다가 빼내는 행위)과 명의 신탁입니다. 가상 주금 납입이라는 구태가 사라지지 않는 이유는 '법인 자본금이 너무 적으면 모양이 빠진다'는 말도 안 되는 허영 때문이기도 하고, 공사업 면허 등의 법적 자본금 규정을 맞추기 위해서이기도 합니다. 하지만 가상 주금 납입은 엄연한 범법 행위고 사업의 시작부터 기업 경영을 스스로 불투명하게 만드는 행위이기 때문에 절대 해서는 안 될 일입니다. 과거 SM엔터테인먼트 이수만 사장도 잘못된 판단으로 가상 주금 납입을 했다가 죄의 대가를 치렀지만 두고두고 그 오명을 달고 살게 됐죠.

또 하나는 명의 신탁입니다. 세법상 기업의 실질적 소유지분을 갖고 있는 최대주주에 대한 과세를 피하기 위해, 또는 법인격이 요구되는 국고보조금 사업에 참여하기 위해 실제 법인 설립에 자본 참여를 하지 않은 사람을 끼워 넣는 행위죠. 하지만 사업 개시 후 사실은 사장의 지분이었던 것을 되찾으려 할 때 주식 거래 대금을 지급해야 하는 곤란한 상황이 발생할 수 있습니다. 올해 만났던 농업회사법인의 사장님은 명의 신탁인 것을 시치미 떼고 갑자기 지분에 따른 대가를 요구하는 회원이 나타날까 전전긍긍하기도 하시더군요.

창업의 시작점에서 꼼수와 위법을 자행했던 사업자가 사업의 진행 단계에서는 적법하고 도덕적인 경영을 할 수 있을까요? 싹수가 노란 이런 기업들이 대한민국 산업계와 경제를 풍요롭게 할 새로운

예비 창업자가 알아야 할 것들

영웅이 될 수 있을까요? 혹시나 이런 꼼수를 생각하셨던 예비 창업자들이 있으시다면 다시 한 번 생각해보셔야 합니다. 단순히 많은 돈을 벌기 위한 수단으로 창업을 선택했다가는 갑자기 범법자가 되어 법의 심판대에 오를 수도 있고, 그런 사람인지 몰랐다고 주변에서 멀어져가는 사람들의 뒷모습을 보며 외로운 여생을 살게 될지도 모릅니다.

'남들 다 하는 위법이고 그런 사람들이 잘 먹고 잘사는 세상인데 나라고 못하랴'라는 생각은 위험합니다. 제가 최근 요청받는 상담 중에 세무조사, 외국환 거래 위반 상담이 지속적으로 늘어나는 것을 보면 국가의 감시 시스템이 느리긴 해도 어떻게든 개선되어 가거든요.

귀농귀촌

요즘엔 귀농귀촌 하시는 분들이 정말 많습니다. 대부분 지역의 일자리를 찾아 취업하기보다는 '농사＋사업'을 하시는데요, 사업은 주로 1차 농업 생산물의 판매, 가공된 식품의 판매 등입니다. 지방 경제가 발전한다는 면에서 정말 반가운 일입니다. 하지만 중도에 포기하거나 근근이 지자체의 도움으로 이어가긴 하지만 기업이라고 하기엔 부족한 경영 상태를 보이는 곳도 많은데요, 준비되지 않은 창업이 많다 보니 그렇습니다.

특이한 경우는 토지와 주택 구입에 드는 비용 때문에 창업 자금이 생각보다 빨리 떨어지는 경우입니다. 귀농귀촌의 핵심은 전원주택을 짓는 게 아닙니다. 그런데 전원주택에 대한 로망이 크다 보니 이런 우를 범하시는 분들이 간혹 있습니다. 지방에는 미분양 아파트도 있고 공공주택 공급에도 여유가 있으니 귀촌하시는 분들은 일단 집부터 짓고 보자라고 생각하지 않으셨으면 합니다.

귀농과 귀촌을 준비하시는 분들은 지자체의 농업기술센터가 주최하는 귀농 교육, 농업인 교육에 꼭 참석하시길 권합니다. 최근 농업기술센터는 농업과 식품 관련 창업자를 위한 다양한 교육 과정을 개설하고 있습니다. 막걸리 같은 가공식품의 개발 방법에서부터 온라인 마케팅, 지식재산권 출원까지 창업자가 알아야 할 다방면의 지식에 대한 강의가 진행되고 있더군요. 또한 지방에서 농업과 관련된 사업을 진행하려면 지역민과의 소통이 중요한데, 농업기술센터에서 운영하는 작목별 연구회를 통해 인맥을 쌓고 선배 영농인들의 소중한 경험을 전수받을 수 있습니다.

귀농귀촌을 통해 새로운 시작을 준비하시는 분들이 빠지기 쉬운 오류가 '농사'입니다. 무조건 농사를 지어서 품질 좋은 농산물을 생산해 판매하는 것이 다가 아닌데 너무 농사에 얽매이시더군요. 제가 창업하는 분들께 조언할 때마다 빼놓지 않고 하는 말이 자신의 전문 분야를 살려 창업하라는 것입니다. 평생 유통업에서 영업하신 분은 농사를 짓기보다는 농산물 유통을, 빼어난 외국어 실력과 무역 경험이 있다면 무역업을, 여행관광업에서 잔뼈가 굵은 분이라면 농가 레스토랑이나 팜스테이에 도전하는 편이 성공 확률이 더 높습니

예비 창업자가 알아야 할 것들

다. 자신의 전문 분야를 내려놓고 농사짓기로 다시 시작한다면 스스로의 경쟁력을 폐기하는 것과 같습니다.

'6차 산업'은 1차 산업인 농업, 2차 산업인 제조업, 3차 산업인 서비스업을 더해 만든 신조어입니다. 그런데 이것이 1차, 2차, 3차의 순서로 사업을 확장하라는 뜻은 아닙니다. 처음에는 고추장, 된장 같은 식품을 제조하다가 품질 좋은 원료를 자급하기 위해 직접 콩 농사를 지을 수도 있는 것이고, 이러한 인프라를 기반으로 전통장맛 체험이라는 관광 상품을 내놓으면서 6차 산업을 완성할 수도 있습니다.

귀농귀촌이 더 나은 삶을 위한 선택이라면 몇몇의 성공 사례를 따르기보다는 자신의 핵심 역량에 중점을 둔 사업 모델을 만드는 것이 중요합니다.

가게와 식당도 기업인가?

요즘에는 스타트업이란 단어를 많이 씁니다. 창업 초기 기업을 말하는 건데요, 가게나 식당을 창업하신 분들은 스스로를 스타트업이라고 소개하지는 않습니다. 벤처기업이라고 하는 분은 더더욱 찾기 어렵고 주로 자영업자라고 표현하죠. 대단한 신기술을 개발하는 것도 아니니 기업이란 표현을 쓰기에 멋쩍어서일까요?

그런데 또 "저는 작은 식당을 합니다" "조그만 공방 하나 하고 있어요"라고 스스로를 소개하는 분들도 명함에는 식당 주인, 공방 주인이라고 적지는 않죠. 다들 '사장' '대표'라고 적습니다. 사람들이 식당에서 주인을 부를 때 '식당 주인님'이라고 부르나요? '사장님'이라고 부르잖아요. 식당을 운영하는 사장은 4대 보험 가입 의무가 없나요? 공방을 운영하는 사람은 노동법에서 자유로운가요? 이 괴리감은 뭘까요?

저는 여기서 자영업자로 구분되는 소기업들의 한계와 가능성을 동시에 찾아봅니다. 식당이든 공방이든 기업으로서의 자각이 있느냐 없느냐, 그리고 사장이 '경영'에 대한 고민을 하느냐 하지 않느냐가 그 사업체의 미래를 다르게 불러옵니다.

식당이나 공방 같은 곳들에서 제게 컨설팅을 바라는 부분은 '음식을 더 맛있게 만드는 법을 알려 달라' '더 멋진 공예품을 만들게 도와달라'가 아니었습니다. 일반적인 기업과 똑같은 회계, 마케팅, 인사에 대한 문의였습니다. 매출액 규모도 조만간 10억대 진입은 충분히 가능할 것으로 보이는 곳들이었고요.

식당을 창업하든 작은 공방을 창업하든 예비 창업자가 생각해야 하는 것은 '나는 기업을 세우는 것이고 내가 하는 일은 최고경영자의 역할'이라는 것입니다. 창업을 준비하는 분들 중 꽤 많은 분들이 프랜차이즈 창업을 하는 게 나은지, 자신의 단독 사업을 하는 것이 나은지 질문하는데요, 여기에 대한 답도 나의 창업이 기업을 만드는 일이라는 자각만 있다면 쉽게 도출할 수 있습니다.

기업을 세우고 운영하는 데는 많은 외부 전문가의 지식과 서비스

예비 창업자가 알아야 할 것들

를 활용해야만 합니다. 노무사, 변호사, 변리사, 회계사가 그래서 있는 거죠. 하지만 어떤 전문가도, 심지어 다양한 사업 분야를 포괄적으로 컨설팅하는 컨설팅 회사일지라도 절대 사업을 대신해주지는 않습니다. 프랜차이즈 창업은 내가 하는 사업의 일부분이며 도구이지 나를 대신해 모든 사업을 해주는 요술램프의 지니가 아닙니다. 최소한의 자본금과 노동력만 제공하면 모든 일은 프랜차이즈 본사가 도와줄 테니 손쉽게 사업하고 빠르고 안정적으로 돈 벌 수 있을 거라는 생각은 매우 위험합니다.

직장 생활을 해보신 분이라면 회사가 신규 사업을 개척하는 과정을 보셨을 것입니다. 회사가 새롭게 시작하려는 사업이 기존 사업 영역의 확장이 아닐 때에는 외국 전문 기업과 제휴를 맺습니다. 그리고 제휴의 조건과 과정을 꼼꼼히 따지고 향후의 결별 시나리오까지 미리 대비하죠. 어떤 기업도 제휴 기업이 모든 것을 대리해준다고 생각하지 않습니다. 제휴하는 기업의 재무제표에서부터 시장 지배력까지 꼼꼼히 따져 문제가 없다고 판단될 때 계약서에 사인을 하죠.

프랜차이즈도 마찬가지입니다. 성공한 외식업 창업자로 자서전을 낸 사람, 연예인이 투자한 프랜차이즈, 경제신문 1면을 가득 채운 유망 프랜차이즈 분석(광고) 기사… 회사 다니면서 우리 회사 홍보팀이 어떻게 사장님을 띄우려고 대필 자서전을 썼는지, 연예인과의 협약을 통해 어떻게 회사의 이미지를 만들어나갔는지, 보도 자료라는 명목과 광고비로 신문에 얼마만큼의 지면을 거머쥘 수 있었는지 잘 아시잖아요. 그런데 왜 내가 창업할 때는 그런 합리적 경험이

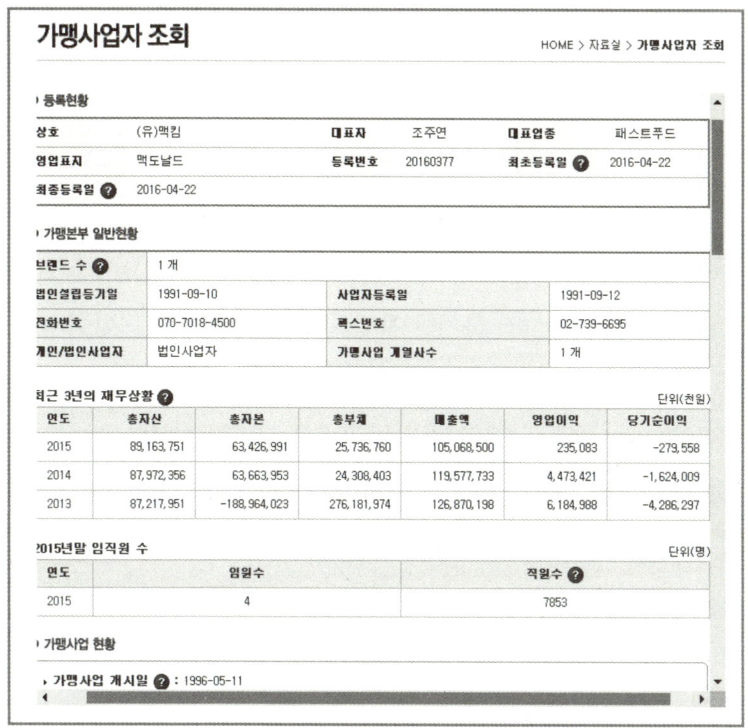

브랜드 수	1 개		
법인설립등기일	1991-09-10	사업자등록일	1991-09-12
전화번호	070-7018-4500	팩스번호	02-739-6695
개인/법인사업자	법인사업자	가맹사업 계열사수	1 개

연도	총자산	총자본	총부채	매출액	영업이익	당기순이익
2015	89,163,751	63,426,991	25,736,760	105,068,500	235,083	-279,558
2014	87,972,356	63,663,953	24,308,403	119,577,733	4,473,421	-1,624,009
2013	87,217,951	-188,964,023	276,181,974	126,870,198	6,184,988	-4,286,297

연도	임원수	직원수
2015	4	7853

떠오르지 않을까요?

우선 한국프랜차이즈산업협회에서 가맹사업자 조회를 해보세요. 언론 홍보와 사업설명회를 통해 배포된 프랜차이즈 본사의 외양과 실제 내실이 어떻게 다르고 같은지 본인이 직접 확인해보세요.

소규모 가게든 공방이든 우리 사회는 공평하게 거대 기업들과 경쟁시킵니다. 골목 상권을 지키지 못하는 정부의 무능을 탓하고만 있기에는 나의 창업이 당장 위태롭습니다. 이 경쟁의 링 위에서 살아남으려면 결국에는 실력이 있어야 합니다. 실력 있는 기업가가 되어야 합니다. 만약 이것을 프랜차이즈와 같은 누군가가 대신해주길 바라거나 '내 가게는 작으니까' '나는 자영업자니까'라는 자위 속에 숨어서는 결코 살아남을 수 없습니다. 가게와 식당도 기업일까요? 네, 물론입니다.

창업은 어렵습니다. 하지만 창업의 목표가 그저 돈을 많이 버는 것이라면 오히려 쉽습니다. 직원을 뽑으면 무조건 최저임금만큼만 지급하고 두 사람이 할 일을 한 사람에게 시키면 됩니다. 간이과세자로 시작했는데 혹시 이익이 많이 나서 일반과세자가 되어 세금을 낼 것 같으면 빨리 폐업하고 가족과 친척 명의로 계속 돌려가면서 사업을 하면 됩니다. 이러면서 지자체를 찾아가 읍소하다 보면 착한 공무원 한 사람이 걸릴지도 모릅니다. 운이 좋으면 사업하는 것보다 더 나은 국고보조금 지원을 받을 수도 있습니다. 회사의 재무 상황이 점차 좋아지면 저리로 보증기금의 운용 자금을 받아 부동산 투자를 하든가 사채를 돌리면 나라에 낼 원금과 이자를 빼고도 몇 곱의 이문이 남을 겁니다.

혹시 이런 짓들을 부자 되는 법이라고 귀띔하는 이가 있다면 그 뺨에 따귀를 날려주세요. 그 말은 평생 내게 부끄러운 인생을 살라는 악마의 속삭임입니다. "우리 아빠는 사장님이야"라며 자랑스러워하는 자식들의 기대를 저버리라는 저주고, 국민이 낸 세금을 갉아먹는 버러지가 되라는 말과 같으니까요.

한 사람의 창업에는 그 사람의 인생, 가족의 헌신, 국민의 혈세로 만들어진 국가 인프라가 함께 투자된다는 것을 생각해보셨으면 합니다. 그저 돈을 많이 벌겠다는 목표 외에 창업의 이유를 설명할 수 없다면 다시 한 번 생각해보시길 권합니다. 적게 일하고 많은 돈을 벌려면 창업보다는 기업에서 요령껏 버티는 편이 낫습니다. 짧은 시간에 모 아니면 도로 돈을 벌겠다면 주식 투자를 하는 게 낫고요.

성공을 위해서가 아니라 남은 선택지가 없어서 창업을 할 수밖에 없는 분들도 있습니다. 정년을 인정하지 않는 기업 풍토 속에서 내쳐지는 중년들, 더 이상 취업 가능성을 찾기 어려운 청년들, 보편타당한 행동과 합리성이 말살되어버린 기업에서 더 이상 버티기 힘든 직장인들에게 마지막 출구는 창업일지도 모릅니다. 하지만 이런 분들이 창업을 하고는 아이러니하게도 자신들이 경험한 이 사회의 불합리에 동조하는 경우를 봅니다. 한참 일할 나이에 기업의 원가 절감 수단으로 내팽개쳐진 사람이 창업을 해서는 '나이 많은 것들은 다루기 힘들다'고 중년 구직자는 뽑지 않습니다. 자신이 수십 번은 당했던 압박 면접이라는 이름의 인격 모독 상황을 내가 사장이 되어서는 인성을 알아보기 위한 수단이라며 그대로 따라합니다. 대한민국 기업은 다 쓰레기라고 외치던 사람이 창업을 해서는 최저임금에서 10원도 더 안 나가게 직원 월급을 설계하느라 눈이 새빨개집니다.

다시 한 번 내가 창업하려는 이유를 생각해봐야 합니다. 일자리를 구할 수 없어 창업을 선택할 수밖에 없는 상황이라면 이 창업이 실패했을 때 내가 돌아갈 자리는 없습니다. 그렇다면 내가 세운 기

예비 창업자가 알아야 할 것들

업은 적어도 다른 직장인들이 정년퇴직할 만큼은 이끌고 가야 하겠죠. 그러려면 욕심을 멀리하고 합리적인 판단을 할 수 있는 지식을 쌓아야 합니다. 남과 다르다고 겁먹지 말고 '우월한 다름'을 추구하는 용기도 있어야 합니다.

신기루 같은 성공을 쫓기보다는 실패를 두려워하는, 그래서 치밀한 준비가 따르는 창업자들과 새로운 기업가들이 많아지길 바랍니다.

세 줄 요약

❶ 충분한 비용 예상을 통해 추정손익계산서를 만들어 자본금의 규모를 가늠하고 자본금이 충분하지 않다면 창업하지 마세요.

❷ 법인을 설립한다고 무조건 사업에 유리하지는 않습니다. 도리어 관리 부담만 커질 수 있습니다. 그러나 동업과 같은 특수한 상황에서는 법인 설립이 가장 좋은 이해 조정 구조입니다.

❸ 가게와 식당도 엄연한 기업입니다. 그러므로 경영 기술과 지식도 똑같이 요구됩니다.

상식의 대체휴일

처음 대체휴일이라는 말을 들었을 때 많은 사람이 일요일에 공휴일이 겹치면 월요일 날 쉬는 것으로 생각했다. 하지만 대체휴일에 대한 법령에 따르면 대체휴일은 설날, 추석, 어린이날에 한해 적용하는 것으로 되어 있다.

앙헬 구리아 OECD 사무총장은 한국의 생산성이 OECD 회원국 중 생산성이 높은 국가의 55퍼센트 수준에 머물고 있다고 말한 바 있다. 전 세계적으로 대한민국만큼 노동자들이 장시간 일하는 나라가 흔치 않은데 말이다. 한국의 노동자들이 많은 시간을 일한다고 하지만 그 생산성이 노동량에 비해 높지 않다는 건 참으로 불편한 진실이다.

그럼에도 기업주들은 긴 노동 시간을 통해 노동자를 짜내는 것이 돈을 벌 수 있는 최고의 방법이라 생각하는 모양이다. 무식한 경영자들은 고급 노동자를 가질 권리가 없다. 잘 쉰 노동자가 더 잘 일한다는 아주 간단한 진리를 모르는 이 사회의 무식함이 대체휴일을 통해 확인되는 듯하다.

많은 노동자가 일요일에 법정공휴일이 겹치면 월요일을 휴일로 지정하는 상식의 대체휴일이 시행되는 대한민국을 원한다. 그 공휴일이 삼일절이든 광복절이든 상관없이. 어렵지 않은 일이라 생각한다.

누구도 알려주지 않는 폐업

인간이 죽는 날까지 벗어버리고 싶어도 벗지 못하는 멍에 중 하나가 외로움입니다. 이 멍에는 있는 듯 없는 듯하다가 어느 순간 실체를 드러내고 자신의 무게를 과시하는데, 그 끔찍한 중압감은 내가 왜 이놈의 정체를 몰랐을까 싶을 정도로 깊은 절망을 안겨줍니다. 경영을 얘기하다가 왜 갑자기 외로움을 얘기하느냐고요? 폐업을 다루는 이번 장이 외로운 사장님들께 드리는 위로를 전제하고 있기 때문입니다.

누구 하나 남지 않고 어느 누구도 곁에 있어주지 않을 때 홀로 외로운 마지막 결정을 내려야 하는 폐업. 이때 조금이나마 나은 결정을 내려야 자기 자신의 생명을 살리고 한 가정을 지킬 수 있습니다만 고통에 몸부림치는 당사자는 제대로 된 사고를 할 여력이 없습니다. 어쩌면 그 어느 때보다 폐업의 시점에 주변의 격려와 도움이 더 많이 필요할 것입니다. 하지만 우리 사회는 타인의 실패를 인정하지 않습니다. "그러니까 창업하지 말라니까" "비즈니스 모델이 잘못되었어" "시장 분석이 틀렸어"라고 한마디 던지고 지나가는 사람들은 저 사장이 매일 밤 잠자리에 들 때마다 깨어나지 않기를 바랄 정도로 극심한 고통 속에서 하루하루를 살아낸다는 것을 알지 못합니다. 어떤 사람은 라면이라도 사먹으면서 버티라고, 용기를 내라고 격려하기도 하지만 쌀 한 톨 없이 라면으로 끼니를 때우면 두세 시간도 안 돼 배고픔이 찾아옵니다. 다 안 해본 바 아닌데 이런저런 지적을 하며 헛소리하는 사람들이 자신을 무능하고 나태한 실패자로 낙인찍는 것 같아 더욱 원망스럽고 이 사회가 싫습니다. 이럴 때 내리는 결정과 판단은 잘못되기 쉽습니다. 마지막 순간까지도 최상의 방법을 찾아야 하는 책임이 사장에게는 남아 있습니다. 조금만 더 힘을 내세요.

기업은 여러 가지 이유로 문을 닫게 됩니다. 그러나 모든 원인이 기업가에게 있지 않습니다. 극심한 소비 침체, 정부의 기업 지원 정책의 난맥, 사회와 시민의 기업과 노동에 대한 인식… 기업의 폐업에는 우리 사회의 문제점과 크고 작은 악재들이 잘 버무려져 있습니다. 스스로를 자책하고 반성하는 일은 폐업이라는 과정을 잘 치러낸 뒤 해도 됩니다. 지금 절망에 빠져 포기해버리면 더 큰 후회만 남을 뿐입니다.

이 사회는 '실패'를 이야기하길 두려워합니다. 고도의 성장과 경제 발전에서 실패는 입에 담으면 안 되는 금기였죠. 그러다 보니 폐업의 순간에 실패의 과정을 겪었던 선배 기업가나 지원 기관은 찾아보기 어렵습니다. 선배 기업가들은 이미 실패라는 낙인을 숨기고 살아가야 하기에 큰 소리로 자기 의견을 말할 수 없습니다. 정부의 많은 지원책은 당장의 경기 부양과 성장에 눈이 멀어 쓰러진 이를 부축할 생각 없이 앞만 보고 달릴 뿐이니까요. 혹시라도 이 책을 통해 폐업의 단계를 슬기롭게 헤쳐나가는 분이 단 한 분이라도 생긴다면 저는 더 이상 바랄 것이 없겠습니다.

더 이상 빚을 내지 않는다

폐업 시점에 대부분의 사장님들은 더 이상 사업에 가망이 없다는 걸 압니다. 하지만 이 상황이 악성 채무가 가장 많이 생기는 시점인데요, 지금껏 어떻게든 버텨왔는데 이번만 넘기면 좋아지지 않을까, 이제와 사업을 접으면 내가 할 수 있는 일이 뭐가 있을까 싶은 생각에 질 낮은 악성 채무가 될 자금을 스스로 끌어들이는 시점이 바로 사업 실패 직전입니다. 사업 실패 후 재기가 어려운 가장 큰 이유가 바로 감당할 수 없는 수준의 부채입니다.

그래서 이 시기에는 의지와 희망을 내려놓고 명료한 산술로 판단해야 합니다. 현금화할 수 있는 모두 재산의 총계와 현재 부채의 총계를 비교했을 때 부채가 더 많다면 사업을 접을 준비를 해야 합니다. 혹시나 하는 희망에 기대는 것이 인지상정이겠지만 갑작스런 대형 주문을 수주하더라도 폐업 시기 악화된 자금 사정으로는 소화할 수 없기에 또 빚을 내야만 합니다. 어찌어찌 큰 매출을 내도 결국 남는 건 없습니다. 약해질 대로 약해진 기업에 한 방이라는 건 없습니다. 이것을 인정하지 못하면 폐업의 시기는 늦춰지고 재기의 기회는 더 멀어지게 됩니다.

무엇보다 폐업을 결정한 후에는 현재 내 빚이 얼마나 되는지부터 정확히 알아야 합니다. 쉽지 않은 일이죠. 인간이라면 누구나 덮어놓고 보고 싶지 않습니다. 메스로 자기 배를 가르고 내장의 위치를 확인하는 기분이 들 만큼 괴로울지도 모릅니다. 은행에서 빌린 돈뿐 아니라 거래처에 못 준 원재료 대금, 직원들에게 못 준 월급, 밀린 4대 보험료, 빠짐없이 정리해야 합니다. 그리고 현재의 자산(재산) 중 즉시 현금화가 가능한 것들을 집계하세요. 예금, 적금, 보험, 펀드, 사무실 임대 보증금과 같은 것들이 여기에 해당됩니다. 컴퓨터, 가구, 가전제품과 사무집기 등은 즉시 현금화하기도 어렵고 원래 가치의 10퍼센트도 챙기기 어려우니 따로 정리하시기 바랍니다.

채무 정리

이제 빚의 규모와 현금화 가능한 자산이 모두 집계되었습니다. 물론 빚을 갚을 만큼 충분한 현금화는 불가능하겠지만 우선순위를 정해 채무를 갚아야 합니다.

이때 가족, 특히 배우자가 연대보증을 서고 있는 빚이 있다면 최우선 순위로 갚아야 합니다. 실패 후 재기를 시도하기 위해서는 가족의 도움만큼 중요한 밑천이 없습니다. 사업 실패 후 배우자와 함께 빚더미에 오르는 최악의 상황은 반드시 피해야 합니다. 실패의 충격은 최대한 나 자신이 짊어지고 배우자만이라도 정상적인 경제 활동을 할 수 있는 상태여야 가정이 무너지지 않습니다. 고통은 여럿이 나누면 반감된다고 하지만 현실의 채무는 그렇지 않습니다. 사업 실패 후 나눠 가진 금전적·정신적 고통이 다툼의 원인이 되어 가정이 파괴되는 경우는 헤아릴 수 없이 많습니다.

사업의 악화로 폐업을 결정하는 시기에는 여러 종류의 빚이 있는 상태입니다. 금액도 제각각이죠. 이때는 작은 금액부터 갚으세요. 열 곳에 채무가 있을 때 큰 금액 하나를 갚으면 아홉 곳이 남지만, 작은 금액들을 먼저 갚으면 네 곳이 남습니다. 작은 빚을 먼저 갚으면 채권 관련 협상 대상을 줄일 수 있어 효율적이고, 심리적으로 내가 여러 곳의 빚을 갚았다는 자신감도 생깁니다.

큰 규모의 융자를 받은 경우 대부분 정부 보증이 포함되어 있습니다. 정부 보증은 개인회생보다 더 나은 수준의 상환 기회를 줍니다. 꾸준히 갚아나가면서 채무 상환 계획을 제출하면 그간 부담스러울 정도로 쌓인 이자도 없애줍니다. 하지만 사인 간의 거래에서는 작은 금액의 채무라도 이런 배려가 없습니다. 따라서 작은 금액의 채무들을 없애고, 사인 간의 거래에서 발생한 채무를 먼저 정리하는 것이 좋습니다.

채무 정리 단계에서 꽤 많은 기업인들이 잘못 판단하는 것이 재산을 숨기고 빚을 갚지 않는 '사해행위'를 하는 겁니다. 당연히 이는 위법 행위이고 자신의 재기를 돕는 인간관계라는 자산을 포기하는 행동입니다. 갖고 있는 재산을 모두 동원해 성실히 채무를 상환하려는 노력이 확인된다면 사기죄가 성립되지 않습니다. 하지만 사해행위를 하는 사람들은 많은 송사에 휘말리고 하루아침에 사업가에서 범죄자로 낙인찍힙니다. 채권자들의 시선을 피해 1000만 원을 빼놓든 5000만 원을 빼놓든 어차피 폐업 이후 그 돈은 눈 녹듯 사라집니다. 폐업 과정에서 반드시 배제해야 하는 것이 욕심입니다.

자산 매각

간혹 야반도주를 선택하는 기업을 봅니다. 사업 실패는 뼈저리게 느끼고 있는데 해결 방안이 전혀 떠오르지 않아 결국 두려움에 사로잡혀 하는 행동인데요, 그런 행동력이 있다면 차라리 사업장의 자산을 미리미리 정리해서 최대한 채무를 갚고 몇 푼이나마 건지는 편이 훨씬 낫습니다.

사업이 악화되는 상황에서 사장님들이 잘못 계산하는 것 중 하나가 사무실을 임대할 때 낸 보증금이 있으니 그간 밀린 월세는 보증금에서 공제하면 된다는 생각인데, 계약서를 살펴보면 '기한의 이익

상실'이라는 조항이 있습니다. 건물주가 사무실을 빌려줄 때 2년 계약을 했는데 임차인이 임대 기간 만료 전에 나가게 되면 예상된 이익에서 손실이 발생하니 그것을 보상해달라는 것입니다. 마치 은행에서 대출을 받고 상환일 이전에 갚으면 조기 상환 수수료를 내는 것과 같습니다. 그래서 사업장을 폐쇄하기 전에는 사전에 건물주에게 알리고 보증금에서 밀린 월세, 수수료 등등을 정확히 정리해야 합니다.

기업이 사업을 영위하다 보면 재고 이외에도 사무집기, 컴퓨터 등 많은 유형 자산이 생기고 불어나게 되죠. 그런데 미리 폐업을 준비하지 않고 사무실을 빼기로 한 날로부터 얼마 안 남기고 자산을 정리하려면 결국 고물상에 일괄 매매하는 것 외에는 처분이 쉽지 않습니다. 이때는 자산의 가치나 감가상각 같은 합리적 계산은 없습니다. 급한 건 당신이지 내가 아니라는 식으로 인수를 거부하거나 실사 단계에서 적은 금액을 부르고 간 후 다시 전화해 몇 퍼센트 올린 금액을 제시하는 농간에 울화통이 터질 뿐입니다. 우선 재고자산 중 산업 일반에서 흔히 사용할 수 있는 것은 미리미리 동종 업계에 매각해야 합니다. 컴퓨터나 가전제품 등은 충분한 시간을 갖고 중고판매점 등을 통해 판매해서 고철 값 이상은 받아야겠죠.

자산 중에는 무형의 자산도 있습니다. 대표적으로 특허가 있는데, 특허의 경우 관납료를 내지 못하면 기술의 독점적 권리가 사라지죠. 변리사 등을 통해 매각을 진행하되 끝내 거래가 되지 않으면 출원 비용 정도만 건지겠다는 생각으로 가격을 낮춰야 합니다. 여기서 주의해야 할 점이 있는데, 혹시 정부 지원금과 연관된 특허 기술이라면 기술보증기금 등에 회사의 경영이 어려워 불가피하게 매각한다고 사전에 통보해 사해행위로 오인받거나 정부 기관의 규정상 문제가 되는 일이 없도록 해야 합니다.

익숙한 이들과의 이별

직원 급여가 밀리는 시점 또한 폐업을 결정하는 적기일 수 있습니다. 직원 입장에서 급여가 밀린다는 것은 간신히 이어가던 생활의 파탄일 수도 있습니다. 이런 상황에서 이번 생산만 돌려서 팔면 된다, 어렵더라도 인내해달라는 말은 아무 의미가 없습니다. 회사가 마지막까지 몰렸다는 것은 어떤 직원도 바로 압니다. 이때 최대한 급여와 퇴직금을 지급해서 내보내야 폐업 이후 겪게 될 송사의 수가 줄어듭니다.

행여 폐업의 시기까지도 남아 있는 직원이 있다면, 충성스런 직원 또는 마땅히 갈 곳을 찾지 못해 남아 있는 직원이 있다면, 회사의 사정을 다시 한 번 설명하고 내보내야 합니다. 미련을 내려놓지 못해서, 그간 쌓아온 정 때문에 회사를 나서지도 못하고 자기 돈이라도 보태 위기를 벗어나보자고 하는 직원이 있을지도 모릅니다. 하지만 고마운 마음만 받고 이별해야 합니다. 사업을 이끌면서 돈이며 시간이며 모든 것을 잃었다고 생각했는데 무엇보다 사람을 얻었으니 얼마나 다행입니까? 침몰하는 배에는 선장 한 명만 남으면 됩니다. 따르고 도와주는 직원을 옆에 두고 의논도 하고 싶고 기대고 싶은 마음이 굴뚝같겠지만 내보내야 합니다.

제대로 사업을 이끈 사장이라면 분명 직원이 아닌 동지가 생겼을 수 있습니다. 이 동지가 살아남아야 재기를 꿈꿀 수 있습니다. 자산을 정리하며 남은 얼마의 돈이라도 쥐여주고 그간의 노고와 충심에 감사의 말을 더해 떠나보내세요. 실패자로 낙인찍히면 그간 전화번호부를 가득 채웠던 인맥은 빠르게 소멸됩니다. 그러나 이런 동지들이 있다면 취업도 재창업도 가능하고 재기의 시간도 앞당겨집니다.

두렵고 무서운 일들이 반드시 일어나지는 않는다

기업이 망한다는 건 사장 개인이 망한다는 것과 같은 뜻입니다. 법인사업자라면 대표이사는 문제없지 않나 싶겠지만 기업의 대표는 법인의 채무에 연대보증을 서게 되어 있습니다. 따라서 사업에 실패하는 경우 기업체의 채무와 사장 개인의 채무까지 모두 책임져야 합니다. 회사로 집으로 내용증명과 등기우편물이 쇄도합니다. 신용카드 회사에서는 가택 방문 예고 경고장을 보내오고, 법원에서는 정부 보증 기금이 제기한 민사재판에 참여하라 하죠. 이 시기에 누구라도 부동심을 유지하기는 쉽지 않습니다. 결국 자포자기하게 됩니다. 영화와 드라마에서 봤던 실패한 사업가의 처참한 모습만 떠오르고 우편물은 열어보지도 않습니다.

하지만 포기하지 마세요. 당신이 두려워하고 무서워하는 모든 일이 다 일어나지는 않습니다. 신용카드 회사에 전화해서 사업이 어려워져서 분납을 하겠다고 말하면 되고, 보증 기금이 제시한 민사재판은 이자율 조정이 다입니다. 심지어 빚을 갚아가다가 배드뱅크에 전화해 이자 감면을 요구하는 능숙한(?) 자신을 보게 될 겁니다.

다 포기하는 마음에 놓아버렸던 별것 아닌 것들이 미래에 나를 괴롭힐 수 있습니다. 예를 들어 여권 갱신, 운전면허 갱신, 자동차 보험 가입 같은 것들을 포기하면 활동에 제약이 생기고 취업에서 문제가 됩니다. 회사와 집에서 사용하던 전화, 팩스 등의 통신 서비스를 해지하지 않고 있다가는 나중에 불어난 비용을 감당하기 어려워집니다. 귀찮고 하기 싫어도 저금통을 깨서라도 체납금을 정리해두세요. 기껏 부채를 없앤다고 해놓고서 소소한 미납금 정리를 안 해서 불편을 자초할 필요는 없습니다.

절대 포기하지 마세요. 사정이 어렵다는 것을 사실대로 얘기하고 도움을 청하면 자동차보험회사 직원은 최저가 보험을 짜주고, 은행에서는 신용불량 상태에서도 사용 가능한 직불카드 형태의 복지카드도 알려줍니다. 하지만 아무 말 하지 않고 도피하면 당신을 도와줄 수 있는 사람들도 해줄 수 있는 게 없겠지요.

누구도 알려주지 않는 폐업

폐업 이후

내가 할 수 있는 모든 노력과 책임을 다해 사업을 정리했다면 당신에게 적의를 가진 사람은 없습니다. 이제는 스스로를 향한 적의를 지워야 합니다. 그때 내가 좀 더 근면했더라면, 불필요한 투자를 고집하지 않았더라면, 빚을 내지 않았더라면… 이런 자책 속에서 시간을 허비하지 말아야 합니다. 불필요한 패배감과 막연한 불안은 새로운 시작을 막는 장애물입니다.

경찰서에 가서 범죄경력조회서를 받아보세요. 당신이 사업에 실패했다고 범죄자라고 나오지 않습니다. 비록 신용등급은 떨어졌지만 은행에서 새 계좌를 못 만드는 것도 아니고 신용카드는 안 되더라도 직불카드를 쓰는 데는 문제없습니다. 할부 거래가 제한되어 조금 불편할 뿐이지만 휴대폰을 새로 만들 때는 현금 일시불로 기계를 살 수 있는 특혜(?)도 생깁니다. 신용등급이 낮다고 해서 취직할 때 신용보증보험에서 보증서를 떼어주지 않는 경우도 없습니다.

그리고 시간이 많은 것을 해결해준다는 걸 믿을 필요가 있습니다. 폐업은 비록 죽을 때까지 잊지 못할 아픈 기억이겠지만 자책감과 패배감은 시간이 갈수록 옅어집니다. 신은 기업가들에게 망각이라는 선물을 줬습니다. 다시 한 번 잘 살아가라고 말이죠. 어느 순간 당신은 사업하다가 망했다고 자연스럽게 농담을 하는 자신을 보게 될 것입니다. 그리고 꼭 기억할 것은 당신은 꽤 쓸 만한 사람이라는 겁니다. 법조인은 아니지만 사업체를 경영하기 위해 세법, 노동법 등 여러 법에 관심을 기울였고, 노사 관계, 기업 간 협력, 소비자에 대한 이해 속에서 고민하고 공부했던 시간들은 인문학자 못지않은 인간에 대한 통찰을 갖게 해주었습니다. 무엇보다도 당신은 보통의 사람들이 경험하지 못한 실패를 제대로 경험한 사람입니다. 그 경험이 앞으로의 인생은 물론 당신의 가족과 주변에 요긴하게 쓰일 겁니다.

누구나 사업에 실패할 수 있고 폐업은 기업이 있는 한, 창업자가 있는 한 없어지지 않을 것입니다. 실패의 과정에서 의연하게 모든 책임을 다한 기업가는 우리 사회의 소중한 자산입니다. 절대 당신은 실패자가 아닙니다. 용기 있게 도전했던 사람일 뿐입니다.

성공이라는 것이 영원히 지속되지 않는 것과 마찬가지로 실패도 계속 지속되지 않습니다. 한순간의 영광과 찰나의 고통에 얽매이지 않을 통찰을 얻은 당신에게 더 많은 기회가 찾아올 것입니다. 진심으로 건투를 빕니다.

세 줄 요약 

❶ 더 이상 빚을 내지 않습니다. 상환이 불가능한 악성 채무는 대부분 회사가 망하기 직전에 생깁니다.

❷ 절대 포기하지 말고 매각할 자산을 미리 현금화하여 채무를 성실히 갚는다면 법적으로도 도덕적으로도 기업가의 책무를 다하는 것으로 인정합니다.

❸ 자포자기하지 말고 일상을 포기하지 마세요. 각종 면허증 갱신과 소액 채권 변제를 해두면 폐업 이후 새 출발 할 때 발목을 잡는 실패의 멍에가 현저히 줄어들 것입니다.

사장으로 산다는 것

이 책의 마지막 장은 고심 끝에 '사장으로 산다는 것'으로 정했습니다. 이 책 내내 '사장이라면 이 정도는 알아야 한다' '당신은 경영을 제대로 하고 있는가?'라는 질문을 끊임없이 던지며 사장님들을 괴롭혔습니다. 마지막 장에서만은 위로와 격려의 말씀을, 또 사장이 되고 싶은 분들께는 사장들이 어떻게 사는지 알려드리려 합니다.

이 땅에서 사장으로 산다는 것

요즘은 개천에서 용이 나지 않는 세상이라 합니다. 그 말은 공정한 기회의 분배가 없음을 뜻하지요. 노동자뿐 아니라 사업하는 사장님들도 공감할 말입니다. 학연, 지역과 종교, 출신성분에 의해서, 심지어는 사업체의 위치에 따라서 누군가는 땅 짚고 헤엄을 치고 누군가는 기회조차 주어지지 않는다면 누가 사업을 하겠습니까? 오늘날의 사장님들은 이런 기울어진 운동장에서 떨어지지 않기 위해 안간힘을 쓰는 분들입니다.

혹시 자기 회사 사장을 습관적으로 욕하시던 분들이라면 사장을 욕하기 전에 우리 사장을 좀 더 자세히 지켜보시길 권합니다. 전 재산인 제 아파트 한 채를 담보로 직원들 월급을 주고 있는지, 정장 속 셔츠가 오래되어 옷깃이 해지지는 않았는지 한 번은 살펴보고 욕을 하세요. 이 세상이 나쁘고 확 엎어버려야 한다고 악을 쓰는데 누구 앞에서 악을 쓰고 있습니까? 그게 자신의 부모와 형제이고, 기껏해야 자기 회사 사장 뒤는 아닙니까?

우리는 연대해야 한다는 말을 곧잘 합니다. 내가 먹고살기 위해, 내 불안한 미래를 스스로 지키기 위해 누구와 연대해야 하겠습니까? 스타트업, 벤처기업, 중소기업에 몸담고 있다면 당신의 사장과 연대하세요. 같은 피해자끼리 못 잡아먹어 안달하지 말고요. 적어도 작은 기업에 몸담고 있는 분들이라면 자신의 동지인 사장을 적으로 규명하지는 않았는지 곰곰이 생각해볼 필요가 있습니다.

저야 욕을 바가지로 먹겠지만 제가 이렇게 사장님들 하고 싶은 말 해드려서 속 시원하시지요?

그런데 말입니다, 왜 자기가 해야 할 얘기를 타인이 하게 하십니까? 사장님들 가만 보면 최고경영자의 결단과 고뇌에 너무 감정이

사장으로 산다는 것

입하는 경향이 있어요. 그거 중2병 같습니다. 너무 겉멋 내지 마시고 있는 그대로 직원들과 얘기하세요. 영국에서는 장교 교육 중에 "사병과 함께 식사하지 마라. 권위가 서지 않는다"라고 가르쳤다던데, 순전히 헛소리입니다. 직원들과 최대한 대화하고 소통하세요.

권위는 직원들이 사장의 위상을 인정할 때 생깁니다. 제일 빠르게 권위를 얻는 방법은 많은 급여와 충분한 복지를 베푸는 겁니다. 아마 이 정도면 직원들의 60퍼센트는 우리 사장님을 연호할 겁니다. 나머지 40퍼센트는 아마 사장님이 회사를 KOSPI에 상장시키기 전에는 자신이 취직하지 못한 대기업의 타이틀을 더 따를 겁니다. 중소기업 사장님들이 인사와 관련된 고민을 털어놓을 때 가장 많이 하는 얘기가 '직원들이 대기업과 비교하며 회사를 우습게 본다'는 말입니다. 그래서 대화하고 소통해야 합니다. 돈만으로는 권위를 얻지 못하기 때문이죠. 40퍼센트의 미숙한 직원들을 이해시키고 성장시켜야 합니다. 제발 자신의 고뇌를 누구도 이해 못 한다고 어두운 바에서 법인카드로 묽은 양주와 마담의 웃음으로 위안을 얻으려 하지 마시고요. 그러나 아무리 소통하려 해도 꺼낼 수 없는 말이 여전히 마음속에 남습니다. 그것은 사장인 내가 감내해야 할 몫입니다. 사장은 수십 명의 직원들 속에서도 외롭습니다. 직원들과 격의 없는 대화를 할 수는 있어도 그 앞에서 다른 직원을 욕할 수는 없습니다. 오롯이 혼자만 감내해야 하는 것이 남습니다. 사장의 숙명입니다. 사장으로 산다는 것은 어쩌면 이런 고뇌들을 녹여내고 녹여내서 더 커다란 배포를 키우는 것이겠지요.

사장으로서의 삶은 구도자의 삶과 같습니다. 누구도 알려주지 못하는 경영의 철학을 세워야 하고 그 철학을 바탕으로 기업이 맞이하는 끝없는 예외 상황에 흔들림 없이 대처해야 합니다. 그러기 위해서는 책을 읽어 지식을 쌓아야 하고, 소통하기 위해 말과 글의 기술을 늘려야 합니다. 노동법, 상법, 지식재산법 등등 회사의 모든 업무와 관련된 법령은 외우지는 못해도 밑줄 치며 읽어봐야 합니다. 법에 나타나지 않는 규범과 정신은 우리보다 더 나은 기업을 찾아 벤치마킹하고 곱씹어 우리 회사의 사규와 문화로 소화해야 합니다. 매출액 몇 푼으로 회사를 평가하는 그릇된 시각, TV에 나오는 유명 기업이 아니면 기억하지 않는 구직자와 소비자의 편견에 억울해하지 않는 대범함도 있어야 합니다.

예비 창업자들은 사장으로 사는 데 요구되는 광범위한 노력을 자신도 해낼 수 있는지 생각해보셨으면 합니다. 그리고 지금 사업을 영위하는 사장님들은 내가 할 수 있는 최대한의 노력으로 일거에 사업을 성공의 반열에 올리겠다는 생각이 아니라 꾸준히 학습하겠다는 생각을 가져야 합니다. 기업의 경영은 스프린트의 주법이 아니라 마라톤의 주법입니다. 우공이산愚公移山이란 말이 있습니다. 하나씩 하나씩 돌을 날라 산을 옮긴 우공의 신념이 어쩌면 사장님들이 견지해야 할 자세일 것입니다. 이는 적어도 수십 년간 기업을 이끈 경영인들을 통해 이미 검증되었습니다. 대단한 학벌과 스펙이 없어도, 엄청난 천재가 아니더라도 많은 경영인들이 우공이산의 정신으로 성공적으로 기업을 이끌었습니다.

사회의 변화와 혁신을 주도하는 것은 정치인만의 일이 아닙니다. 기업을 이끄는 사장들이 노사관계를 변화시키고, 산업 전반의 상생을 이끌고, 기업이 소재한 지역의 문화마저도 바꿉니다. 수많은 어려움과 막중한 책임만 생각하지 마시고, 사장으로 산다는 것이 떳떳하고 보람 찬 일이라는 것을 잊지 않으셨으면 합니다. 내가 만들어 낸 고용이 노동자와 그 가정을 먹여 살리고, 협력 기업들은 우리 회사로 인해 기술이 개발되고 고용이 유지됩니다. 이렇게 따지면 기업가 한 사람으로 인해 얼마나 많은 사람이 혜택을 받는지 모릅니다. 그뿐인가요? 기업이 소재한 지역의 상권은 기업과 기업 노동자들의 소비로 돌아갑니다. 지자체와 국가는 기업의 활동 덕분에 세금이 걷힙니다. 제대로 된 기업가 한 사람이 나타났을 때 이 사회와 시민들이 얻는 혜택은 결코 작지 않습니다.

직원의 월급이 다른 경쟁 기업과 비교해 기죽지 않을 만큼은 지급해야 한다는 욕심으로 급여를 책정하시던 사장님, 우리 회사의 손익보다는 10년 넘게 협력해온 기업의 어려움에 도움을 주기 위해 결제 여신을 변경하시던 사장님, 그밖에 제가 보아왔던 여러 사장님들, 그리고 제가 직접 보지는 못했지만 기업가의 소명의식으로 이 사회를 떠받치고 있는 많은 사장님들께 존경을 표합니다.

팬택의 몰락

세상이 어떻게 돌아가는지 모르고 바쁘게 살던 중에 팬택이 청산 절차를 밟고 있음을 뒤늦게 알았다. 기업 회생 절차를 통해 매각을 진행 중인 것으로 알고 있었는데, '인수 의향을 밝힌 대상자들이 적합하지 않다'는 법원의 판단으로 문을 닫게 되었다고 한다.

'법인격'이란 말이 있다. 법적으로 한 회사를 실제 사람인 것처럼 대하는 것을 '법인'이라고 하며 권리와 의무를 가진 주체로 인정한다는 말이다. 일부 휴대폰 대리점들은 팬택의 몰락과 법인 청산을 통해 남는 책임의 문제를 사주인 박병엽 부회장에게 묻는 것밖에는 관심이 없어 보인다. 팬택이라는 법인은 소유주 한 사람으로 대표할 수 없는 유기체다. 더 이상 팬택이 제공하는 제품을 사용할 수는 없겠지만, 24년간 팬택이라는 유기체를 움직여온 직원들과 협력 회사 그리고 팬택의 제품을 사랑했던 고객들이 남긴 유산을 되새겨볼 필요가 있다고 생각한다.

안타깝게도 어떤 언론도 팬택이라는 회사가 이동통신업계의 단단한 카르텔의 벽 속에서 신음해온 사실에 대해서는 이야기하지 않는다. 대기업이나 국가에게 당신들도 책임이 있지 않느냐고 묻는 것도 볼 수 없었다. 괘씸하다. 다시 볼 수 없는 곳으로 떠나는 친구가 있다면 송사 한 줄 쓰는 것이 인간의 예의가 아니겠는가?

소비자에게 필요한 기업?

1990년대 중반 네모반듯한 성냥갑 같은 삐삐 일색이던 이동통신업계에 형형색색에 둥글둥글하고 심지어는 거울까지 달려 있는 삐삐가 등장한다. 여자 친구에게 선물하고 싶은 삐삐가 나타난 거였다. 모토로라나 대기업들과는 다르다고 말하고 싶었던 팬택의 시도는 성공했다.

왜 대기업들은 그렇게 간단한 것을 못 했을까? 대기업의 의사결정 체계는 복잡하고 느리다. 기획안에 대한 내부 평가, 실행에서 누가 총대를 멜 것인가 하는 문제만으로도 시간이 흐르지만 중소기업과 벤처기업의 의사결정은 빠르다. 벤처기업은 사원이 품의서 하나 들고 사장에게 직접 결재를 요청하기도 하고 주간회의 시간에 올라온 아이디어 하나가 바로 실행으로 연결되기도 한다.

소비자가 원하는 혁신에 빠르게 응답하는 기업. 그것이 중소기업과 벤처기업이다. '내가 만든 게 좋은 거니 군말 말고 써라'가 아니라 '무엇이 필요한가요?'라고 물어오는 기업이 소비자에게는 필요하다. 이번 팬택 사태에서 소비자들이 자신이 내려놓았던 '권리'를 생각하며 중소기업을 바라봤으면 한다.

팬택이 만든 삐삐 중에는 '문자 삐삐'라는 것도 있었는데, 지금의 SMS와 마찬가지로 삐삐 액정에 문자가 찍혔다. '급래사요망'이라는 어마무시한 문자를 날려 새벽 5시에 전 직원을 비상 훈련이라고 호출하던 내 첫 직장의 사장님도 팬택을 무지무지 사랑했던 고객이었다.

한국식 경영?

1990년대 후반 몰아닥친 IMF 한파에서 우리 기업들은 엄청난 비난을 받았다. 합리적이지 않은 연공서열식 인사 시스템, 기업 공개를 통해 자본의 참여를 허락하지 않는 폐쇄적 경영 방식 등 이전에 하던 모든 것이 잘못된 것이 되었고, 자의든 타의든 급하게 연봉제를 받아들이고 비정규직과 아웃소싱을 통해 기업의 이윤을 극대화하기 시작했다. '기업의 목표는 이윤 추구'라는 입에 올리기에도 저급한 정의가 전 국민의 머릿속에 들어갔고 중소기업은 계속 몰락했으며 2008년 KIKO 사태에 이르러서는 IMF 한파를 견뎌낸 중견기업들마저 속절없이 무너졌다.

'한국식 경영이란 무엇인가?'라는 논제를 끄집어내기 힘들 정도로 자본의 능수능란한 손길에 우리 기업들은 정체성을 잃었다. 그럼에도 한국 기업만의 경영 방식을 찾아내본다면 그건 '가족 경영'이라고 할 수 있다. 나와 너가 아닌 '우리'라는 공동체 의식은 아침 7시부터 일찍 집을 나서 밤 12시가 되어서야 집으로 돌아가는 일중독자 한국인들에게는 어쩌면 당연한 것일지도 모르겠다. 가장 많은 시간을 보내고, 가장 많이 이야기하고, 함께 밥을 먹는 시간도 가장 긴 상대가 동료이고 회사니까. 회사 사람들을 초대해 집들이를 하고, 사장이 직원 생일에 상품권을 준비하고, 야유회, 체육대회, 산행을 함께 하고, 상조회를 만들어 애경사를 미리미리 준비하고, 상조회가 없어도 함께 일하는 직원에게 큰일이라도 생기면 지갑을 연다. 그러나 나이가 많고 연봉이 오를수록 퇴사를 강요하고, 나이가 어리고 경력이 일천하니 야근과 휴일

근무로 자신을 증명하라고 하고, 동료보다 나음을 인사 평가를 통해 검증받으로고 하는 대기업의 문화에서 한국식 경영을 찾아내긴 힘들다.

팬택은 미국 버라이즌Verizon에 LTE 모뎀 2400개를 납품하기 위해, 이미 직장을 떠난 직원들을 포함해 15명의 직원이 공장에 모여 마지막 작업을 했다. 팬택 임직원들은 휴직자까지 참여해 십시일반 모은 돈으로 《전자신문》에 '우리의 창의와 열정은 계속됩니다'라는 광고를 올렸다. 《전자신문》은 이 돈을 받지 않고 무료로 광고를 게재해줬고, 이 돈은 벤처기업협회에 전달되었다고 한다.

팬택 직원들의 마지막 행보에서 한국의 기업 문화와 경영 방식이 과연 손발이 오그라드는 구시대적 촌스러움이었는지, 기업을 '우리'라는 공동체로 여기는 인식과 자신의 일과 일터에 대한 자부심이 과연 자본가들이 말하는 '합리성'에 반하는지 묻고 싶다.

시나브로 소비자를 무기력하게 만드는 독점의 사슬

모든 국가는 기업의 독점적 지위를 용납하지 않는다. 독점은 결국 소비자에게 주어지는 선택의 권리를 빼앗고, 산업의 성장을 가로막기 때문이다. 또한 눈에 띄는 독점과 달리 소수의 강자가 담합하는 과점 시장에 대해서도 견제를 게을리하지 않는다. 그들이 만들어낸 카르텔이 독점과 다르지 않기 때문이다.

여기까지는 교과서적인 내용이고 우리나라 이동통신 시장은 먼 훗날 교과서에 실릴 독과점 시장의 좋은 모델이 될 것이 분명하다. 거기에 팬택의 24년 역사 또한 실려야 한다.

소비자가 원하는 제품을 자유롭게 살 수 없으며, 소비자가 제품 선택을 위해 반드시 알아야 할 가격이 보조금이라는 명목하에 숨는 요상한 시장. 기술을 개발하고 좋은 제품을 만들어 소비자에게 선택받는 것이 아니라 알 듯 말 듯 별 차이도 없는 신기술을 내세워 새로운 제품을 사게 강요하는 시장. 중소기업이 경쟁자로 출현하면 언제든 그들을 고사시킬 수 있는 머니 게임의 강자인 대기업들만이 수십 년간 독식한 시장.

'도대체 국가가 뭘 하고 있기에 이동통신 시장이 이 모양인가!'라는 소리가 갈수록 들리지 않는다. 만만한 팬택 제품은 쓰레기라고 말하는 사람은 많지만, 삼성 제품에 빛 좋은 개살구라는 소리는 마음껏 못 한다. 거대 기업과 거대 자본 그리고 정치가 유착된 사회에서 감히 소비자라고 목소리를 높였다가는 무슨 흉한 꼴을 당할지 모르기 때문이다. 결국에는 침묵에서 그치지 않고, 그 큰 힘에 이끌리고 만다. 나라 경제를 떠받치는 기업인데 내가 조금 불편해도 작은 불만을 참으면 될 뿐이라는 무기력증이 몸에 퍼진 지 오래다. 팬택의 몰락은 하나의 중소기업이 문을 닫는 문제가 아니다. 국가가 공정 거래를 위한 시장의 조정자 역할을 제대로 했는지 다시 한 번 생각해볼 때이다. (2015년 이후 팬택은 'Once Again'이라는 캐치프레이즈를 걸고 재기하고 있다.)

이 책에 실린 글들을 《딴지일보》에 처음 연재할 때 28편을 예고했던 이유는 심오한 뜻이 있었던 게 아니고 프롤로그를 쓰다가 갑자기 훈민정음 28자가 생각나서 즉흥적으로 정했던 것이었습니다. 연재를 진행하면서 얼마나 괴로웠는지 모릅니다. 그때 알파벳을 떠올렸더라면 26회로 끝났을 것을.

경영 컨설팅이란 사업의 애로점이나 문제점을 분석하고 해결해주는 컨설팅이 아닙니다. 대중이 생각하는 그런 경영 컨설팅은 컨설팅 업계에서 말하는 '운영operation 컨설팅'으로, 다양한 사업 분야에서 통찰력을 발휘해야 하고 현업에서 컨설팅에 의한 개선 효과를 눈으로 확인할 수 있어야 하기에 기실 제일 어렵고 기피하는 영역입니다.

안타깝게도 현재 우리나라의 경영 컨설팅은 대부분 사업 기획 및 타당성 분석, 미래 예측의 학술연구 용역, 인사 관리 방안, 브랜드 등 특정 분야의 외주 업무를 대행하는 것과 교육 및 강연 위주입니다. 심지어 요즘은 컨설턴트라고 소개하면 보험을 파는 사람인 줄 아는 경우도 많으니 컨설팅 업계가 얼마나 고전하고 있는지, 얼마나 사람들의 인식을 개선하지 못하고 있는지 알 만하죠.

언제나 기업들이 원하는 컨설팅은 운영 컨설팅이었습니다. 수요는 있으나 공급이 부족하고, 공급 부족의 이유는 공급자들이 소비자가 원하는 상품을 만들지 않고 있기 때문입니다. 저는 여기에 주목해 글을 쓰고 팟캐스트를 하면서 더 많은 컨설팅 회사가 기업이 원하는 서비스에 나서길 바랐습니다. 그리고 운영 컨설팅에 노력하고 있는 몇 안 되는 컨설턴트들의 노고를 알리고 싶었습니다. 다행히도 독자분들이 컨설팅이라는 것에 관심을 가져주셨고, 조금이나마 경영 컨설팅의 필요성에 대한 이해의 저변이 확대되는 계기가 되었습니다. 독자분들께 고맙다는 말씀을 드립니다.

다행히도 그간 많은 분의 관심과 호응에 힘을 얻어 무사히 연재를 마쳤습니다. 배움이 짧아 연재를 진행하며 많은 분의 도움을 받았습니다. 특히 전정웅 회계사, 정우성, 박천도, 이상문 변리사님, 김동천, 윤상원 교수님께 감사드립니다. 단순한 지식의 검수가 아니라 기업의 현안에 대한 문제 제기를 여러 각도에서 같이 고민해주신 분들입니다. 글로 정제할 수 없는 주제들을 방송으로 보완할 수 있도록 도와주고 계신 〈우리들의 회사 사용법〉 요다 PD에게도 감사의 말씀을 드립니다. 그리고 오랜 시간 허접한 글을 가다듬어주신 《딴지일보》의 많은 기자분께도 고맙다는 말씀을 전합니다.

출판을 전제로 시작한 글이 아니었기에 원고 순서를 재정리하고 길었던 연재 기간 동안 있었던 관련 법의 변경 내역 등을 다시 수정하는 등 퇴고의 과정을 거쳤습니다. 퇴고하는 동안 최근 사례와 산업과 경제의 변화를 더 포함시키려는 욕심이 있었으나 출판사에서 책이 꽤 두꺼워질 거라고 조언해주셔서 가까스로 자제할 수 있었습니다. 저만큼이나 독자분들도 아쉬우실 텐데, 이 책을 들고 독자분들과 부족했던 부분, 새로운 지식을 함께 얘기할 수 있는 기회를 많이 만들어야겠다는 생각을 했습니다. 앞으로 새로운 책이든 연재 기사든 팟캐스트 강연이든 최대한 자주 뵙고 글로 다 표현하지 못했던 이야기들을 나누도록 하겠습니다.

다시 한 번 감사의 말씀을 드립니다.